屈服しない人々

Insoumis

Tzvetan Todorov

Etty Hillesum
Germaine Tillion
Boris Pasternak
Alexandre Soljenitsyne
Nelson Mandela
Malcolm X
David Shulman
Edward Snowden

ツヴェタン・トドロフ
小野潮＝訳

新評論

まえがき

人々の心に深い傷を残すあの事件、二〇一五年一月にパリの『シャルリー・エブド』紙の編集部内で一二人が殺害され、それに続く数日間に同じくパリの町で五人が殺害（そのうちひとりは女性警官であり、四人はユダヤ人だった）された事件が発生したとき[1]、この本の下書きはすでに書き上げられていた。私の本はテロを扱うものでも、テロに対して宣言された戦争を扱うものでもないし、イスラム主義、あるいは西欧側のイスラムフォビア（イスラム嫌い）を扱うものでも、宗教や世俗性原理《ライシテ》[2]を扱うものでもない。だが、下書きを読み返してみると、相互に無関係なはずのこのふたつのあいだに、響き合うものを私は認めずにはいられない。何人かの個人の人生をたどりながら、この本は深刻な争いの諸状況について扱っている。そうした争いは国家間や民族集団間のものもあれば、政府とその国の住民のある部分のあいだに生じたものもある。この本が描き出そうとするのは、「屈服の拒否」、すなわち「抵抗」の諸

(1) 二〇一五年一月七日、パリの週刊風刺紙『シャルリー・エブド』が、イスラム過激派によりテロ攻撃され、さらに数件のテロ事件がパリおよび近郊で連続して発生した。

(2) 世俗性原理（ライシテ）はフランス共和国の根本原則のひとつ。個々人の信仰の自由を認めつつ、公共機関を宗教が支配すること、公共空間において宗教が押しつけられることを禁じる。

形態である。それは、極度の困難を前にして出現する、とくに道徳的諸原理に発する振る舞いであり、したがって、当然個人的なものではありつつも、公《おおやけ》の空間のなかで露わになり、いくつかの政治的な結果をもたらすものである。他方、パリで起きたテロ攻撃は、欧米諸国（北アメリカといくつかのヨーロッパの国）の出身者と、非西洋諸国の出身者との、あるいは西洋諸国に居住するふたつの住民層のあいだの争いを明るみに出した。過去の教訓を現在の争いに機械的に当てはめようとしても無駄である。だが、過去を検討することによって、現在の状況をめぐる省察は深みのあるものになる。

屈服しない人々／目次

凡例
＊本文中の［　］は著者のもの、〔　〕は訳者のもの。
＊脚注番号の太字は原注、細字は訳注を示す。
＊各章扉の写真と文は日本語版用に訳者が付けた。

屈服しない人々

知られざる屈服しない人々に捧げる

Cet ouvrage a bénéficié du soutien des Programmes d'aide à la publication de l'Institut français.
本書は、アンスティチュ・フランセ・パリ本部の出版助成プログラムの助成を受けています。

Tzvetan Todorov

INSOUMIS

私にとって、抵抗するとは否と言うことである。
そして否と言うことはひとつの主張である。
それはとても積極的な振る舞いであり、
殺人に対し、犯罪に対し、否と言うことである。
殺人に対し、残酷なおこないに対し、死刑に対し、
否と言うこと以上に創造的なことはない。

ジェルメーヌ・ティヨン

なぜこの本を書いたのか

本書で扱われる主題は、簡単に言えば「政治における道徳」である。なぜ私がこの主題に関心を持つのか考えてみると、ただちに思い浮かぶ理由がふたつある。そのふたつの理由はそれぞれ、私が人生で経験してきた互いに異なるふたつの状態に関係する。

私が育ったブルガリアは一九四四年にソヴィエト連邦の影響下に入った。そしてしだいに共産党に支配される全体主義体制に従わされていった。[1] 私がそのことを意識したのはどの時点だったろう。思うに、一九五六年が私にとって断絶の年だった。それは私が中等教育を終え、大学に入った年である。フランスでは「近代文学」と呼ばれるもの、ブルガリアのソフィア大学では「文献学」と呼ばれるものを私は専攻していた。だから私にとって一九五六年は、大人の生活を始め、自律的な判断を獲得し始めると見なされる時期だった。ところで、その一九五六年にはふたつの重要な政治的事件が起きた。最初の事件は、二月に、ソヴィエト共産党の頭《かしら》であり、ソヴィエト国家の長でもあったニキタ・フルシチョフ[2]がソヴィエト共産党第二〇回大会に提出した「秘密報告」とその流布である。この報告はスターリン[3]とスターリン主義が犯した罪を扱っていた。今日では、このテキストが当時の人々に引き起こした衝撃を正確に想像するのは困難だろう。とにかく、私のようにこのテキストの発表による厄災がどこまで広がるのか見当もつかなった人間にとって、この報告がどれほどの衝撃であったかを想像していただくことは難しい。スターリンは一九五三年の死の以前、そしてその直後は半ば神のような崇拝を受けていた。彼の遺体は防腐措置を施され、クレムリン宮殿の近くの廟に永遠に――われわれはそう信じていた――眠っていた。ところが、突然に、これ以上ないほど権威ある筋から、その人物がわれわれの時代の最悪の犯罪人のひとりだと知らされたのだ。後になって振り返ってみれば、フルシチョフの「秘密報告」は、スターリン主義についてのあらゆる真実を暴くにはほど遠いものだった。だが当時は、また少なくとも私のようなナイーブな人間にとっては、衝撃は手荒なものであり、突然ひとつの世界が崩壊したかのようだった。たぶん、これまでとはまったく違った時代が始まるのだと私は思った。

第二の事件は同じ年の秋に起きた。さまざまな経路――外国のラジオ放送、いくつもの噂――を通じて、われわれの国ブルガリアと同様「人民共和国」であったハンガリーで新たな改革が始められたことをわれわれは知った。自分は共産主義者だと言いながら、ハンガリーの指導者たちは大胆な改革に乗り

(1) トドロフは一九三九年にブルガリアのソフィアで生まれた。一九四四年時点で五歳。
(2) フルシチョフ(一八九四～一九七一)はソヴィエト連邦の政治家。一九五三年ソヴィエト共産党中央委員会第一書記、五七年ソヴィエト連邦共和国首相兼任、六四年失脚。
(3) スターリン(一八七九～一九五三)はソヴィエト連邦の政治家・軍人。ソヴィエト連邦の第二代最高指導者。第二次大戦時、ソヴィエトを率い、ナチスドイツに勝利するが、恐怖政治を敷き、多くの人間を粛清、強制収容所送りにする。

出し、とりわけ、「ワルシャワ条約」機構と呼ばれるソヴィエト傘下の国々で構成される軍事同盟を離脱し、自らの国の中立を宣言した。一〇月、ハンガリーは興奮状態にあった。われわれブルガリア人は毎日毎日、ハンガリーで何が起きつつあるかを注視していた。そして一一月初めには終焉がやってきた。ソヴィエトの影響からハンガリーを自立させ、自由化をおこなおうというこの試みは、明らかにソヴィエト指導者たちの忍耐の限度を越えるものだった。ロシアの戦車がブダペストに入り、流血のうちに、あらゆる抵抗の試みを押しつぶした〔ハンガリー動乱〕。この抑圧の結果はわれわれにとって破局的なものだった。ソヴィエト共産党第二〇回大会におけるフルシチョフ演説は、われわれの社会を民主制の方向に徐々に導いていくかもしれないと想像されていた。しかしこの幻想は崩壊した。ソヴィエトとその支配下にあった社会を覆っていた厄災は、その頭《かしら》だったスターリンの犯罪的逸脱や、あるいは彼に対する「個人崇拝」に由来する（フルシチョフはそうだと言い張っていた）のではなく、共産主義体制それ自体が生み出したものであるという証拠が与えられたのだ。スターリンによる数々の罪を告発した男が、赤軍によるハンガリー侵攻を命じたのである。私は当時一七歳だった。自分の人生にとって自明の結論を私はそこから引き出さねばならなかった。

　共産主義体制下のわれわれの生活には数多くの不都合があった。まず第一に、国民の大多数にとってそれは、必要不可欠な物資の、恒常的な不足だった。そしてすぐ次に、国民のより限られた部分にとってそれは、個人のもっとも基本的な自由が奪われていることだった。このふたつについて、私は当時からはっきり意識していた。だが、共産主義体制のもうひとつの重要な欠陥について私が意識するようになったのはずっと後になってからだ。その欠陥とは、道徳と政治の混同である。共産主義体制は一見すると、いくつかの絶対的価値を自らのものとして要求していた――平等、自由、人間の尊厳、個人の開花、平和、諸民族間の友好、といったものである。そしてあらゆる個別の政治的措置はこうした高貴な目的に由来するものであり、その高貴な目的へとわれわれを導くものだとされていた。ところが、すぐにわかったのは、そうした道具立て一切は見かけのものに過ぎず、実際はそれとはまったく違った事態を隠していただけだったということである。本当の目的は、国を完全に支配することであった。この支配を制限できるものは、ソヴィエト共産党の指導者たちが送ってくる指示だけだった。あらゆる権力は少数の指導者の手中にあり、彼ら指導者は自分たちの方針に反するいかなる思考をも許容しようとはしなかった。美しいさまざまな理想はと言えば、国民をより容易に服従させるための都合のよい単なる誤魔化しの道具に貶められていた。普遍的な諸原理に立脚する政治を与えられるどころか、われわれに与えられていたのは、この上なく下劣な目的のためにそうした高貴な理想の数々が道具として用いられるという事態だった。

道徳と政治がこのように混同された結果、道徳の全領域がひどい腐食に襲われていた。この点について見るなら、国民のあいだに形づくられた下位集団を三つに区別できる。第一にくるのは、国を指導する人々と彼らに近しい人々であり、彼らはさまざまな利益を享受していた。彼らの物言いから判断するなら、自分が公言するイデオロギーをどの程度信じているかによって、それぞれの人間の信じやすさ、またひね曲がり方はまちまちだった。もうひとつ別の集団は、自分から進んでそうするのであれ、強制されてそうするのであれ、公《おおやけ》に宣言されている諸価値を自分のものとして採用し、自らの振る舞いにおいてはそうした価値に自らを合わせようとする人々であり、隣人たち、仕事仲間、その他自分が属している集団の仲間を監視し、正統とされている路線から外れると見なされるおこないを密告する人々である。最後に第三の集団を構成するのは、共産党に加入して出世しようなどとは考えず、周囲の既成秩序には従うものの、そのことに熱意は示さず、イデオロギーの管理を免れる領域——私生活、友情、恋愛、自然との接触など——に価値を見出し、したがって、「自国内における亡命」とも言うべき生き方を実践しようとする人々である。この最後の集団に属す人々は、人間としての尊厳を保ちつつ生活しようとするが、そうした態度は私的領域にとどまる。公の領域では、こうした人々も体制に逆らわないという証拠を示さねばならず、公に説かれる教理に忠誠心を持っていると発言せねばならない。したがって、彼らは可能な限り、友人との会話においても、職場においても、あらゆる政治的話題を避け、ひとを避けることを学ばねばならない。そのために支払うべき対価は、社会的にある程度周縁に追いやられることである。将来の自分はこの最後の集団に属することになるだろうと私は想像していた——だが、実際にそうなることを保証するものは何もなかった。

私が知る限り、当時、体制に対し明瞭に反対を表明している者は誰もいなかった——もしいたとしても、そうした人々は入獄させられているか、国のあちらこちらに散在していた強制収容所のひとつで身を縮めているはずだった。強制収容所は不吉な評判の懲罰施設だった。実を言えば、体制に対して明瞭に反対を唱える方向に身を乗り出そうなどという考えは微塵も私にはなかった。それほどにそうした態度は絶望的なものと思われたのだ。諦めきった沈黙と、破滅することが確実な不毛な反抗の中間に、可能な道などありえないと私は考えていた。その数年後、このもうひとつの道が体制離反者たちによって開かれることになる——だが、当時のブルガリアにはそうした体制離反者などどこにもいなかった。今になって考えてみても、この一九五六年に、本書でも取り上げる高名なソヴィエト作家ボリス・パステルナークが、公刊を拒否された著作を非合法に流通させて[4]、この方向へ数歩歩み始めたという噂が私の耳にまで届いていたかどうかはわからない。公の回路以外の情報回路を通して、その知らせは国境を越えていたかもしれない。

以上述べてきたこの遠い過去の時期から、「公の生活において道徳が占める位置」というこの問題が私の念頭を去ることはなかった。この時期より後に、私が知ったのは、スターリンの死後の共産主義社会において、個人にのしかかる社会の圧力がどれほど強いものであれ、「共産党＝国家」に対して闘いを挑むとまでは言わないまでも、自分自身が選択した諸価値を、責任を持って徹底的に受け入れることが可能になっていたということである。背骨をつねに屈めているのではなく、密告し続けることを拒否し、公に認められた諸規則への屈服ではなく、自分が選択した諸個人への忠実さを重んじ、もし必要であれば黙りはするが、真実に反して話すことは拒否できるようになっていたのである。ブルガリアにとどまっていたなら、自分がどのような道を歩んでいたかは正直言って私にはわからない。というのも、大学を卒業して二年足らずの後に、私は祖国を去り、フランスに赴いたからだ[5]。だが、全体主義体制下での人生経験を忘れたことはない。日ましに強く感じさえするのは、そのような生活が、現在の私という人間を生み出すのに重要な役割を果したということであり、自分がなす数々の選択、自分が示す

（4）本書第3章参照。
（5）トドロフが渡仏したのは二四歳時の一九六三年であり、フランスに帰化したのは七三年だった。

数々の好みのかなりの部分を説明してくれるのは、祖国における全体主義体制下での人生経験だということである。おそらく、これこそが、今になって、支配的秩序に反対した人々、道徳的ではあるが暴力的ではない人々、そのような「屈服しない人々」の人生（私自身は生きることがなかった人生）を、より詳細に観察してみようという気になった理由である。

自分が新たにやってきた国、そこでその後全人生の三分の二以上を過ごしているこの国に到着したとき、私は最初に次のように感じた。社会を構成するあらゆるひとによる相互監視は姿を消した。もはや許可されていることの限界を超えないようにつねに注意し続ける必要はなくなり、個人に許された自由の範囲は比較にならないほど拡大されていた。絶えず偽善を実践する必要はもうないし、自分自身の感情を偽る必要も、自分が考えもしないことを考えているふりをする必要もなかった。罰を受ける恐れは遠のいていた。一見したところ、道徳と政治の混同も姿を消していた。私が発見しつつあった民主制とは、ユートピアでも救いへの道でもなく、むしろ社会を構成する人々に関わる事柄を、原則的には、全員にとってもっとも利益になる仕方で運営するというものだった。絶対的諸原理は、個人の領域、私生活の領域に封じ込められているように思われた。どのような宗教を選択するかは個々人の自由であり、芸術的活動に心底打ち込み、自分が選んだ社会的活動を実践し、――そのようにしたいならば――ひとりの男性に対する愛、ひとりの女性に対する愛、子どもに対する愛、親に対する愛といった自らが育む親密な関係に最大の価値を置くこともできた。政治的活動に情熱をもって取り組むこともできたが、それは共産主義体制下で見られたような荘厳な性格を失っていた。人々は経験によって、政治的信条は変わりやすいものだと知っていたのだ。聖なるものがこの世から姿を消したわけではなかったが、それはすべての人間にとって同一のものではなくなっていた。それぞれの人間は、自らの判断で、自分にとって聖なるものを選べた。

さらにもうひとつ、私に強い印象を与える違いがあった。道徳と政治は、たしかに、われわれが他の人間存在に対してなす振る舞いを方向づけるという点で共通している。だがその点を除けば、このふたつのものはあらゆる点で対照的である。政治的行動とは原則的に言って、ある個別の人間集団（国、政党、どんなものであれ人々の集まり）の利益にとって好都合なようにことをおこなうことである。道徳的行動とはいかなる個別利害をも排除するものであり、普遍的諸原理を自らのものとして要求する。政治的行動はその結果によって判断される。それは目的を果たすなら良きものである。道徳的行動はそれをなす人間の意図によって評価される。自らの隣人を助けようとする試みに失敗した男は、それに成功した人間よりも、徳において劣るわけではない。政治に携わる人間が個人的に徳に富んでいるか否かは重要ではない。政治に携わる者が身近にいるひとにとって不快を与える人間であっても、その者が自分の出世を早めることのみを目的にしてある施策を擁護しても問題ではない。政治に携わる人間に要求されるのは、そのようにして彼が擁護する施策が、われわれの集団にとって利益になることである。これとは逆に、道徳的行動は一人称単数においてしか価値を持たない。道徳においては、何かを要求できるのは自分自身に対してだけであり、他者に対して、私は与えるのでなければならない。自分自身が従うつもりもない道徳的要求を他者に対しておこなう人間は二重の意味で不道徳である。自分に対して不道徳であり、他者に対して不道徳であるからだ。たしかに私がやってきた国の状況は、東欧で過ごされた自分の過去と比べれば変化していた。もはや問題になっていたのは道徳と政治の混同ではなかったし、政治や道徳をつねに道具としか見なさないということではなかった。むしろこの国で問題になっていたのは、政治的言説から道徳が徐々に姿を消していくという事態だった。この点については、ここで私が確認しておきたいことをより正確に述べ、ニュアンスをよりはっきりさせなければならない。

時間が経つにつれて、善についての思考をすべて私的な領域に封じ込め、公の領域には日常的な事象の効果的な運営だけを期待するというこうした機械的な分割で満足することは不可能だと思うに至った。民主制は至高の善への到達を許しはしないし、国家指導者に対して徳の権化たることも、ユートピアの預言者たることも要求しはしない。だが民主制が国家指導者の道徳的姿勢に無関心であるとすることはできない。ある国の市民はそれぞれが物質的および精神的必要を抱えた人間存在であり、彼らはある瞬間において自分たちの国家を体現する諸個人がさまざまな展望を開き、ひとつの地平を指し示し、自分たちが取りかかっている公の行動の全体的な意味を明確に述べるよう願っている。こうした事柄においては、内心ではまったくする気がないことを自分がしようとしているなら、他人をいつまでも欺けるものではない。ド・ゴール将軍(6)がフランスで尊敬され続けているのは、彼が主導しておこなったすべてが良きことだったと考えられているからではない。それはむしろ、将軍があるひとつの理想、すなわち彼の個人的利害を超えた、祖国の共通利害の名において行動する人間だと見えていたからである。ユートピアを求める心情、道徳感情に支配された政治と、日常の事象の運営で満足する政治とのあいだに、万人によって共有されうる理想に生命を与える、政治の占める場所が存在している。それとも、こうした道徳的厳正さという資質を人間が得られるのは、危機という状況、戦争という状況によってなのだろうか。

とにかく、人間が個人に分断されていく現代の状況を、免れている価値がひとつだけある。それは民主制それ自体である。二度にわたる大戦間の時期、民主制は煮え切らない制度として、議会の長談義に足を絡めとられた制度としてしばしば非難された。ファシズムと共産主義が、それに代わる、より優れた解決策として提示された。一九六〇年代、フランス共産党が人気を集め、一九六八年には急進的左翼運動の沸騰があった。とはいえ、もはやそうした提示の仕方だけでは通用しなくなっていた。共産党も急進的左翼の小集団も、ユートピアを志向する彼らの主張に民主制の色合いを与えざるをえなかった。ソヴィエトモデルに立脚して打ち立てられた社会が満足すべきものでないことは、党派間の意見の違いを越えて、ほとんど誰もが認めていたし、東欧の反体制派は西欧では励ましを受け、称賛されていた。全体主義に対する反対は、超越的な価値、すべての人々にとって共通の価値と見なされ、民主制原理への愛着を正当化していた。

おおいに望まれてはいたものの、まったく起こるとは予期されていなかった事件によって、このような状況に変化がもたらされた。一九八九年のベルリンの壁の崩壊と[7]、それに続く二年間に起きた東欧諸

(6) ド・ゴール将軍（一八九〇〜一九七〇）はフランスの軍人・政治家。第二次大戦中はペタン元帥（本書第2章注10参照）らの対独降伏に反対しロンドンに亡命。一九四〇年六月一八日、イギリスのBBC放送を通してフランス国民にレジスタンスを呼びかけロンドン亡命政府「自由フランス」を樹立する。フランス解放後すぐに首相職に就き（四四〜四六）一旦は退くが、アルジェリア戦争（本書第2章注51参照）が勃発すると、政界に復帰し、第五共和制を樹立して大統領職に就き（五八〜六八）、同戦争後の混乱を収束させる。

国のすべて、そしてソヴィエトにおける共産主義体制の解体である。皆が驚いたことに、重要なものであるこの転覆、冷戦のこの終焉はほとんど流血の事態を伴わずにおこなわれた。この事件の前にその国々を支配していた体制は、トランプで作った城のようにあっけなく崩れ去った。民主制の全体主義に対する勝利はふたつの結果をもたらした。まず、この勝利は民主制のライバルとして振る舞っていた諸原理の敗北を決定的なものとし、民主制の優越性を確認させた。民主化の動きは、東欧、ソヴィエトでの動きと同時に、世界の他の部分、東南アジアやラテンアメリカにも及んだ。だが他方、この勝利は、全体主義的なそれであれ、軍政的なそれであれ、独裁制との比較による民主制の正当化を時代遅れのものとした。イデオロギー上の敵がもはやいなくなってしまったので、民主制はその存在理由の一部、すなわち独裁との対照(8)によっていくつかの特定の価値を熱望させるという契機を失ってしまった。

逆説的だが、冷戦の終焉はかつての鉄のカーテン(9)の反対側でも、やはりふたつの結果をもたらした。それはとくにロシアにおいて顕著だった。共産主義の理想はまったくの先決問題要求の虚偽に他ならなかった。だが、それはひとつの理想を抱いて生きたいという欲求を示すものでもあった。ひとつの虚構がまるで、それが近い未来において現実となるものであるかのように提示されていて、その虚構が大多数の国民にとってこの理想の役割を果たしていた。ソヴィエト帝国が崩壊すると、ふたつの動きが同時に始まった。一方では真実が虚偽に取って代わり、幻想や誤魔化しを捨て去ることができるようになった。だが、他方、新たな情勢は、超越的な諸価値への参照を完全に霧散させてしまった。今や人々が思いこむようになったのは、ひとつの理想を抱いて生きることはどんな場合でも素朴さや偽善に他ならず、すべての人間にとって共通の運命を引き受けるほうが、すなわち、自分の個人的利益を追求して生活し、自分の当面の欲望を満足させようと振る舞い、幸福の唯一の鍵は金銭であると見なすほうがましだということだった。そこで起きた変化の第一の側面は、自分たちが属する集団を人々がどのようなものとして考えるかという点に関わり、第二の側面は、各人の人生をどのように組み立てるかという点に関わっていた。

スヴェトラナ・アレクシェヴィッチの著作『赤い人間の終焉』(二〇一三年)は、起きてしまった転覆の二重の結果をよく捉えている。何年もかけて、このロシアの女性ジャーナリストはかつてのソヴィエト社会を典型的に示す無名の人々との対話を重ねてきた。この作業によって、彼女は、この国民を捉えた困惑について、複雑さをないがしろにせずニュアンスを重んじた絵図として描き出してみせた。著者自身が、その変化の性質について次のように述べている。「自分たちが抱いていたいくつかの理想のために、私たちは死ぬ用意ができていた。そうした理想を守るために闘う用意が私たちにはできていたのだ。〔中略〕あらゆる価値は崩壊してしまい、残ったのは人生を楽しむことを許す価値のみとなった。ここでいう人生とは、まったくありきたりの意味での人生ということだ。新たな夢は、自分の家を建て

(7) 一九八九年一一月、東ドイツ政府の発表した西側世界への旅行の自由化とも受け取れる布告をきっかけにベルリンの壁の国境ゲートが解放され、これが発端となって東ドイツ政府が崩壊し、他の共産圏諸国でも次々と共産党支配の政府が失権した。
(8) 冷戦とは第二次大戦後のアメリカを盟主とする自由主義諸国陣営とソヴィエトを盟主とする共産主義諸国陣営の対立を指す言葉。
(9)「鉄のカーテン」は、冷戦状態にあるふたつの陣営を遮断する境界線についてイギリス首相を退任したチャーチル(一八七四〜一九六五)がアメリカでおこなった講演において用いた表現。

ることであり、きれいな車を買うことであり、ジャムを作るためにスグリ類を植えることとなった。［中略］理想についてなど誰も語らなくなり、話題になるのはクレジット、利率、手形といったものだけになった。もはや人々は生きるために働くのではなく、お金を《稼ぐ》ため、《儲ける》ためだけに働いていた」。あらゆる価値は私生活の領域に封じ込められ、とくに生活の物質面に関わるものとなった。女性ジャーナリストにひとりの男性が語っている。「七〇年以上ものあいだ、われわれは幸福を生み出すのはお金ではないと飽きるほど繰り返されてきた。［中略］だが演壇の上から《商売をしろ、金持ちになれ》という声ばかりが降ってくるようになると、人々はそんなことはすべて忘れてしまった」。別の女性が付け加える。「今では、精神的なことについて語るひとは誰もいなくなってしまった。そんなことを話すのは聖職者だけよ。［中略］私たちにとって理想って何かしら。ソーセージだけだわ(10)」。宗教的言説はかつての共産主義体制下におけるように迫害されたりはしないが、今では個人の問題となってしまった。こうした証言をする多くの人々は、ひとつの危険が去ったかと思ったらまた別の大きな危険に遭遇してしまったという印象を抱いている。過去は恐ろしいものだった（全体主義の暴力の記憶はまだ生々しい）。だが、彼らが生きる現在は空虚である。人間的なあらゆる願望は、消費への狂騒に置き換えられた。価値について言えば、共産主義的な幻想は去ったものの、代わりに現れたのは資本主義の荒野だった。

西側世界における変化はこれほどはっきりしたものではなかった。というのも、そこでは理想が果たしていた役割――たとえそれが作為的なものだったとしても――が、東側におけるほど肥大したものではなかったからだ。だがそれでもやはり東欧世界に起きたのと似通った変化が起きなかったわけではない。民主制と全体主義というふたつの敵対する体制のあいだの競合は、政治的美徳を研ぎすます役割を果たしていた。この競合関係が消滅すると、公の空間からは、それまで大事にされていた諸価値が消え失せていった。公の空間はそうした諸価値を私生活の領域のみに追いやってしまったのだ。こうした変化は多くの人々に居心地の悪い思いをさせた。とくにそうした感情を抱いた人々が、極左の活動家のあいだにいた。彼らは自らの精力を人道主義的活動、「国境なき医師団」や「世界の医療団」[11]といったNGO（非政府組織）活動に振り向けた。このようにすることによって、公の生活は、価値の世界と接触を取り戻したのである。だが、この援助・救助活動――赤十字運動がかつてはこうした動きを代表していたが――だけでは、彼らにはまもなく不十分と思えるようになった。遠方に住む諸国民の不幸の原因が、地震、洪水、火山の噴火といった自然の要因である場合も確かにある。だが、それよりさらに多いのは、不幸の原因が、人間による活動の場合である。戦争、独裁、迫害といったものである。この場合、こうした厄災の被害者を助けるためには、医薬品や食料を運ぶだけで満足してはならないことが明らかになる。人間によって引き起こされた直接の原因を除去し、人権と民主制を――もしそうする必要があるなら力尽くで――守らなければならない。ソヴィエトという超大国の崩壊は、アメリカという超大国とその同盟国である西側諸国に、他国に介入するフリーハンドを与えた。西側世界は、少なくとも

(10) Svetlana Alexevitch, *La Fin de l'homme rouge*（スヴェトラナ・アレクシエヴィッチ『赤い人間の終焉』), Arles, actes Sud, 2013, p.22-23, 44, 71. 引用されている書籍の出版地はとくに断りのない場合パリである。

(11)「国境なき医師団」は一九七一年にフランスの医師とジャーナリストのグループによって作られたＮＧＯで、医療援助活動およびこれに資する広報活動を任務とし九九年にはノーベル平和賞を受賞している。「世界の医療団」は八〇年にパリで発足した、世界各地に医療・保健衛生分野の専門家を派遣することを任務とするＮＧＯ。

その外交政策において、ひとつの超越的な理想を再び見出した。世界中至るところで、民主制と人権を促進するというのがその理想である。もはや援助するのではなく、治療するのであり、言い換えれば、欠陥について責任がある生活様式を矯正しようというのである。

　他者に善を、しかも必要なら軍事力を使ってでもそれをもたらそうとする選択は、西側世界には馴染みの政治的メシアニズム〔救世主信仰〕の図式に当てはまる。その過去における現れは、一九世紀には植民地主義であり（すぐれた文明を知らない人々にそれを与え、彼らを原始的な習俗から解放する）、二〇世紀においてはソヴィエト式の共産主義（至るところに理想的社会を創り上げる）だった。価値を高々と掲げる新しい政治の形態を宣揚するイデオロギーの宣伝者たちは――こうした呼び方には困惑させられるが――新保守主義者《ネオコン》と呼ばれた（だが、実は彼らは保守主義には敵対的なのだ）。彼らのなかにはかつて左翼陣営にいた人間もいるし、右翼陣営にいた人間もいる。こうした考え方によって導入された諸行動には、いくつもの名前が付けられたが、その呼称はどんどん変化していった。というのもそれらの呼称は、たちまち真の現実を隠すための隠れ蓑と見なされるようになったからだ。たとえば「介入の権利」という呼称（そこでは「権利」という語は「最強者の権利」という表現におけるのと同じ意味を持つ）であり、「保護する責任」という呼称（この責任が外国に武力で介入し、場合によっては政府を転覆して別の政府に換えることを行為者に許す）であり、歴代のアメリカ大統領が要求してきた「世界の安全を保障する使命」という呼称（この使命は、アメリカが軍事的に優位であることに由来する）である。冷戦の終結以来、西側の強大な諸国が乗り出した軍事行動の大半はこうしたものであり、そうした介入はまたもや反対の意味を持った語を組み合わせて作られた呼び名で呼ばれた。たとえば「人道主義的戦争」、「民主的軍事行動」である。

だが、そのようにしておこなわれた介入は期待された結果をもたらさなかった。イラクであれ、アフガニスタンであれ、またリビアであれ、こうした介入を受けた国々は、模範的な民主国家にはならなかったし、人権が光り輝く国にもならなかった。その理由は単純である。戦争はあまりに強力で破壊的な「手段」なので、この手段が、戦争の動機となった高貴な目的の数々を無効にしてしまうのだ。空から降ってくる爆弾が善を促進するものだとされたところで、殺傷、財物の破壊による人々の苦しみが減るわけではない。事態はさらに性質《たち》が悪い。戦争は災禍を被る国民に、戦争が擁護すると称する民主的な諸価値、あるいは人道主義的な諸価値とはまったくかけ離れた暴力の例を示すことになってしまうのだ。こうした介入がおこなわれた後では、西側諸国を標的とする攻撃をおこなうべき理由は増えこそすれ減ることはない。しかも、それは、西側諸国自体に移住している移民たちにとっても同様である。

西側諸国それ自体の内部においても、有害な結果が数々現れる。仮借なき敵との戦いを口実として介入をおこなう国々の政府は、拷問を合法化したり、市民が享受している公民としての自由を制限したりしかねない。そのうえ、政府によって宣言される戦争は、国民に政府を支持して一体化するように促し、政府に対する批判を封じ、政府に対する疑いや留保を消し去ってしまう。二〇一四年、ロシア国民の大多数は、ウクライナに対するロシアの介入[12]を支持した。イスラエル国民はパレスチナに対する自国の介入[13]を支持し、フランス国民は「イスラム国」〔IS（イスラム過激派武装集団）〕に対する介入を支持した[14]。人々が敵の観点に共感を覚えることはまれである。戦争は善悪二元論《マニケイスム》に等しい。現在展開中の西側諸国による介入もその例に漏れない。わが国民は自由を重んじ、人間の尊厳を擁護する。敵は、死をまき散らすこと、強姦すること、人々を斬首することしか知らない。わがほうの死者たちには家族がおり、家族は彼らの死を悼んで泣いている。敵の死者は数に過ぎず、抽象的なものでしかない。だが、「われわれ」のほうはつねに「礼儀正しく」振る舞い、「彼ら」のほうは野蛮を体現しているというのは確かだろうか。戦争による犠牲者は、われわれが彼らの死を「誤爆」によるもの、「付随的な結果」と言い表しても、それによって消え去ることはない。われわれの国が用いているドローンは、敵の戦闘員とその隣人たちを同時に殺しているのだ。彼らの死は、人質を彼らが殺害し、その殺害をインターネット上に流したことへの報復だと言い切れるだろうか。激しい言説を撒き散らしているのはたしかに彼らだが、われわれのほうも彼らの国や地域に火を放とうとしている。こうした類の介入が、われわれの利害の現れではないということを、またわれわれが自分のものとして要求している道徳的諸価値を示すものだということを証明するのは容易ではない。

ひるがえって、自由主義的民主制の内部でおこなわれているものごとの運営の方法を検討してみても、そこで高貴な理想が支持され続けているとは考えられない。もっとも卑近な例から始めれば、政治指導者が個人的なひいきを受けようとするならば、あるいは何らかのことをしてやる見返りに自らの近親者や友人たちの便宜を図るならば、そうした行動は疑わしいものとなる。こうした行動は、政治的腐敗に他ならない。フランスでもよその国でも、少なからぬ政治家が、その程度はまちまちだが、さまざまな不正に手を染めたことは知られている。政治家自身が、貧困家庭のための住宅に不正入居したり、見返りに彼らを助けてくれる近親者や友人をひいきしたり、果ては脱税をおこなったりする。また不法行為を犯して罪に問われる者もいる。そうした不正がない場合でも、政治家を衝き動かしているのは、権力獲得の欲望、権力を保持し続けたいという欲望でしかないような印象を与えたりする。あるいは自らの党派内の他の指導者、あるいは政敵とのライバル関係のことしか考えていないように見えたり、自分たちが提案する措置の効率性にしか興味を持っていなかったりする――ところが彼らを眺める一般の人々はといえば、政治家たちがある種の理想に衝き動かされているとか、また政治家たちは予算の均衡や赤字の削減（こうしたことは不可欠だが）といったことより高貴な目的を持っているとか思いたがるものなのだ。政治家たちが選挙運動期間、ライバルたちにこれ以上ないほどの悪口雑言を浴びせかけようとしているときに見せる光景も、政治家たちの印象を良くするものではない。

こうした振る舞いがもたらす結果は、政治的エリートの信用の全体的な失墜であり、彼らが引き受けている役割に対する軽視であり、公の事柄に対して一般の人間がどんどん無関心になっていくという事態である。そして最後には、政治生活がまとうさまざまの形式が顧みられなくなってしまう――このことは、民主制の敵、道徳の敵を利することになる。国家（したがって国民のあいだの連帯）はグローバ

(12) 二〇一三年、ウクライナに反ロシア的政権が誕生すると、ウクライナの親ロシア派が多い地域では中央政府に対する反乱が起き、この親ロシア派に対し、ロシアは援助を与えたと言われている。またとくに親ロシア派が多く、ロシアにとって戦略的要地であるクリミア半島についてはロシアへの編入の住民投票がおこなわれ、ロシアへの編入が強行された。

(13) イスラエルは数次にわたるパレスチナ戦争を通じて、そもそも自国領ではなかったパレスチナの土地を占領し、そこにユダヤ人入植地を建設した。イスラエル国内にはこうした政府の方針への反対者もいるが、少数派に留まっている。

(14) フランスはアメリカ、イギリスと並んで、シリア、イランに展開する「イスラム国」勢力に対して空爆をおこない、世論調査でも多くの国民がこれを支持した。

リゼーションによって弱体化され、グローバリゼーションは当該国の経済活動のかなりの部分を国家の支配から奪い去ってしまっている。さらに政治的エリートの失墜は、国家にまた別の打撃も与える。民主制が、三年ごと、あるいは四年ごとに儀式のようにしておこなわれる選挙によって維持される見かけだけのものに過ぎず、国が、選挙以外のときには政治・経済を支配する少数の人間によって導かれるとするならば、民衆は民主制を守るために自ら積極的に動こうという気になどならないだろう。

こうなってしまえば、私生活でさえ、諸価値と本当に生き生きとした関係を保てるか否か疑わしくなるだろう。数世紀も前から、私生活と諸価値のこの結びつきは疑いに付されてきた。二五〇年前ジャン＝ジャック・ルソー[15]は、「哲学者」と呼ばれる同時代人（ルソーが念頭に置いていたのはディドロとその友人たちである）が、公共善への配慮をまったく欠いた次のような考え方に与していることに不平を述べていた。「〔前略〕人間の唯一の義務は、あらゆる事柄において自らの心の赴くところに従うことである」。ディドロはこうした言い方はしていなかったが、その「覚書」では次のように書いていた[16]。「自らの自然な性向に向くような仕方で幸福にならねばならない。私にとっての道徳はこれに尽きる」[17]。このような断言に信を置くならば、尊重すべき唯一の価値は、自己への忠実さということになる。個人は自分に対してしか義務を負わず、自分の行動が身近な人間たちにどのような結果をもたらすかには何の配慮もしなくていいと言うのだから。

よく言われることだが、この遠い時代から現在に至るまでのあいだに、ごくわずかの大胆な人々だけのものだったこの価値——道徳的強制からの解放——は、すべての人間に当てはまるように、あるいは進歩のしるしとさえなった。かつては、自分の欲望の満足しか求めないというこうした衝動は、社会が押しつけてくる抑制に出会っていた。そうした抑制は今では無くなったとは言えないが、弱まっていることだろう。指摘されているのは、伝統的な宗教が個人への影響力を失っていること、献身、連帯といった徳がもはや家族関係によっては涵養されなくなっていることである。このような動きは、ベルリンの壁の崩壊と、新自由主義的思潮の隆盛によってますます加速された。冷戦の終焉は、理想とされるものへの忠誠の弛緩をもたらした。そして、経済的成功だけが個人の開花を測る物差しとされるようになり、市場の論理が生活の隅々にまで広がることとなった。そもそも道徳という語自体が否定的ニュアンスを持つ語とされ、道徳は必然的に抑圧的で時代遅れのものとされるようになり、自分は道徳から解放されていると主張することが、品が良いとされるようになった。よりはっきりと言えば、ひとは長年をかけて作り上げた自分自身のための行動規範に従うのであって、共同体によって押し付けられる数々の義務に従うのではないとされるようになったのである。

こうした診断は正しいものだろうか。私が思うに、そうした診断は道徳生活そのものについてと言うより、社会のなかで展開される道徳生活について社会が創り上げた表象である。道徳について語られることはなくなったが、道徳は人々の振る舞いから姿を消してしまったわけではない。もちろん、人々が

---

(15) ジャン＝ジャック・ルソー（一七一二〜七八）はジュネーヴに生まれ、主にフランスで活動した作家・思想家。『社会契約論』『エミール』『告白』『新エロイーズ』など多岐にわたる作品を残した。
(16) ディドロ（一七一三〜八四）はフランスの思想家、「百科全書派」の代表的人物。
(17) Jean-Jacques Rousseau, *Les Confessions*, IX, dans *Œuvres complètes*（ルソー『告白録』第九章、『全集』）, Gallimard, Bibliothèque de la Pléiade, t. I, 1959, p.488. ディドロの引用については同書一四九九頁参照。

この点について示す態度はまちまちである。たとえば、率直さや経験の強烈さが求められることによって正当化される、自己陶酔的な、あるいは自己中心的な身振りが見られることもある。しかし、そうした態度を示す人々の傍らで、多くの人々が、エマニュエル・レヴィナス[18]によって次のように言い表されている基本的道徳原理を考慮に入れて行動していることに、どうして気づかずにいられよう。「唯一の絶対的価値は、人間が持つ、自分より他者を優先するという可能性である[19]」。そうした行動を取る人々は、その原理を教説とはしないし、そうした行動を取っていることを鼻にかけることもしない。だが、そうした行動を取る人々にとっては、「これが私の利害だ」、あるいは「これを私は欲している」と言うだけでその行動を高貴なものと見なすには明らかに不十分である。こうした人々は、人間存在が、自分自身の身体の表面で終わるものではなく、人間存在のうちには他者との関係が含まれていることを知っている。こうした人々は、あらゆる価値が経済的なものであるとは考えないし、動産・不動産の蓄積よりは人間と人間の交流を重んじる。愛、寛容、憐憫といった価値は、信仰に左右されるものでもなければ、個別の宗教に左右されるものでもない。

こうした概観をしてみると、東欧諸国とはかなり違った文脈においてだが、フランスの公の生活における道徳の位置も、また問題をはらんだものに見えてくる。この新たな枠組のなかで、自分の振る舞い方を位置づけようとしてみると、気づかされるのは、フランスに移住してから一五年間の最初の時期、私が祖国で形作られた意識を持ち続けつつ生活していたことであり、それでいながら、自分が愛着を持つ諸価値については何も書かず、避けていたことである。それでも私が世界とのあいだで取り結ぶ関係は徐々に変化していった。一九七三年の私のフランスへの帰化後、そして一年後私の最初の子どもが生まれた後には、自分がどんどんフランスに同化していると感じていたし、思想や、自分が奉ずる価値を公に表明しても、何ら禁じられることはないと理解するようになっていった。自分の著作中で、社会や政治に関する主題を取り扱うようになり、いくつかの価値を擁護したり、他のいくつかの価値には異議を申し立てたりするようになった。しかし同時に、かつての躊躇は、なお痕を引きずっていた。私はこうした主題を著作のなかで語るだけで満足し、具体的な行動に自ら乗り出すことはしなかった（そしてそのことを私は後悔していない）。これは、私のなかから、権威や、あるいは権威を体現する人々を恐れる気持ちが、完全には無くなっていなかったからなのだろうか。

自分が経験したこのようなふたつの状態（このことを私は十分意識している）が、現在私が関心を抱いている政治的・道徳的主題につながった。共産主義諸国において体制離反を企てた人々が示した、暴力を伴わない抵抗についても、また自由主義的民主制下の公の生活において積極的な役割を果たしうる道徳の諸形態についても、それがどちらも自分に関わる問題だと私は感じている。

自分の主題をより近くから捉えるために、私はこのような広大な領域の一部分のみを扱うことにした。ある国の社会的・政治的生活が巨大な否定的な力によって支配されているとき、ひとは「どのように反応すべきなのか」という問いを提起するような、劇的な状況のみを見てみようとしたのである。私が、

(18) エマニュエル・レヴィナス（一九〇六〜九五）はフランスの哲学者。
(19) Levinas, *Entre nous*（レヴィナス『われわれのあいだで』）, Grasset, 1991, p.119.

その運命を物語ろうとした人々に共通の特徴は、束縛におとなしく従うのを拒否したという点である。彼ら、彼女たちは「屈服しない人々《アンスミ》」[20]なのだ。「屈服しない」という方針決定には何かを否定するという側面がある。それは力尽くで押しつけられている、あるいは民衆の大半が黙って受け入れている束縛を、忌避することを意味する。だがこの忌避はまた、意志的で積極的な選択とも分かちがたく結びついている。「屈服しないこと」は同時にひとつの「抵抗」であり、ある立場の主張である。それは人生への愛と、人生を害するものへの憎しみがないまぜになった、途絶えることのない二重の動きである。「抵抗する」とは、あるひとりの人間、もしくは複数の人間が、自分たちとは別の人々がおこなう物理的・公的行動に対してなす闘いの形態である。したがって、それは必然的に、二次的な企てであり、社会のうちに置かれた悪に対抗する反応である。また、「屈服しないひと」は征服者ではない。「屈服しないひと」は新たな支配を企てようなどとはしないし、理想の社会を求めるために戦闘しようともしない。彼ら、彼女たちがおこなおうとする行為は個人的なものである。そのような人々はむしろ、屈服を強いようとする力を拒否するのである。最後に、「屈服しない」という語の使用は、抵抗する人々の集団が、その敵対者に比べて、威力の劣る手段しか持ち合わせていないことを含意する。

こうした理由から、本書で私が扱おうとしている闘う人々は、自らがたちまちのうちに打ち負かされてしまうような、正面切った戦いがおこなわれる戦場に乗り出したりしない。ヨーロッパ侵略に駆り出されたナポレオンの兵士たちを「抵抗する者」として描き出そうとは誰も考えないだろうし、自分の祖国の命令に従って、ナポレオンの兵士たちに対抗するイギリスやロシアの兵士たちを「抵抗する者」として描き出そうとする者もいないだろう。それに対して、侵略者への抵抗運動に参加する、イタリアやスペインの市民は「屈服しない人々」と見なせる。第二次大戦中、ドイツ軍に占領された地域で活動していた人々について、「不服従」「抵抗」といった語が用いられたが、ロンドンからナチスの第三帝国を攻撃する軍人たちについてそうした語が用いられることはなかった。ガンディー[21]は「屈服しないひと」であり「抵抗者」だったが、イギリス人であるインド副王はそうではなかった。私が言う「屈服しない人々」とは、強者、権力の保持者に対して憎しみも暴力も示すことなく対抗する弱者である。こうした弱い立場のゆえに、またその人々が用いる手段のゆえに、彼らが少なくとも一定の期間「テロリスト」呼ばわりされることがある。正規兵のような戦い方はせず、ゲリラの戦術を用いる。他方、「抵抗」という語はかなり広範な意味を含んでおり、それは不服従のさまざまな形態に関係する。あるものは暴力的であり、別のものはそうではない。「抵抗」は必ずしも軍事的なものではない。

「屈服しない」という語は、また別の意味に理解される。つまりそれは、自分より強力な敵に対する抵抗としてではなく、われわれの内部で蠢く非人称的な諸力との関係において理解される。たとえば、「誘惑に、己の情念に、安易さに、自分のうちに立ちのぼってくる非寛容の念や怨念に、屈服しない」といった表現が用いられる。

一方では集団的・外的なそれ、他方では個人的・内的なそれというこれらふたつの意味の並立は、

(20) 本書の標題になっている「屈服しない人々」(アンスミ)とは、「従わせる、屈服させる」という意味のスーメットル(soumettre)という動詞の過去分詞スミ(soumis)に否定語のアン(in-)を付けた形であり、これを複数の名詞として用いている。
(21) ガンディー(一八六九〜一九四八)はインドの弁護士・宗教家・独立運動指導者。

しばしば啓示的である。

私がこれからおこなおうとする探索は、さらにその範囲を狭め、ある特殊な形の政治的抵抗を扱う。この種の抵抗をおこなった人々はいくつかの共通した特徴を備えてはいるが、単に屈服しない人々であるか、体制離反者であるか、非合法の地下戦闘者であるかによって、互いに異なった行動を見せる。共通しているのは、たとえば、抑圧に対して示す姿勢である。彼ら、彼女たちは超越的な価値を自らのものとして要求するし、自身道徳的美徳を備えてもいる。こうした人々の用いる手段は非暴力的なものであり、彼ら、彼女たちは真実、正義と考えることを忍耐強く主張する。

先に進む前に付け加えておきたいのは、人間の振る舞いのこのような唯一の型、私にとっては称えるべきものと思われるこうした型を観察する選択を私がしたのは、人類においてこの唯一の型だけが優勢であるとか、またこの型が私の同時代人の諸傾向、そして私自身の奥底に潜んでいる諸傾向を明らかにするものであるとか私が考えているということではまったくない。個人も人間集団も多くの場合、復讐の論理に従っており、悪には悪で応えるものであり、もし可能ならばより大きな悪によって応えたがるものである。少なくとも内心で、自分を苦しませる人を苦しませてやろうという誘惑に屈しなかった人間などいるだろうか。暴力や攻撃の犠牲者であることは、われわれがそうした犠牲を強いられた後に、自分は決して暴力的な攻撃者になるまいと決意することの保障にはならない。むしろ大部分の場合、われわれは攻撃する側にまわりたがる。同様に、抑圧や不正を前にしたとき、われわれの大半は自然な傾向として、おそらくはまず屈服し、嵐の過ぎ去るのを待とうとする。私自身も、自分がそうした復讐の衝動、報復しようという衝動を抱くことがまったくないとは言い切れない。自分に嫌悪を催させるものにつねに反対する勇気を持っているかどうかも疑わしい。しかし一方で私は、こうした衝動、こうした安易なとっさの反応を免れることは可能だとも信じているし、そうすることがあらゆる観点から考えて望ましいと信じている。こうした道を選択した人々の例を思い出すことは、多くの人々にとって、たとえわずかの期間に過ぎなくても、彼ら、彼女たちが敷いた道をわがものとして歩み出すための助けとなってくれるだろう。

私が経歴を観察し、人生を物語ろうと望んだ人々は、自分たちの美徳が政治的に有効な手段となることを経験した。この人々は、自分たちの個人的資質を支えとして、公の領域で活動した。ここで私が扱おうとしているのは、道徳に支配された政治でもなければ、政治的目的に従属させられた道徳でもない。私が扱おうとしているのは、個人の道徳的行為が政治生活を動かす要素となった事例である。こうした行動は、意志に基づく意識的な決定によってもたらされたものではなく、むしろ内臓に発する、無意識的な反応に由来するものである。ひとがその本性に従って、かくかくしかじかの行動を選択するということはありうる。しかし、ひとは自分の本性を選択することはできない。私が選んだ人々は、不正、抑圧、恐怖を前にして、自分にふりかかった暴力をそのまま相手に返すのではなく、つまり悪には悪で報いるのではなく、暴力をふるってくる他者との出会いを別の次元に移すことで対抗しようとした。そのようにして、これらの人々は善悪二元論、激しい対立を免れ、敵を殲滅しようという願望を抱かずに済んだ。この人々は、他者からの暴力に対して、その暴力を真似ようとしたり、暴力の度合いを他者と競おうとしたりする姿勢を越えたところに自らの位置を定めようとした。不服従のこのような形態は、物理的抵抗、戦闘による抵抗と連続したものである場合もあるが、非暴力的なこうした不服従は、多くの場合、暴力的な不服従の助けを必要としなかったこと、さらには暴力的な不服従より効果的であったことが明らかになっている。

私が選んだ例は、第二次大戦期から現代にかけて観察された三つの型の危機的状況に関係する。最初のものは、ドイツによるヨーロッパ諸国の占領とそれに伴うユダヤ人迫害、そして自律的であろうとするあらゆる行動に対する暴力的な抑圧である。この部分は、オランダのエティ・ヒレスムとフランスのジェルメーヌ・ティヨンというふたりの女性の運命が代表する。続いて、体制離反の精神を体現するソヴィエト連邦のふたりの作家、ボリス・パステルナークとアレクサンドル・ソルジェニーツィンの運命を通して、この国の共産主義体制が観察される。最後に、われわれにより近い時代を扱い、戦争状態にも、全体主義的独裁にも関わらないが、国民のふたつの部分（民族あるいは人種）間に設定された不平等に関する事例を見ていく。ここではアルジェリア戦争が再びジェルメーヌ・ティヨンの経験を通して観察され、アパルトヘイト体制がネルソン・マンデラの運命を導きの糸として、またアメリカの人種差別がマルコムXの事例を通して観察される。続いてイスラエル人とパレスチナ人の争いが語られるが、そこで取り上げられるのは平和とパレスチナ人の人権擁護のために闘っているイスラエル人活動家ダヴィッド・シュルマンであり、これに、自国の政府に対して警報を発し続けるアメリカ人、エドワード・スノーデンの事例が付け加えられる。

このさまざまな型の人々にはまたいくつか別の共通点もある。とりわけ注目されるのは、彼ら、彼女たちがみな、行動と省察に同時に乗り出していること、すなわち実践と理論の両面に関わっていることである。この人々は公の生活のなかで行動すると同時に、公のメディアで文章を書いたり、公の場で演説をしたりする。ただし、それぞれの姿勢は異なっているし、それらは互いに両立不能な場合も多い。ある人々は既成宗教を自分のものとして要求している（それはキリスト教だったりイスラム教だったりする）。ヒレスム、パステルナーク、ソルジェニーツィン、マルコムXがそうした事例である。また別の人々は、宗教的伝統の影響を刻印されてはいるものの、世俗の精神性の枠内に自らを位置づけている。これはティヨン、マンデラ、シュルマンの場合である。スノーデンについては、そもそもの最初から、世界についての自由解放主義的な見方に与している。彼ら、彼女たちの行動形態は唯一の母型に収斂することはない。これが、私が抽象的なモデルを構築しようとせず、本書で取り上げる人々の特異性を損なわないように、それぞれの人生を物語るという形を採用した理由である。彼ら、彼女たちは程度の差はあれ、世界によく知られている人々だが、彼ら、彼女たちがおこなった倫理的選択は、これまで、その価値に見合うほどの注目を集めることはなかった。

第*1*章
エティ・ヒレスム

エティ・ヒレスム
(1914〜43) オランダでユダヤ人の家庭に生まれ、大学で法学、ロシア語を学ぶ。オランダがナチスの侵攻を受け占領されると、同国のユダヤ人をアウシュヴィッツなどに送るための中継収容所だったウェステルボルク収容所で収容者の世話をする仕事に自ら志願する。この職務から外されると自らもドイツ送りとなり、アウシュヴィッツで死去する。凄惨な体験を綴った日記、書簡がその死後に刊行され、大きな反響を呼ぶ。

世界への愛

その人生を素描したいと私が考えている最初の人物は、暴力と攻撃に直面した際に人間がなしうる極端な選択をしたひとりの女性である。彼女が生きていたのは、第二次大戦期のオランダで、そこではユダヤ人に対する迫害がおこなわれていた。その選択が極端であるのは、彼女があらゆる政治的反応を意志的に断念しているからであり、それどころか自己の外部におけるあらゆる行動を断念し、道徳的性質の反応、すなわち自身を内面的に変え、迫害を受けている人々を個人的に援助することしか希求しなかったからである。その人物はまた別の意味でも極端である。彼女は聖性を思わせる、また神的なものとの直接的接触による神秘的な恍惚を思わせる高い精神性と熱い官能性の存在を同時に体現している。彼女の名はエティ・ヒレスム。彼女が残した作品のすべてとされている日記および書簡を読んでみると(1)、この女性の内面に引きこまれるという強い感情にとらわれる。そうした感情を抱くのは私ひとりではないだろう。だから、普段はそうすることは好まないのだが、以後ここでは彼女をファーストネームで呼ぶことにしよう。これから試みようとするのは、エティの短い人生の最後の二年半をたどることである。それは一九四一年から一九四三年に当たる。私が主に記述するのは、エティが経験したさまざまなできごとや試練であり、エティがおこなったさまざまな省察である。エティはその省察によって、自らの世界観を確固たるものにしようとし、自らの人生に意味を与えようとした。
エティは一九一四年に、父方の代々の家系がオランダに住みついているユダヤ人の家庭に生まれた。大学では法学とロシア語、ロシア文学を学んだ（ロシア語はエティの母の母語である）。エティはアムステルダムに住む会計士ウェーヘリフ・ハンの家で生活していた。ハンはエティに家政婦役を頼んだが、エティの愛人でもあった（ハンはエティより三五歳年長である）。エティはロシア語を教えて生活費を稼いでいた。

一九四〇年五月、ドイツ軍がオランダに侵攻する。戦闘は一〇日ほどしか続かない。新たに国の主人となったドイツ人は、そもそもオランダの住民を人種的にドイツ人に近いと判断しており、オランダ人に対する迫害はそれほどひどいものではない。しかしユダヤ人はただちに差別と迫害の標的とされる。早くもその年の六月に、ユダヤ人は市民に課される防衛任務から除外された。同じ年の一一月には公職に就くのを禁じられた——この措置は、教員であったエティの父親を直撃する。翌四一年二月には、人数制限条項により、大学のユダヤ人学生の数が制限された。

まさにこの時期に、エティはその人生を急変させる出会いをする。若い女性であるエティはユリウス・スピーア[2]が主宰する会合へ赴く。スピーアはアムステルダムに亡命中のドイツ系ユダヤ人で、ユングからいくらかの影響を受け、「心理手相学」と呼ばれる一種の分析治療をおこなっていた。この治療は、

（1）本章におけるすべての引用の出典は、次の仏訳に収められた日記の日付および書簡番号で示す。*Les Écrits d'Etty Hillesum, Journaux et lettres 1941-1943*（エティ・ヒレスム『日記と書簡　一九四一〜一九四三』), traduction de Philippe Noble, Seuil, 2008.

手相を見ることから始まり、とくに若い女性が被験者となる場合には肉体を絡み合わせる格闘のようなものもおこなわれた。エティはこの男性に恋するようになり（エティは当時二七歳であり、スピーアのほうは五五歳だった）、これをきっかけに日記をつけるようになる。彼女にとって日記は、当初は打ち明け話の控えめな相手であり、エティを虜にしているさまざまな感情の受け皿である（それは書いている者が「自分の心の底」を委ねる場所である（一九四一年三月九日））。中心的人物はもちろんスピーアである。エティはその日記を一年半つけ続ける（日記のノートの何冊かは所在不明になっている）。エティの人生の最後の年を跡付けてくれるのは、彼女が残した書簡だけである（およそ七〇通の書簡が保存されている）。

日記は、恋する彼女にとって感情を打ち明ける相手であるとともに、さらにふたつの役割を果たしている。エティにとってそれは、自分という人間、自分の世界観を分析する場所となり、同時にエティの文学的実践の実験場となる。だが大部分の場合、エティは、自身の文学的実践については自嘲的に語るだけである。偉大な女流小説家になりたいという自分の願い、有名な女流文学者になりたいという自分の夢、将来「自分が書くはずだと思いこんでいた傑作」（一九四一年一〇月二二日）にその痕跡を残すであろう自分の内面生活を、エティは自ら嘲笑う。だがこのことは、エティが自分の天職を本気で考える妨げ、一日のうちに何度も日記にものを書く妨げ、自分をまず何より「ものを書く手」と見なし、確信を持って「いつか私は作家になるだろう」（一九四二年五月二六日）と断言する妨げとはならない。エティは間違っていない。彼女には疑いなく才能があった。彼女が書いた数頁は、このうえなく偉大な文学的傑作にも何らひけを取らない。エティの書いたものの素材は彼女自身の運命だが、エティ自身がそうしていても、彼女を自己中心主義者と非難はできない。彼女自身のうちに、彼女を取り巻く世界、彼女が理解し表現しようとした世界が反映されている。ただ、当初のエティは外界にはほとんど注意を払っていない。その結果一年目の日記には、ドイツ軍による占領やその結果への言及はまれにしか出てこない。

日記において好んで注意が向けられるのは、スピーアとの関係であり、エティが自分自身について持つ像である。エティは一定の性的自由（彼女はハンとの同棲関係を解消していない）と、自身がスピーアへの際限ない愛と呼ぶものを併存させている。スピーアはエティを単に惹きつけるだけでなく、彼女に対して強い影響を与えてもいる。スピーアと最初に関係を持ってからちょうど丸一年を迎えた日、日記に次のように記すほどである。「二月三日私は一歳になった」（一九四二年二月二〇日）。強制収容所への移送の噂が頻繁に囁かれるようになり、スピーアも強制収容所へ送られるのではないかと想像するようになると、ポーランドの強制収容所へ彼に付いていくためなら、スピーアと結婚してもいいと記すまでになる。そしてスピーアが病気になると、彼がいなくなってしまえば自分は死んでしまうかもしれないと述べている。

自らの時間と努力を自分自身の分析のために捧げようと決意するのも、スピーアの影響である。スピーアの教えは、イプセン、ニーチェ、オスカー・ワイルド[3]といった人々が異なった形で体現する近代の

（2）ユング（一八七五〜一九六一）はスイスの精神科医・心理学者。深層心理を研究し分析心理学を創始する。
（3）イプセン（一八二八〜一九〇六）、ニーチェ（一八四四〜一九〇〇）、オスカー・ワイルド（一八五四〜一九〇〇）はそれぞれノルウェーの劇作家、ドイツの哲学者、イギリスの作家。

個人主義の伝統に掉さすものだが、そのスピーアの教えに刺激され、エティは自己に沈潜し、自らの声に耳を傾け、自らを注意深く観察しようと決意する――少なくとも一日に三〇分そのようにしようと決意する。エティは自分固有の、自分が中心であるような世界に住まうことを夢想する。エティに、自己の存在の深部に対してつねに忠実でなければならないと教えたのもスピーアである。エティは自足することを願い、自身の行動を評価する基準も自分のうちに見出したいと願う。エティにとって何にもまして大切なのは自身の内部の王国である。

さらに、自己分析だけに留ってはならず、たったひとりの男性への愛だけに留まってもならないと考えるのも、やはりスピーアの影響である。個人への愛は、キリスト教徒が「隣人への愛」と呼ぶものへ変容せねばならない。それは、必ずしも自分の直接の知り合いではなく、その人々に対し自分がまったく共感を覚えない人間にも向けられる愛である。そしてそれは、キリストや聖パウロよりは、ニーチェ(4)から発想を得て、人間の範疇を越える生命への愛へ変容せねばならない。もっとも美しい愛とは、世界全体へと広がっていく愛である。そこからエティは次のような結論を導き出す。「どんなに自分が愛する人間であれ、ある特定のひとを人生の目的としてはならない。〔中略〕目的とすべきはあらゆる形態における生それ自体である。それぞれの人間存在は私たちと生のあいだを繋ぐ仲介者である」（一九四二年六月一五日）。

この要請に全面的に従い、これを実践に移すために、エティは自らに働きかけようと試みる。このことはある意味で、彼女が実際におこなってきたこととは矛盾している。なぜなら、エティは自分自身の現実の営みを、より高次の道徳性に発する、あるべき姿との比較によって断罪しているからである。とくに、エティは、女性としての境遇から自分が受け取ってきたものと距離を取ろうとしている。女たちは伝統的に「芸術」「科学」「人類」「生命」といった抽象的なものより、具体的な個人――配偶者、子ども、両親――への愛情をこそ求めてきたからである。エティの考えでは、もし女たちが真に自らを解放し、人間の雌という現実から純粋な人間存在へと変容したいのであれば、そのような具体的個人への愛を乗り越えねばならない。そしてそれに代わって養うべきは、宇宙的な愛、神が創造されたすべてのものに対する愛である。こうした願望は、エティに、自分は修道院に入るべきではないかとしばしば考えさせる。しかし、エティが現実の人々に感じる魅力、官能的接触に感じる魅力にはやはり強いものがあり、彼女は「この世界で、人々のあいだで」生きることを選択する（一九四一年一一月二五日）。あるべき理想を信じながらも、エティは自分がその理想を体現するにはほど遠いのを知っている。何と言っても、彼女はある特定の男に恋をしてしまっているのだ――たしかに、普遍的愛を奨励している男ではあるが…。日記でエティはしばしば自らを叱りつけ、自分の意志を貫くよう、自らに課した掟によりしっかりと従うよう己に命じている。

以上のことからわかるように、このような理想は、外部から、スピーアからやってきている。スピーアに出会う以前は、エティの世界観はこれよりずっと悲観的だった。「私は人生を長く続く苦難のようなものだと、また人間を非常に哀れな存在だと考えている」とエティは書いていた。そしてこのような世界観から、自らが取るべき振る舞いについての結論を引き出していた。子どもを持とうという考え、

（4）聖パウロは初期キリスト教の理論家で、新約聖書の著者のひとり。

本を生み出そうという考えをエティは拒否するに至っていたのだ。こうした鬱状態、世界に対するこうした断罪から、スピーアと出会った後のエティは、彼女が大好きなリルケ[5]に多少似た仕方で、世界についての恍惚的な見方へと移行する。世界に到来するあらゆる現実にもかかわらず、またエティが身の回りで観察するあらゆる苦しみにもかかわらず、そして自身が被るあらゆる嫌がらせにもかかわらず、エティは断固として次のように言おうとする。人生は良きものであり、美しく、豊かな意味を持っている。あるものが存在するというただそれだけで、そのものは称賛と喜びを呼び覚ます。スピノザ[6]のようにエティは次のように言えるようになるだろう。私にとって、現実という語と完璧という語は同じことを意味する。「たとえ何が起ころうと、人生は良きものである」（一九四一年八月七日）。

エティが実践したいと願う愛は、人間界を突き抜け、存在するあらゆるものに及ぶ。ある夕べ、家路についたエティは運河の畔で立ち止まる。「私は遠くの川面を眺めていた。私は風景のなかに溶けこみ、この夜にすべての愛情を委ね、また、星々に彩られた空や水面や小さな橋にすべての愛情を捧げたのだ」（一九四二年四月二五日）。エティは同じようにして花々、木々を愛する。規範を伴った社会は打ち捨てられ、エティの愛情は宇宙の調和へと向かう。これにより宇宙の調和は彼女にとって限りなく豊かなものになる。エティはまた次のような指示を、やはり命令の形で自分に与えている。「私たちは、伸びていい、いい、く小麦や降る雨と同じくらい、つつましく、無言にならなければいけない。私たちはただ単に自分が存在していることに満足しなければならない」（一九四二年七月九日）。

もし愛が普遍的であるなら、その愛は心地よい人々、心地よい経験だけに向けられるものであってはならない。喜びと同じくらい苦しみを、また生と同じくらい死を受け入れ、それらを肯定せねばならないのだ。そのような愛は、存在するあらゆるものに対する同意である。しかし、そうした愛は、エティの生活を構成する特殊な状況、すなわちナチスドイツが占領した国々で、ユダヤ人に対しておこなわれる政治のもとで、試練にさらされる。この点について、彼女が伝えようとするメッセージは、エティを彼女と不運をともにする仲間たちの大半とは異なった人間にするのだが、しかしここでも相変わらず、エティはスピーアの教えに忠実である。スピーアは新たな人種差別法が自分に直接関係してくるのに、数人のナチスが決定した措置に過ぎないという理由で、全ドイツ人を非難するのを拒否している。自分を召喚したゲシュタポ(7)の士官を前にしても、スピーアは、自分の側から示すのは善良さのみでありたいと願う。自分に悪をなそうと望む人々にさえ好意的であり続けてこそ、自分は政治的に有益でありうるとスピーアは考えている。

こうしたものの見方にエティは全面的に賛同する。道徳的性質を持つ内的働きかけに乗り出したエティにとって、何かを要求するのはまず自分自身に対してである。日記には、彼女の心に芽生えた新しい愛に関する記述が続く。そのなかに、他者への憎しみを激しく叱責する目の眩むような二ページが突然見出される。たとえ攻撃を受けたとしても、その攻撃は、それを仕かけてくる人間への敵意を正当化するものとはならない。われわれがそうした人間を倒そうとしても、実際には自分自身を破壊するだけである。「私たちがドイツ人に対して感じる激しい憎しみは、私たちの心に毒を注ぐ」（一九四一年三月一五

(5) リルケ（一八七五〜一九二六）はオーストリアの詩人・作家。
(6) スピノザ（一六三二〜一六七七）はオランダの哲学者・神学者。
(7) ゲシュタポはナチスドイツ期のドイツ警察の秘密警察部門。

日）。イデオロギーを断罪してもいいし、ある事実を前にして怒りを覚えてもいい。しかし、自らのうちに潜む、破壊を求める衝動に屈することは拒否せねばならない。また個人を憎むこと、まして特定の民族を憎むことも拒否せねばならない。「犯罪的なのは、そのような連中を使嗾《しそう》している制度だけである」（一九四二年二月二七日）。そしてエティはこう付け加える。「すべてを無差別に憎むこうした憎悪以上に悪いものは何もない。それは魂の病気である」（一九四一年三月一五日）。これ以上に悪いものは「何もない」のである。憎悪の原因となった迫害でさえ、こうした憎悪に比べれば悪いものではない。ものごとの程度の序列づけに関わるこのような考え方は、反ユダヤ主義的政治を実行するナチスでさえ、ユダヤ人に対する全面的な憎しみに動かされているわけではないと見なすことを前提としている。また同時に、道徳的次元では、そのようにして抱かれた憎しみの感情は、たとえそれが現実に何らの結果をもたらしていないにしても、現実になされた行為と同程度の、あるいはそれ以上の悪であると見なすことを前提としている。エティが下す断罪は、迫害者であるドイツ人に対してよりも、自分の同胞たちがドイツ人に抱く憎しみに対してのほうが重いのである。ある破壊的行為に反応してなされる断罪的行為が、そもそも発端となった行為よりひどいものでない場合にも、その反応を中断せねばならない。というのも、そのようにしなければ、断罪の対象となった人々に自分たちのほうが似てしまう恐れがあるからだ。「ナチスの野蛮が私たちのうちに同様の野蛮を目覚めさせる。もし思い通りに振る舞う権力を手にしたなら、私たちの野蛮も連中と同じ方法を用いることだろう」（一九四一年三月一五日）。悪に対する応答だという口実のもとに、自ら悪をおこなうことは許されるべきではない。だが、ここでわれわれは考えこんでしまう。エティの言うふたつの野蛮は本当に同じものなのだろうか。

いずれにせよ、エティは、ドイツ人を絶滅せねばならないとか、とにかくドイツ人を容赦なく打倒せねばならないとか言い放つ人々とは意見を同じくしないだろう。エティは、悪い愛国者と、あるいは非常に生ぬるい反ファシズム主義者と見なされる危険を冒している。友人たちと盛んにおこなったある議論において、エティは彼らにふたつの行為の類似性、つまり自分たちが対象となる行為と、自分たちが主体となる行為の類似性を思い起こさせている。敵とは、われわれが自分の姿をそこに見る鏡である。「他の人々に見られる腐りきったところが、私たちにもあるのよ。解決法はひとつしかない。自分のうちに、自分の中心に本当に沈潜していって、すべての腐りきったものを魂から根こそぎ抜き取ってしまうより他に、解決法は見つからない。何であれ、それをまず、私たちが自身のうちで正しく変えられるのでなければ、外界でそれを私たちが変えることなんてできないと思うようになったの」（一九四二年二月一九日）。対立は占領する側と屈服させられた側、すなわちドイツ人とオランダ人とのあいだにあるのではなく、憎しみを抱いて生きる人々と憎しみから解放されている人々とのあいだにある。エティは、強制収容所で同胞のユダヤ人を管理する行政的職務に従事しているあるユダヤ人について次のように述べる。「彼は私たちを迫害してくる人々を絶えず憎んでいるが、おそらくそうした感情にはもっともな理由があるのだろう。しかし、彼も弱い者いじめをする。立場が変われば、彼もきっと強制収容所の模範的司令官になるに違いない」（一九四二年九月二三日）。

自身に対して道徳的に働きかけることは、他者に対する政治的働きかけに先立たねばならないし、前者が後者を方向づけるのでなければならない。というのも、そうでなければ、われわれは打倒しようとする悪を破壊するどころか、むしろ悪の力を強めてしまう恐れがあるからだ。「私たちには、自分のうちで変えるべきことがたくさんあるのだから、敵と呼んでいる人々を憎もうとなどとさえ思うべきではない」（一九四二年九月二三日）。なされた復讐は悪を除くどころか、悪を再生産し、悪を永続的なものにする。自分に向けられた憎しみを自分も真似るようなことは慎まねばならないし、より良いやり方は、そうした憎しみを愛に変えていくことである——そしてエティは、汲み尽せないほどに愛に満ち溢れている。エティが世界に対しておこなう行為は、彼女のうちで、内的な純化を経ることによって準備される。

あるいは、愛することが難しければ、愛に代えて憐憫の心を抱くことができる。エティは、逆境にあって、自分のうちに愛と憐憫というふたつの感情が立ち上ってくるのを感じる。こうしてエティは、たけり狂ったＳＳ[8]が自分を足蹴にする情景を想像する。そうなっても彼女は、そのＳＳ隊員の人生のどんなできごとが、彼の人間への憎しみをそこまで膨らませるようになったのかと問うだけで満足するだろう。後に、エティがゲシュタポの雇員と相対したとき、その男はエティをぶちはしないが、邪険な扱いに終始する。それに対してエティはその男に先の場合とは別の仕方で問いかけたくなる。「あなたの子ども時代はとても不幸だったのかしら。それとも婚約者を他の男に取られたの？」（一九四二年二月二七日）。エティはその男の態度を真似るのではなく、そうした態度を通して現れる彼という人間を理解しようとするのである。

エティのこうした選択は、いくつかの点において、ガンディーがインドで擁護しようとした選択——当時ガンディーはすでに数十年そうしていた——と比べられる[9]（エティはガンディーについて直接は語っていないが、彼女がおおいに好んでいたトルストイの作品を、インドの活動家ガンディーは自らの発想源のひとつとしていた）。ガンディーは、インド人の窮状に責任ありとされているイギリス国民に対してであっても、これを憎むよう扇動することは拒否する。「私はすべてのイギリス人が悪辣だとする主張に、決して与することはできない」。ガンディーはこうした考え方に立って、新しい型の抵抗を導き出す。それは〔非協力などの〕消極的で、平和的な抵抗であって、武装闘争とは対立するものである。「心に憎しみを持たぬ者は剣を手にしない」。暴力を手段としない個人は、善を獲得するために他人に悪をふるうことを拒否する。そのような人間は「誰かを救うためであっても、別の誰かに暴力をふるうことは慎まねばならない[10]」。これはなにも、自分に向けられた抑圧を受け入れるということではない。屈服しない人間は抑圧には抗議する。彼が受け入れるのは、ただ法律によって決められている罰のみである。そうした人間が示す魂の力は、ひとを引きつける磁力によって、また手本となることによって、敵対者の態度を変えさせることもある。

しかしエティ、ガンディーというふたりの非暴力の支持者のあいだには、類似点よりも相違点のほうがはるかに多い。言っておかねばならないのは、両者の追求する目的が異なっていることである。ガンディーは植民地権力の転覆を目指している。エティのほうは純粋に個人的な企図を追求することだけが

（8）ＳＳ（親衛隊）はナチス党の党内組織でそもそもはヒトラーの護衛隊として発足したが，後に全国組織となり党内警察組織として発展した。またその組織員の名称としても用いられる。

（9）トルストイ（一八二八～一九一〇）は帝政ロシアの作家。代表作に『戦争と平和』『アンナ・カレーニナ』など。

（10）Gandhi, *Hind Swaraj, l'émancipation à l'indienne*（ガンディー『真の独立への道――ヒンド・スワラージー』）(1909), Fayard, 2014, p. 73, 161, 117.

目的である。エティの場合、西洋文明のあらゆる果実、すなわち機械（汽車、電車を含む）や医学や教育などに対するガンディーのような拒否の態度は見られない。逆に、ガンディーには、エティのそもそもの出発点である世界に対する愛は見出せない。ガンディーが語るのは愛ではなく、むしろ義務を強調する言葉である。エティは同意のうちに生きており、ガンディーは排除のうちに生きている。エティは、自らの官能を愛しているが、ガンディーは、よき抵抗者は純潔で貧しくあらねばならず、その身体は自制を強いられねばならないと考える。ガンディーは自分の道徳的選択を他者に押しつけようとするが、エティは自分という人間を完成させることだけで満足する。

政治的なものに対する拒絶

エティの日記には、アムステルダムのユダヤ人を取り巻く政治的状況が、継続的に記されているわけではない。だが、その雄弁な谺《こだま》が所々に見出される。一九四一年六月、この町で初めて、大規模なユダヤ人狩りがおこなわれる。エティは記している。「逮捕と恐怖。強制収容所」（一九四一年六月一四日）。一九四一年秋に、ユダヤ人は大学への入学を認められなくなり、商業以外のいくつかの職業に就くこと、非ユダヤ人を雇用することも禁じられる。エティは、周囲に広がる憔悴や不安を書き留めている。また、オランダ各地の強制収容所内で死者が出ていること、収監されているユダヤ人たちが苦しめられていること、ユダヤ人に対する禁止事項がますます増え続けていることなども記している。商店に入ることも、公共交通機関を利用することも、カフェのテラスに座ることも、もはやユダヤ人には許されない。全体的展望は暗い。ユダヤ人を待ち受けるのは「飢えであり、死刑執行であり、追放である」(一九四二年五月二三日)。だが、ユダヤ人に対するこうした嫌がらせのどれひとつとしてエティを怒らせはしないし、そうしたことについて、日記ではごくあっさりとしか語られていない。彼女の全般的態度は、ことのなりゆきに対する奇妙な同意といったものであり続ける。エティ自身、こうした自分の反応の奇妙さを意識していて、それについて説明を見つけようと、また、そうした態度を理性的議論で正当化しようと試みている。

彼女の議論は第一に、内的生活と外界の生活を明瞭に対立させ、前者を価値あるものとし、後者を軽視しようとする。エティは、「外界からやってくるものによって導かれるのではなく、内部から切実に湧き上がってくるものによって導かれるままになるのでなければならない」(一九四一年一二月三一日)と決意する。生活全体がこの内なる中心によって支配され、エティはこの内なる中心に耳を傾けることに、朝から晩まで専心する。行為や判断に際して、内的生活と外的生活というふたつの源泉のあいだに生じる不均衡はとても大きなもので、エティは次のような驚くべき表現まで用いるようになる。「豊かな内的生活を送っていれば、たぶん収容所を囲む鉄条網のなかにいようと外にいようと、そんなことはどうでもいい」(一九四二年三月二二日)。これが書かれたのは、ソヴィエトで何百万人もの人間が、自国の収容所《グラーグ》で一種の奴隷状態に置かれ、またドイツで、ヨーロッパのあらゆる国々からやってきた何百万人もの人間が収容所《ラーゲル》に収監されていた時期である。当時、そうした事態に無関心な人間などほとんどいなかったであろう。ますますユダヤ人の生活を圧迫するさまざまな措置が取られているのを知っていたにもかかわらず、エティは、そうした措置など自分にはほとんど何の影響もしないと記している。彼女が抱懐している個人的確信が、一種の防護壁、鎧となり、彼女を取り巻く外界からの攻撃を撥ね返すのだ。「私には内的力があり、それで十分だ。それ以外のことはとるに足りない」（一九四二年七月四日）。内部が外部に対してつねに優勢を示す。

　外界で展開する生活より内的生活を優先する度合いのほうがはるかに強いので、エティは人間が引き起こす行為と自然が引き起こすできごととを、区別しなくなってしまう。人間の歴史を構成するさまざまのできごとと、自然法則の結果として生じるできごとが、エティにとっては同じ次元のものになる。すでに、人間による行為のあらゆる形態はすべて同じ次元に置かれてしまっている。なぜなら、重要なのは、それらの行為によって引き起こされる内面的反応だからである。「結局のところ、人々に苦しみを与えるものが、ある時代には宗教裁判であり、別の時代には戦争や大虐殺《ポグロム》であったとしても、そんな違いは重要ではない。［中略］重要なのは、それらに私たちがどのように耐えうるかである」（一九四二年七月二日）。こうした見方に対しては、不幸をもたらすさまざまな源泉を区別するのは大事であるという反論もできるだろう。なぜなら、源泉を区別して、それぞれに応じた適切な対策を講じれば、それらの源泉を打倒できるからだ。しかし、不幸の源泉をまったく区別しないエティの態度は、そうした不吉な諸力に加えて、背後にいかなる人間の意図も見出せないような自然災害を彼女が持ち出すとき、いっそう明瞭になる。「あるときは、それはヒトラー[11]であり、別のときにはそれはイヴァン雷帝[12]である。またある世紀には、それは宗教教判であり、別の世紀には戦争、ペスト、地震、飢饉である。結局、人生にとって本質的なのは、どのように苦しみに対処し、耐え抜き、引き受けるかだ」(一九四二年七月一〇日)。たしかにさまざまの苦しみは似たようなものかもしれない。だが、ヒトラーの到来を、ペストや地震と同様の、人間の力ではどうすることもできない厄災だと考えてよいものだろうか。地上からすべての病を取り除くことはできない。それでもわれわれは、これこれの特定の伝染病に効果的に対処はしうる。生と死、喜びと苦しみは、あらゆる人間の生存につきものである。だが、そうしたもののリストに、人種差別主義的な憎しみや民族浄化の計画を加えられるだろうか。エティにおいては内的生活が優先された結果、自然と歴史のあいだ、社会的約束事と個人的立場のあいだにあるこうした違いが意味のないものになってしまう。

「外界の生活」にエティがごくわずかしか関心を示さないことは、別の理由からも説明できる。エティは、ことのなりゆきを変えることなど可能だとは思っていないのである。個人は純粋に受動的な役割に閉じこめられている。「私たちは空っぽの容器に過ぎず、そこに世界の歴史の流れが押し寄せる」(一九四一年六月一五日)。もしわれわれが空っぽの容器でなかったとしたら、われわれはむしろそうなるように努力せねばならない。というのも、エティによれば、実際に生起してくる数々のできごとの力に直面させられれば、個人の意志など何の力もないに等しいからである。エティは、歴史のうちに、人間が

(11) ヒトラー(一八八九〜一九四五)はドイツの政治家。ナチス党を率いてドイツに独裁体制を敷き、米英などと第二次大戦を戦う。

(12) イヴァン雷帝(一五三〇〜八四)はモスクワ大公(在位一五三三〜四七)、モスクワ・ロシアの初代ツァーリ(在位一五四七〜七四、七六〜八四)。ロシア史上最大の暴君と言われる。

その方向を変えようすれば変えられる一連の流れを見るのではなく、節理によって押しつけられた運命を見ようとする。だが、エティが用いる「空っぽの容器」というイメージは、彼女の豊かな内的生活を正しく表現しているだろうか。

世界のあり方への同意のこのふたつの正当化(内的生活は外界の最悪のおぞましさに容易に打ち勝てる。できごとの生起はいずれにせよ動かすことなどできない)によって、エティは、公的行為や政治的行為によって困難を克服しようとするあらゆる試みに不信の念を抱くようになる。世界の動きに対する働きかけの行為は、たとえそれが有益だとしても、二義的な、すなわち自らに対する働きかけの後に来るべきものである。他者を打倒しようとする行為は、他者への憎しみに由来するものではないのか、したがって復讐あるいは自らの個別利益の擁護に由来するものではないのか。エティはつねにそのように疑っている。エティは、敵に対する憎しみに発しない闘いなど理解できない(たとえば不正に対する憎しみに発する闘いなど彼女には理解できない)。抵抗という政治的行為より、エティは自らを内的に変容させる個人的反応のほうを好む。「外界の脅威はたえずその大きさを増し、日一日と恐怖がふくらむ。私は自分の周囲に祈りを、救いの影をもたらす防護壁のように立ち上げる。〔中略〕この内的な集中が、私の周囲に高い防護壁を立ち上げる」(一九四二年五月一八日)。だが、強制収容所の暴力は祈りによって、あるいは内的集中の努力によって阻止されうるだろうか。イギリス軍の間近の上陸を期待して空《そら》を探る人々に、エティはあらゆる政治的希望を断念すべきだと応じている。「外から助けがやって来るなどと私は思っていないし、それを当てにしてもいない。イギリス人とか、アメリカ人とか、あるいは革命とか、神のみぞ知るどんな助けも、私は当てにしていない。どんな人間もそのような助けに希望をかける権利などないからだ」(一九四二年七月二三日)。

ただしエティは、こうした態度が誰にとっても当てはまるわけではないこと、そして自分が選んだ道が特異なものであることを意識している。「私の闘いは、私の内部の舞台で私自身の悪霊《デーゼン》を相手におこなわれる。私たちの絶滅を望み、猛々しさと凍りつくような冷酷さをもって、私たちを絶望させようと望む狂信者たちに、恐怖におののく何千人ものただなかにあって、闘いを挑むのは、私向きではないのだ」(一九四二年七月一四日)。それでもエティは、自分の道徳的反応のほうが、あらゆる政治的行為よりも好ましく、自らの悪霊《デーモン》を打倒することこそが唯一尊敬に値する目的であると確信している。自分の周囲を取り囲む世界は過酷である。しかしそれは、自分の内部で憐憫の心以外のものを育むべきだとする理由にはならない。武装抵抗を説くマルクス主義者の古くからの友人と再会して、エティは彼に反論する。「私たちに残された解決法はそれだけよ。それに代わるものは見つからない。私たちひとりひとりが自分の内面に戻り、他人のうちで破壊しなければならないと思いこんでいるすべてのものを、自分のなかで破壊するのよ」(一九四二年九月二三日)。

他方を犠牲にして一方だけをはっきり選択し、自分に対して求めるところは多いがそれを他者に要求することなく、外界をないがしろにしてただひたすら内的経験だけに集中し、あらゆる政治的介入を排して道徳的行為だけを特権化する。こうした態度は、エティ自身にも極端に思えるらしく、ときとして、エティは自分に対して非難を投げかける。「現実世界、現代の世界と接触を保ち続け、そのなかで自分の居場所を見極めねばならない。永遠の真理だけを頼りに生きていくのはいけないことだ。そんな生き方をしていれば、最後には駝鳥のように砂に頭を突こんだままという羽目になりそうだから。内的にも外的にも十全に生きること。内的生活のために外的な現実を無視してはならないこと、その逆も同じ。これは、胸ときめく使命だ」（一九四一年三月二五日）。理論はこの通りである。しかし年若い女性であるエティの気質は、彼女を内的な極のほうへ引き寄せる。

それでも、その晩年、エティはそのような均衡を実現する新たな方法を見出すだろう。

多くの傷に注がれる香油

一九四二年の夏、エティの人生に転機が訪れ、それにより彼女の世界観はかなりはっきりと変化する。その原因は、まず外界のできごとである。一九四二年六月末、オランダのユダヤ人たちに新たな不安をもたらす知らせが、おもにイギリスのラジオロンドンを通じて入ってくる。エティは日記に書いている。「最近のニュースでは、オランダのユダヤ人はポーランドに移送されるということだ。［中略］昨年の四月以降、ドイツ国内およびドイツに占領された諸国では七〇万のユダヤ人が殺されたとイギリスのラジオは報じている」（一九四二年六月二九日）。その翌々日、エティはさらに付け加える。「ポーランドでは、虐殺が盛んにおこなわれているらしい」（一九四二年七月一日）。この新たな状況に直面して、エティは近親者（とくに兄）に促されて、ユダヤ人評議会の仕事に応募する。これはドイツの権力がドイツの占領諸国に設置した組織で、ユダヤ人住民をより容易に管理するためのものだった。この組織に雇用された者は、ユダヤ人が被る抑圧的措置を免れるとされていた。エティはただちに雇用され、さまざまな行政的職務に従事する。エティはウェステルボルクを担当する班への編入を希望する。ウェステルボルクとは中継収容所に与えられた名称で、ここにオランダのユダヤ人が集められ、ここからポーランド、ドイツの収容所へユダヤ人を移送する列車が出発した。この希望が入れられると、エティは当初、ウェステルボルクに二週間単位で三度滞在する（一九四二年七月三〇日〜八月一三日、八月二一日〜九月四日、一一月二〇日〜一二月五日）。その後数ヵ月は病のためアムステルダムに留まるが、エティのウェステルボルクへの四度目の、そして最後の滞在は一九四三年六月五日に始まり、彼女の最終的な出発まで続く。その間、さらに重大なできごとが出来する。エティの愛の対象であるユリウス・スピーアが病に冒され、一九四二年九月一五日にアムステルダムで死去する。エティの人生の基軸であった人物はもはや存在しない。

自分の周囲や自分の内部で起きた変化を感じながら、エティは自分のなかに生じた新たな反応を的確に表現すべく新たな語調を探し求める。ウェステルボルクへの最初の滞在の直前に、エティは記している。「実際、ここ数日間に、私の心に触れたことをすべて言い表すには、完全に新しい言語を発見せねばならない」（一九四二年七月一九日）。この新しい言語をエティは結局発見する。それはとくにエティが残した書簡によって確認できる。だがそのことは、それ以前に奉じていた諸原理をエティが放棄したことを意味しない。以前と同様に、この時期のエティは次のように断言している。「私はふしぎなほど幸せだ。昂揚した幸福とか、当然感じられる幸福というわけではないが、ただ単純に幸せなのだ。日ごとに落ち着きと自信が、自分のうちで強まっていくのが感じられるから」（一九四二年七月六日）。彼女の哲学が、自分を取り巻く生活に彼女が同意できるようにする。もはやエティは、「実際に存在するもの」を「存在しなければならないもの」と区別しようとしなくなる（この「実際に存在するもの」がここでは強制収容所、すなわち言い表しがたい苦しみが支配する場所であることを思えば、これは驚くべき物言いである）。そして「私はウェステルボルクを愛する術を学んだ」（一九四二年九月一六日）と付け加えたうえで、エティはそのような感情が何に由来するのかと自問している。「鉄条網に囲まれた、多くの人間の悲劇的運命と苦しみが波のように次々と押し寄せてくるこの荒地が、私の記憶にほとんど甘美と言える像を残したのはなぜだろう」（一九四二年九月二二日）。自分が直面しているあまたの苦しみは神によって遣わされたものだ。そうきっぱりと心に決めてしまったからには、そしてそれらの苦しみが善良さを生み出すからには、エティにとってそれらは良きものとなる。

このように、エティの思考は強い継続性を示すものだが、しかし、その傍らに、いくつか変化の兆しが姿を見せ始める。最初の、そしてもっとも重要な変化は、人生における関心の中心がもはや自分ではなく、自分を取り巻く人々へと移ったことである。ウェステルボルクへの最初の数回の滞在の時期から、エティは深いところで変化していく。「私は強制収容所の集団生活に沈潜している」、「以前はいつも孤立のうちに、退隠のうちに生きていたのに」（一九四二年一〇月二一日）。自己分析へと向かういつもの癖は背後に退き、彼女が重んじていた自己の特異性は消え去る。「私が強制収容所送りになろうが、他の誰かが強制収容所送りになろうが、そんなことはどうでもいい」（一九四二年七月一一日）。「自分の注意をすべて他の人々に注いでいるので、自分のことは忘れてしまう。こんなふうであるのはとても良い」（書簡四二）。エティはもはや以前のように、自分自身になろうとはしない。以前なら、エティという人間の深い本質は、実際の人生に、あるいは他者とのあらゆる接触に先立つところに存在していたかのように見える。しかし現在のエティはそうなってしまった自分であろうとし、彼女が「この精神病院のなかの平和の酵母」(一九四二年七月一六日)、「おんぼろ小屋の考える心」(一九四二年九月一五日)、「多くの傷に注がれる香油」(一九四二年一〇月一二日)と呼ぶものの役割を果たそうとする。これは、新たな経験を彼女が選ぶ以前には見られなかった自己規定である。

エティが書くのはもはや日記ではなく、自分の仲間や自身が被る「苦難の年代記」である。自分自身への関心は、他者への愛に取って代わられる。他者への愛は、その他者がとりわけすばらしい資質を持っているから抱かれる愛ではない。すでにデカルト(13)は次のように書いていた。「その人間があまりに不完全であるからといって、その人間に完全な友情を抱けなくなるような人間はひとりもいない」(14)。エティが採用したのもこれと同じものの見方である。「人々の振る舞いとその人々に対してあなたが感じる愛のあいだにはなんの因果関係もないのです。〔中略〕この《隣人》がどのような人間であれ、それがそのひとに対して注げる愛情の多寡に関係することはほとんどありません」(書簡五六)。エティが以前追い求めていた普遍的愛が、ここではただちに適用されている。

以前のエティは、自分が革命家やソーシャルワーカーの役割を担うことに、拒否の姿勢を示していた。だが、ウェステルボルクでの彼女の行動は、多くの点でソーシャルワーカーのそれに類似している。エ

(13) デカルト(一五九六~一六五〇)はフランスの哲学者・数学者。
(14) Descartes, *Les Passions de l'âme*, § 83 (デカルト『情念論』八三節)。

ティは、他の人々の苦しみを慰めるために働く。以前のエティが知りたいと思っていたのはただひとつの心、自分の心であり、彼女だけの「小さな内的生活」であった。だが、今のエティは、自分が毎日出会うすべての人間の生活に関心を寄せ、苦しむ人類の心に触れようとする。以前のエティは、自分に次のように語りかけていた。「人生においてあなたが担える唯一の責任は、あなたという人間についての責任だ」（一九四一年一〇月二一日）。今のエティは、ウェステルボルクの収容所に住むあらゆる人々に対して自分が責任を持つべきだと感じている。以前のエティは人生全体を肯定的に受け入れていたが、今のエティはその肯定をある種の人間関係に集中させている。「至るところ、鉄条網の後ろ、四方から吹く風にさらされるおんぼろ小屋でさえ、生きることは良いことだ。人々への、そして人生への愛を抱いて生きているならば」（書簡一〇ａ）。それを欲しがるひとにコーヒーを届けること、人々のさまざまな嘆きに耳を傾けること、人々のあいだに起きる争いごとを鎮めること、これらはみな尊敬に値する、道徳的使命を帯びた行為である。ウェステルボルク内部では、当局に敵対行為をなしうる可能性は事実上皆無である。自分自身に課された仕事が増えれば増えるほど、エティの幸福感は増す。このときエティが愛しているのは、強制収容所それ自体というよりも、自分がそこで送っている生活である。その場所で、エティは自分自身の内部に立ち上ってくる人間愛を感じ、それを十全に発揮することになる。むろん、そこでのすべてが肯定に値するわけではないし、そこを支配しているものが一律に悪であるということでもない。たったひとつの寛大な身振り、たったひとつの愛情あふれる視線が、苦しみに満ちた日々を贖えるのである。

人々の人生に浸りきったエティは、以前よりもはるかに具体的な仕方で、人々の苦痛の程度を理解し始める。「私には、人間が自分の同類に対し、どうしてこのような扱いができるのかが理解できません」（書簡二一）。エティの目に露わになる現実は、まったく新しいものである。だからありきたりの言葉でそれを描き出すことは不可能である。そのおぞましい現実を伝えるためには、新たな表現方法を見出さねばならないだろう。「偉大な詩人でなければならないでしょう。ジャーナリスティックな物語では、もはや十分ではありません」（書簡二三）。そして実際に、自身がそうなりたいと思っていた偉大な詩人に彼女はなりおおせた。眼前で起きるできごとのうちでもっとも衝撃的な情景は、強制収容所内に入ってくる、そしてそこから出発していく移送列車の姿である。「最初の移送列車が私たちの身近を通り過ぎていったときには、いっとき、私たちは今後笑うことも陽気になることもできなくなるのだと思いこんだものでした。自分がそれまでとは違った存在に代えられてしまったと感じました」（書簡二三）。「ここでは、数時間のうちに、一生涯続くほどの憂鬱が蓄積されます。［中略］機関車が恐ろしい轟音をあげ、収容所全体が息をひそめています。今日もまた、三〇〇〇人のユダヤ人が今まさに出発するところです。［中略］貨車は完全に閉ざされていますが、ところどころ板片が剝がれていて、その合間から溺死しかけている人々のそれのような、手が振られています」（書簡三七）。「先週の真夜中、強制移送の列車がここに到着しました。やせて、蠟のように青ざめた顔、顔、顔。私は、その夜見た人々ほど弱りはて疲れはてた顔を一度も見たことがありません。［中略］朝早く、彼らは貨車にぎゅうぎゅう詰めに押し込まれました。［中略］病人用に用意された紙の《マットレス》が床の上に置いてあります。残りの人々が乗せられていたのは、真ん中にトイレ代わりのバケツの置かれた床が剝き出しになった貨車であり、密閉されたその一車両につき七〇名の人々が立ったまま乗せられていました」（書簡四六）。

何通かの長い手紙は、明らかに特定の人物に宛てて書かれたものではなく、その内容は、ウェステルボルクでの生活を十全に記した物語となっている（エティの書簡集はすでに大戦中に公刊されていた）。たとえば一九四三年八月二四日付の書簡を見てみよう。「その夜と同じような夜の後では、今後一度でも笑うことがあれば罪になる、とさえ心から感じてしまう瞬間がありました。［中略］あの赤ん坊たちは、あのか細い、突き刺すような泣き声をあげていた赤ん坊たちはみな、遠い国に運ばれていくために、真夜中にその小さな寝台から引きずり出されてきたのです」（書簡六四）。これに続く記述はどれもこれも、負けず劣らず悲劇的な情景を描写しているのだが、すべて簡潔な引き締まった文体で綴られている。これこそエティが見つけ出した新たな語調であり、この幻想的な世界を描くのにふさわしいものである。身体の麻痺した少女がエティの目の前を通りかかる。少女は食事のための皿をつねに持ち歩くのを拒否する。恐怖心に襲われた少年が、身を隠せると想いこんで脱走を図る。だが、彼の身代わりに強制移送されることを恐れたユダヤ人たちによる人間狩りが始まり、逃げた少年は捕らえられる。ところが、少年を捕まえても、五〇人のユダヤ人が見せしめのために強制移送される。ユダヤ人評議会の雇員たち（エティもそのひとりである）は、赤ん坊に服を着せ、母親たちの気を鎮める。彼女たちが悶着を引き起こさずに、赤ん坊と貨車に乗りこんでくれるようにするためだ。列車の出発までに洗濯した赤ん坊の下着が乾いてくれるかと心配する若い母親がいる。妊娠九ヵ月の妊婦が担架で列車へと運ばれていくが、陣痛が始まると収容所に留まるよう告げられる。三人目の女性は、直前の列車で出発した夫とポーランドで再会できることを期待している。ある母親は七人の子どもを連れて列車に乗りこむ。「人々はぎっしりとぶどうの房のように家畜運搬車に詰め込まれ、その扉が閉められます。内壁の上方に開けられたわずかな隙間から、人々の頭と、まもなく打ち振られるだろうその手が見えます。［中略］汽笛が鋭く鳴り響き、列車が一〇二〇人のユダヤ人を積んでオランダを離れていきます」。

まもなく移送される人々の身近でエティは暮らしている。そのため、彼女は、振りかかる事態を全面的に肯定してきた自分の姿勢を、ますます保てなくなってくる。状況は、アムステルダムでのユダヤ人狩りの結果として、エティの両親と弟が同じウェステルボルクの収容所にやってきた瞬間からさらに悪化する――一九四三年六月二一日、「私の生涯のもっとも辛い日」（書簡三九）。この新たな不安の原因を、エティはすぐ理解する。ひとは自分の人生に振りかかるどんなことでも受け入れようと決意することはできる。だが、「そのようにできるのは、自分自身についてのみであって、他人の人生に振りかかるすべてを受け入れられるわけではない」（書簡五三）。今やエティは、以前、内部と外部を隔てていた完全な分離は成り立ちがたいことを理解する。なぜなら他者もまた自分の一部だからである。これ以後エティは、自分にとって大切な人々の苦しみのために、「絶対の地獄」「完全な破局」（書簡四〇）のなかで生き続けることになる。身近な人々のために自分を犠牲にするほうが、その人々が犠牲にされ葬られるのを見るよりも、ずっとたやすいことなのだ。「もし最初にこの大切な人々をこの場所から逃がすことができたなら、私自身はポーランドであれ他のどこであれ、十度でも連れていかれてよいと思っている」（書簡四五）。こうした人々が移送されるかもしれない。そうした見通しが、ひっきりなしに彼女を不安にし、しまいに不安は耐えがたいものとなる。この状況を、エティ自身は次のように明晰に分析している。「まったく絶望させられるのは、家族の者の期待よりずっと少しのことしか私たちが彼らにしてあげられないということです」（書簡四九）。何が起きようと、世界を、生を全般的に愛することは、特定の人間に対し個別の愛を感じていない限りでしか可能ではない。自分が愛する特別の人々の失墜は許しがたく、そうした人々が破滅させられるのは耐えがたい。

こうして、この瞬間、エティは状況の改善のためのあらゆる外的な介入、自分が愛する人々に慰めをもたらすあらゆる政治的行為を拒否するというそれまでの考えを打ち捨てる。以前自分が反対していた人々の立場に心のうちで身を寄せ、イギリス空軍による爆撃を夢想し始めるのは、悪夢のような移送列車が人間の積荷を運び去るのを見たときである。「線路が爆撃され、汽車が出発停止になっていけないことなどあるでしょうか。これまでそういう事件が起きたことは一度もありませんが、人々は新たな移送列車が出発するたびに、決して打ち捨てられない希望を抱いて、そうなるように期待してしまうのです」（書簡六四）。

エティの最期が近づいている。エティがウェステルボルクのユダヤ人評議会で働き始めたのは一九四二年七月だが、その動機は、こうした職に就けば強制収容所送りを免れられると思ったからである。しかし一九四三年七月七日、その特権はすべて廃止され、エティも他の収監者と変わらない普通の収監者になってしまう。ヒレスム一家はエティの弟で天才的なピアニストであるミッシャのために、例外扱いを獲得しようと嘆願する。これが拒否されると、若いミッシャにも家族全員、すなわち父、母そして姉エティとともに、次のアウシュヴィッツ[15]行き移送列車に乗せられるという命令が届く。命令が出されたのは一九四三年九月六日であり、出発は翌日と決められた。この知らせを受け、エティは呆然とする。しかし、一時間もするとエティは自分を取り戻す。ユーモアを取り戻し、また自分とともに旅立つ人々への親切さを取り戻し、リュックサックを準備し始め、そのなかに聖書と一冊のトルストイ、さらに、使っていたロシア語の文法書と日記の最後の一冊を滑りこませる（この日記はその後行方不明となる）。エティが書いた最後のハガキは、ウェステルボルクを出発した移送列車から投げ捨てられ、後に見つかったものだが、彼女の上機嫌を示している。「私たちは歌を歌いながら、収容所を後にしました。父も母も落ち着いて気丈でした。ミッシャも同じです」（書簡七一）。収容所に残った友人ヨピーはエティの精神状態を次のように描き出している。「私が思うに、エティはいささかなりとも満足していたことでしょう。彼女は考えていたと思います。自分はこうした経験ができる。すべてを生きねばならない。私たちの分け前として与えられるはずだった、あらゆることを自分は生きている、と」（書簡七八）。自分が置かれた状況を明晰に認識していたとはいえ、エティはその状況の重大さを完全には測りかねていたに違いない。彼女が残したいくつかの最後のメッセージのひとつには次のような質問が含まれている。「あなたたちは私のことを待っていてくださいますね」（書簡七九）。エティ自身、自分が死にいくとは考えていない。彼女は生き延びることを、そして身近な人々のところに戻ってくることを期待している。この強制移送という途轍もない事態を前にして――彼女の強制移送はあまたの強制移送のひとつに過ぎないが――、われわれもまた、事態を一変させるような超自然現象を夢見ずにはいられない。だがそうしたことは起きないだろう。

エティの両親は移送列車がアウシュヴィッツに到着した一九四三年九月一〇日に死亡したと記録簿に

(15) アウシュヴィッツは現ポーランド領で当時はドイツに占領されていたオシフィエンチム（ドイツ名アウシュヴィッツ）にナチスドイツが設けた強制収容所。この地で多くのユダヤ人が殺害された。

は記載されている。両親は移送中に死んだか、あるいはそのほうがありそうなことだが、到着直後にガス室に送られたのだろう。エティの死亡は一九四三年一一月三〇日にアウシュヴィッツで記録されている。

われわれを動顛させる人物

エティが書き残したものを読めば、無傷でそこを出ることはできない。その書き物の発する力があまりにも強いので、一見同時に持つことが不可能に思えるさまざまな美徳を備えたこの人物に、われわれは魅了されてしまう。私はエティの日記と書簡の全体にすっかり浸りきった。私に強い印象を与えたのは、それらが備える統一感であり、またそれらが彼女のうちに生じた省察の進展をも同時に示していることだった。転機は一九四二年の夏のあいだにやってくる。

この統一感をもたらす継続性は、エティの主要なメッセージのひとつである世界への愛と、憎しみに対する徹底的な拒否に見られる。それは、人生に起こりうるもっとも残酷なことまでも含めて人生を愛するということであり、迫害や民族浄化に加担した人々への憎しみをも含めて憎しみを拒否するということである。悪に直面すると、エティはその悪を他者のもとで破壊しようとするのではなく、その悪が自身の内部に現れるのを禁じようとする。

こうした継続性を断つことなくエティの世界観は進展するのだが、それは何よりも彼女の関心の向かう先の変化、「私」から「彼ら」への、主体から主体を取り巻く人々への変化に関わる。エティは、しだいに西欧的思考の大きな伝統、すなわち、主体の自律や主体の自足を主張する伝統から離れる。こうした伝統は、他者を自己がおこなう探求の道具と考えるものであり、他者を自己の行為の最終目的と見なすのを拒むものである。一九四二年の夏まで、エティはスピーアの才能ある、しかも忠実な弟子として振る舞っていたと言えるだろう。しかし、変化は、ウェステルボルクでの初期の滞在が与えた衝撃によって生じる。二度目の滞在から帰って数日後に到来したスピーアの死がエティにほとんど衝撃を与えていないのもこれによって説明できる。エティ自身が断言しているように、（スピーアと過ごした）第一の時期が、（スピーアがいなくなった後の）第二の時期に自分の立場を引き受けられるようにする準備となってくれたのだろう。このような移行は、エティの事例以外にはほとんど見当たらない。エティが出会い、エティが自身の身を捧げた人々は中継収容所の収監者である――エティはそこで、最初はその人々の世話を仕事とし、一年後には他の人々と同様の収監者となる。自己と他者のあいだの境界が揺らぐと同時に、エティはそれによって外部と内部、身体と精神という西欧の伝統的な二分法を乗り越える。

周囲の収監者の感情的悲惨を目の当たりにすることで、エティは世界についての自分の判断をより陰影に富んだものにしていく。あらゆる生の形に惹きつけられながら、エティは最善を尽くして人々の傷を癒そうとし、寛大さと憐憫をもって人々の苦しみを和らげようとする。人生はあらゆる状況のなかで続いていくものであり、つねに感嘆に値するものである――だが、到着する移送列車と出発する移送列車が慌ただしく交差する中継地、ウェステルボルク収容所は、神の被造物として称えられるには値しない。

こうした状況のもとで、エティは当初自分が拒絶していたこと――連合国軍による占領者ドイツ軍打倒のための軍事介入への期待――を自身も願うようになる。どうしてイギリス軍の飛行機はウェステルボルクに至る鉄道を爆撃しないのか。この瞬間に、エティは軍事的で暴力的な闘いの正当性を認めている。もっとも、彼女自身がそれに参加するのは拒否している。外界への働きかけという行為が、エティにとっては自身に対する道徳的教育や、自分の身近な人々に対する慰めと並んで存在しなければならないものとなった。エティ自身がおこなえるのは愛の行為だけであり、破壊行為に彼女が携わろうとすることはない。だが、そのどちらも必要であることをエティは認めている。したがって、エティは、自らは政治的行為への参画には無縁でありながら、それに参画することの意味となるような諸価値に生命を与えるという例外的立場を示している。

エティは占領者ナチスによって広められた憎しみの空気に屈することも、自分たちが被った攻撃の反射鏡のような反応に従うことも拒否する――エティはこの意味で、すなわち、攻撃者に対して闘争という抵抗手段を対置しようとしない点で、「屈服しないひと」である。エティは、占領者に対する暴力的なあらゆる抵抗に、警戒心さえ示す。彼女には、そうした抵抗が憎みを伴わずにおこなえるとは思えないのである。エティ自身は別の仕方で抵抗する術を知っている。それは、敵に抵抗するのではなく、戦争と占領が生み出す憎しみと暴力の誘惑に抵抗するという瞠目すべき形態を取る。敵に抵抗したいという衝動がエティのうちにないわけではない。だがエティが抱く世界への愛が、そうした衝動を打ち負かし、それを消滅させてしまう。残るのは、人生の最後の一年に、自分が出会う人々に彼女が示した思いやりに満ちた配慮だけである。愛だけが残るのだ。

第2章

ジェルメーヌ・ティヨン

写真提供：adoc-photos／ゲッティ／共同通信イメージズ

ジェルメーヌ・ティヨン

（1907〜2008）フランスの若き民族学者として、アルジェリアのオーレス山塊で単独で4年にわたるフィールド調査をおこなった後フランスに帰国すると、すぐさまナチス占領軍へのレジスタンス活動に参加。逮捕されてドイツのラーフェンスブリュック強制収容所に収容されるが、第二次大戦期をかろうじて生き延び、帰国後はこの体験を主題とする歴史研究に従事する。また独立戦争で緊迫したアルジェリアに赴き、フランス軍による拷問・処刑とアルジェリア独立運動派によるテロ行為との応酬を止めるべく活動する。

全体主義権力と対峙して

ドイツ軍による母国の占領、そしてそこでおこなわれたユダヤ人迫害に対するエティの反応の特異性は、もうひとりの女性のたどった道筋を知れば、よりはっきりと理解できるだろう。その女性は、エティの国と同じ運命を被った隣国で、能動的闘いの道を選んだのだが、そうしながらも道徳的態度を捨て去りはしなかった。私が描き出そうとするのはフランスのレジスタンス活動家ジェルメーヌ・ティヨンである。このふたりの女性の運命のあいだには数多くの違いがある。まずフランス人であるティヨンのほうは戦争を生き抜き、非常に長命であった。彼女は二〇〇八年一〇一歳で亡くなった。だがこのふたりの女性には共通点もある。

ティヨンはフランスの伝統的な家庭に生まれ育った。両親は彼女にふたつのものに対する忠誠心を伝えた。ひとつは共和主義的愛国心への忠誠心であり、もうひとつはキリスト教の信仰への忠誠心、この場合はカトリックへの忠誠心である。高等教育を受ける段階になると、ティヨンはいくつかの進路のあいだを彷徨し、最終的には当時まだ新しい学問だった人類学、すなわち近代に到達していない諸社会の習俗の研究[1]に情熱を覚えるようになった。彼女の世代の若き人類学者を衝き動かしていた精神は、当時トロカデロに設置された人類学博物館に付けられた名称によく示されている。その博物館の名は「人間博物館」である。反植民地主義的立場を標榜するわけではないが、ティヨンは後に、「『当時』自分はまったく素直に共和主義的」であり、「すべての人間は平等である」と考えていたと思い出を語っている(2・3)。自らの仕事は何よりも世界をその多様性において知ることだ。そう確信したティヨンは、どのような政治的信条にも与しない――「私がほとんど政治化されていなかったのは驚くほどだと言ってもいい(4)」。

（1）トロカデロはパリ市内右岸の地名。セーヌ川を挟んでエッフェル塔の対岸に当たる。

（2）ティヨンの著作、ティヨンについての著作への参照は、以下のものによる。それぞれの著作を略号〔日本語訳では原則として略称〕で示し、ページをその後に記す。

CGP（『闘い』）＝Germaine Tillion, *Combats de guerre et de paix*（ティヨン『戦争と平和を巡る闘い』）, Seuil, 2007.

EGT（『対話』）＝Michel Reynaud, *L'Enfant et la Dame du siècle*(entretiens avec Germaine Tillion)（ミシェル・レノー『子どもと世紀を代表する婦人（ジェルメーヌ・ティヨンとの対話）』）, Tirésias, 2010.

ETH（『民俗学』）＝Germaine Tillion, *Il était une fois l'ethnographie*（ティヨン『かつて民族学というものがあった』）, Seuil, 2000.

FDV（『ジェルメーヌ・ティヨン』）＝Germaine Tilllions, Tzvetan Todorov, *Fragments de vie*（ティヨン＋トドロフ『ジェルメーヌ・ティヨン』）, Seuil, 2009.

RAV2（『ラーフェンス2』）＝*Ravensbrück*（ティヨン『ラーフェンスブリュック2』）, Seuil, 1973.

RAV3（『ラーフェンス3』）＝*Ravensbrück*（ティヨン『ラーフェンスブリュック3』。本書での引用はこの版による）, Seuil, 1988, rééd. Points-Essais, 1997.

SGT(『世紀』)＝Germaine Tillion, *Le Siècle de Germaine Tillion*(ティヨン『ジェルメーヌ・ティヨンの世紀』), Seuil, 2007.

TDM（『悪』）＝Germaine Tillion, *La Traversée du mal*(entretiens avec Jean Lacouture)（ティヨン『悪を渡る（ジャン・ラクテュールとの対話）』）, Arléa, 1997.

（3）*ETH*（『民族学』）p.39.

その結果としてティヨンが付き合う人々の政治的立場は左から右までまったくまちまちである。彼女は書いている。「大戦の初期に至るまで、私は俗に《中道派》と呼ばれる集団に属していた（要するに、熱狂的な仕方では、私は誰をも憎んでいなかったと理解してほしい）」[5]。彼女は自分を「穏健派」だったとも言っている。ティヨンとエティの第一の共通点はまさに、ふたりとも憎しみを持たないという点にある。だがティヨンのほうは全体主義的イデオロギーに対してより激しい拒否を表明している。全体主義的イデオロギーは人々に、人類を構成する一部を排除するよう勧めるからである。たとえばナチズムがそうであり、ティヨンはこのナチズムを、一九三三年にケーニヒスベルクへの旅の際に発見する[6]。彼女はこの町の大学に広がる人種差別主義的教説を「まったく唾棄すべき愚かな主張」[7]だと見なしている。ティヨンはまたソヴィエトの共産主義にもほとんど共感を覚えない。すでにこの大戦前の時期に、彼女は、ウクライナその他の地域で発生した「飢えによる虐殺」[8]の責任はソヴィエトの共産主義にあることを知った。しかし、こうした情報はティヨンの行動の出発点にはまだなっていない。こうした情報はまだ彼女の肉体に触れるところまでは達していなかった。

一九三四年から四〇年までティヨンは生活のかなりの部分を、彼女が人類学のフィールドワークの対象とした地域、シャウイア人[9]が住むアルジェリアのオーレス山塊で過ごした。彼女がフランスに戻ったのは、フランスがドイツ軍に敗れ壊滅した時期とたまたま重なる。フランス軍は全戦線で退却し、共和国は崩壊する。一九四〇年六月一七日、ティヨンはラジオでペタン元帥の声明を聞くが[10]、キリスト教的修辞を駆使するその声明は、この新たな国家元首が自らにキリストの役割を与えるものだった――「私はフランスの苦痛を和らげるために、私という人間のすべてを捧げる」。そして元帥はフランス国民に、神の摂理に身を委ねるよう勧めていた。「フランス人はみな、不安を鎮め、祖国の運命に対しては信頼の念だけを寄せるようにして欲しい」。ティヨンは、その翌日にラジオロンドンで放送されたド・ゴール将軍の演説〔本書一九頁注6参照〕を直接耳にしてはいない。だが、フランス人のなかにはまだ戦闘が続いていると考える人間がいることを知る。ティヨンは自分がどちらの立場を選択するかについては一瞬もためらわない。フィールドワークの経験に強く影響されたティヨンにとっては、ド・ゴールのまったく実践的な、さらに言えば技術的な物言いのほうが身近に感じられた。ド・ゴールは神の摂理など持ち出さず、同胞に、自分たちが負けたのは戦車と飛行機の質においてドイツより劣っていたからであり、連合国軍によって供給される、より優れた機械力を用いるならばフランス人は勝利できると説明していた。ティヨンはただちに不服従を選択しようと決意する。「何が何でも、何かをなさねばならなかった(11)」。

(4) *EGT*(『対話』)p.47.
(5) *FDV*(『ジェルメーヌ・ティヨン』)p.124.
(6) ケーニヒスベルクはかつての東プロイセンの中心都市で、現在はロシア領カリーニングラード。
(7) *ETH*(『民族学』)p.39.
(8) *CGP*(『闘い』)p.58.
(9) シャウイア人はベルベル人の一種族でアルジェリア東部オーレス山塊に居住する。
(10) ペタン(一八五六〜一九五一)はフランスの軍人・政治家。フランス第三共和制最後の首相として対独講和を決め、ドイツに服従するフランス国(ヴィシー政府〔本章注79を参照〕)の主席を務めた。一九四〇年六月一七日はドイツ軍のパリ入城に対してペタン内閣が対独講和を要求した日。
(11) *FDV*(『ジェルメーヌ・ティヨン』)p.129.

まだ家族と暮らしていたごく幼い時期から、ティヨンは祖国を守りたいという欲求を抱いていた。第一次大戦の初期、彼女はまだ七歳だったが、その時期にはすでに、神と祖国を脅かす危険についての物語を聞かされていたことを覚えている。当時のティヨンは、怪我した人々や苦しむ人々を救うセントバーナードのように軍用犬としてフランス軍に志願することを夢見ていた…。二五年後、バイエルン[12]への短い滞在のおりに、ティヨンはそこでなされつつある戦争準備に強い印象を受ける。それは戦争の危険をまったく気にしていないフランス側の態度とはまったく対照的な光景だった。そして自国で聞かれる大言壮語に非常に危ういものを感じ始める。「われわれは最強であり、われわれが勝つ[13]」。彼女はこれを聞いて「危険をほとんど意識していない祖国に対して、ひどい憐みの念を[14]」覚える。ティヨン自身は、後に自分の愛国的感情を「単純なもの」と評するだろう。数十年後、なぜレジスタンス活動にただちに参加したのかと、何度も聞かれてこの問題を考えたとき、ティヨンは、真実を偽るまいとする慎重な配慮から、自分がそのようにしたのは単に祖国を愛していたからだと確認している――「今になってみれば、一九四〇年六月の時点から私には、ヒトラーが《人類にとって》有害だとだいたいわかっていたと、また、自分の行動の動機は《自分の》祖国を襲った《個別の》攻撃よりもヒトラーの有害性の意識のほうがより大きかったと言えたなら、私はより大きな満足を得られるかもしれない。だが残念ながら、真実はまったく逆だった[15]」。

ティヨンが立ち上げに貢献したレジスタンスネットワークは、結成されるとただちに祖国のために活動を始め、多くの補助的な仕事に取りかかる。情報を集め、兵士の逃走をお膳立てし、逃走した兵士を援助し、イギリスのパラシュート兵を宿泊させ、偽造証明書を作成し、不服従への呼びかけを流布させる。だがこの愛国的忠誠心の要請に、ティヨンのなかで、より普遍的性格を持った別種の考えが混じってくる。彼女の行動を律していた理想がひとつではなかったことの痕跡は、彼女が非合法の新聞のために書いた原稿に見出せる。結局、この原稿は、当の新聞が発行を止めたために公表されなかった。当時フランス国民のあいだには数多くの情報が出回っていたが、それらは互いに矛盾していた。というのもその情報源がまちまちだったからだ（ドイツから流される情報、フランス側から、スイスから、イギリスから流される情報…）。そこで、ティヨンはレジスタンスの仲間に、決して真実を誤魔化すことなく、何も隠さず、公平な立場で理解し、判断するよう努力を呼びかける。この必要については妥協があってはならない。「思想に関して言えば、私たちにとって大切な大義はたったひとつ、それは祖国の大義である。私たちが集まったのは祖国への愛ゆえであり、祖国に対する信頼、祖国への希望を維持するためである。だが、私たちは祖国のために真実を犠牲にしようとは絶対に望まない。なぜならば、祖国が私たちにとって大切なのは、祖国のために真実を犠牲にする必要などない限りにおいてでしかないからだ」[16]。ここでふたつ目の「大義」が控えめに姿を現すのだが、その大義は愛国心からは独立したものであり、かつ愛国心を包含するものである。それは真実を求める普遍的な要請であり、必要が生じれば、

(12) バイエルンはスイス、チェコ、オーストリアに接するドイツ最大の州で、州都はミュンヘン。
(13) 同上書 p.103.
(14) 同上書 p.87.
(15) 同上書 p.156.
(16) *CGP*（『闘い』）p.81.

「自分たちの利害に反した」行動をわれわれに強いるかもしれない。祖国への愛は消えてなくなりはしないが、それは真実への普遍的な愛によって枠を嵌められる。

これ以後、ティヨンが引き受ける不服従は、彼女の精神を変化させる。自分の振る舞いの変化に彼女が最初に気づくのは、あるレジスタンス活動家の処刑のおりである。その活動家とはロンドンからド・ゴールによって派遣されてきた司令官オノレ・デスティエンヌ・ドルヴで、ティヨンは彼と接触を持つ必要があった。一九四一年八月二九日、彼の死はパリの地下鉄駅内にポスターで掲示された。ティヨンはそれを読んで、自分の精神に変化が生じたのに気づく。「あの瞬間から、敵に対するあらゆる行動は私には価値あるもの、正当化されるものと思えた。個人的にテロ活動に加わったことはないが、あの日から私はそうした行動を容認し、機会があれば、全力を尽くしてそうした行動を支援しようと思った」[17]。後にティヨンは、同時代人に比してより陰影に富んだ判断を、さまざまな出自の「テロリスト」に対して見せるようになる。また、たとえそれが受け入れがたいものであっても、暴力行動に対する理解において、新たな一歩を踏み出すことになる。

ティヨンはもうひとつのことを学んだ。エティがウェステルボルクの強制収容所で学んだことに似ているが、それは、自分が経験する苦しみの度合いに関係する。もっとも苦しいのは自分がぶたれることでも、死にさらされるかもしれないという恐れでもなく、自分の身近な人々に加えられる暴力であり、そうした人々が受ける苦しみについて自分が何の慰めも与えられないという事態なのだ。これが、デスティエンヌ・ドルヴの死から数ヵ月にわたり、「人間博物館」に属する友人たちが逮捕、拷問、処刑されたときにティヨンに起きたことである。見知った親しい人々の顔が血で汚されるさまを想像するのは耐えがたいことである。彼らへの死刑宣告を知り、処刑を何とか食い止めようとするあらゆる努力が無に帰するのを見ることは、ティヨンにとって身体的な苦痛と言っていい。その苦痛がさらに大きくなるのは、たとえ部分的にではあれ、彼らに起きたことの責任が自分にあると感じるからである。「ある道徳的主張を肘掛椅子に座って紅茶を飲みながらするのと、その主張に耳を傾け、そのもっともらしい教訓を受け入れたために、家族に愛され幸福に生きていた彼らが酷い拷問を受け、実際に処刑されることになると考えるのとは、まったく別のことだ[18]」。

一九四二年八月にはティヨン自身、自分のネットワークに入り込んだ裏切り者に告発され、逮捕される。牢獄でも彼女は抵抗を続けるが、その抵抗の形は変化する。実際、自由を奪われた囚人にとって、自国を占領している敵に正面から挑むのは不可能である。不服従は内心のものとなる。それは自分が定めた規則、原理に自らを従わせることによって、自らの尊厳を守ることである。たとえば、ティヨンはカレンダーを作って、時の経過をきちんと把握できるように努める。やがてティヨンは、日々起きる細かなできごとについて短い覚書をつけるようになる。これは、他のレジスタンス活動家を裏切らないということであり、より積極的には外部との連絡の方法を見つけるためであり、他の囚人との接触を確立するためであり、食糧や外部から受け取った情報を分かち合うためであり、小さなことでも互いに助け合うためである。後にティヨンは、牢獄内で人類学の博士論文の執筆を続ける許可を得る。このことは

(17) *FDV*(『ジェルメーヌ・ティヨン』) p.149.
(18) 同上書 p.147, 177.

ティヨンを喜ばせ、安心させた。このときの彼女は、もはや閉じこめられた身体の奴隷ではない。彼女は他人によって自分のあり方を強いられた人間とは別の人間になる。ティヨンの精神は唾棄すべき牢獄を逃れ、彼女にとって親しみ深いオーレス山塊の人々のあいだに遊ぶ。

ところで、まだ逮捕前に書いていた文章で、ティヨンは経験したばかりの新たな発見について語っている。ティヨンはレジスタンス活動が有するひとつの性格が自分には不可欠だと言う。それは活動の形態に関わるものではなく、むしろ活動のあり方に関わるもの、すなわちユーモアの利用である。「陽気さとユーモアのほうが、お涙頂戴の誇張より刺激的な知的環境だと私たちは考えている。私たちは笑うつもりだし、冗談を言い続けるつもりだし、そうする権利があると考えている」(19)。自分たちを取り囲むものを笑うこうした能力、また自分自身を笑う能力には、人類学者が観察する社会と人類学者とのあいだの距離が生み出すものと同様の効果がある。世界と自分とのあいだにずれが導入され、自分自身を外から眺められるようになるのだ。ティヨンは自身に課していた教訓を実践に移す機会を得る。彼女の起訴状には死刑に導きかねない五つの罪状が含まれていた。これに対してティヨンは、裁判所に宛ててひどく滑稽な一通の書簡を書き送り、列挙されたすべての罪状を否認し、数多くの文学作品、歌、自身の人生の逸話を引き合いに出しながら、自分が何ゆえに有罪とされているのか皆目見当もつかないふうを装っている。こうして、ティヨンは自身の身体にも、自身が抱く恐怖にも囚われず、自分が生きているできごとから超然としていられるようになる。

同じ文章で、ティヨンは不服従において、必要なことをもうひとつ述べている。「私たちにとって不可欠なのは、自分の精神に厳しい規律を課すことである。信じやすくならぬように、絶望に陥らぬように、すぐに熱狂したりせぬように、憎しみを抱かぬように警戒せねばならない…」[20]。レジスタンス参加者は、暴力的であらねばならぬという論理に巻き込まれがちだが、この論理は敵を憎まねばならぬとか、生きることに絶望せねばならぬといったことを含意するものではない。レジスタンス参加者のなかには、私生活をすべて脇において、全身全霊で公の闘いに身を捧げようとする人々もいる。だが、ティヨンやティヨンのメッセージに共感する人々は、個人的な生活で奉じている自身の諸原則を、他者と生きる空間にも適用する。ティヨン以外のレジスタンス活動家でも、彼女と同様の経験を証言している者がいる。自らの処刑を待っているときでさえ、そうした経験をすることがあるというのである。たとえば、「人間博物館」のネットワークに属していた死刑囚のひとりピエール・ヴァルテールがそうである。処刑される二週間前に、彼は手帳に次のように書きつけている。「私は憎しみを抱くことなく死んでゆく。私が言いたいのは、今この瞬間でも、自分は喜びさえ感じているということだ…許せないことなど何もない」[21]。

パリで囚われの身となったティヨンは、自分の周囲の人々が苦しんでいるという思いに苛まれる――占領者の目から見れば、あなたが逮捕されたその瞬間から、あなたの知り合い全員、あなたの身近にいる全員が疑わしき人物になるのだ。牢獄でティヨンはレジスタンスの仲間が処刑されるのを見る。だが、この拘束と、牢獄で味わわされた苦悩が、ティヨンに奇妙な経験をさせる。収監が六ヵ月を過ぎたころ、

---

(19) *CGP*（『闘い』）p.80.
(20) 同上。
(21) *FDV*（『ジェルメーヌ・ティヨン』）p.167.

彼女は「穏やかで喜びに満ちた感情」を覚える。それは「まったき権利をもって、ドイツ人の罪を憎むという感情、ドイツ人の罪のことばかり考えるという義務から自分を解放できたがゆえの心の落ち着き」だった。これは、ドイツ人を弾劾する気持ちが弱まったということでも、愛国的理想を断念したということでもない。そうではなく、このことが意味するのは、ティヨンが、敵を人類から排除されたもの、人類から排除すべきものと考えるような善悪二元論《マニケイスム》を超越するのに成功したということなのだ。レジスタンスへの参加を決めた動機がそうであったように、ティヨンは今や、自分の愛国的義務と、自身が奉じる道徳上の諸原理を両立させられるようになっている。この道徳上の諸原理には、あらゆる人間は普遍的人類に属しているという考えが含まれる。したがって、これ以後ティヨンは、強い義務を伴い、自分に苦痛を与えさえする祖国への愛と、人間的なものを何ひとつとして打ち捨てたくないという欲求を調和させつつ生きることができるようになる。牢獄では、囚人と看守は日常的に接触するので、このようなティヨンの感情が看守たちにも伝染していく。「毎日顔を合わせている人々を憎むのはとても難しい。［中略］フレーヌ(22)のドイツ人女性看守たちは、私たちを憎んではいなかった(23)」。

憎しみは避けられないものでは決してない。

強制収容所、そしてその後

フランスの牢獄で一四ヵ月を過ごした後、裁判にかけられることもなく、ティヨンはラーフェンスブリュック強制収容所[24]に送られて、そこで「夜と霧」と呼ばれる管理体制〔政治犯の容疑者を家族ぐるみで一夜にして消すというナチスの秘密指令〕の下に置かれる。強制収容所での経験は、牢獄でのそれよりはるかに辛いものであり、これによりティヨンの実践する不服従の性質はさらに変化する。牢獄においてと同様、収容所においても敵に直接打撃を与えることなどできない。また、牢獄における以上に収容所では、ティヨンは「生きたいという内臓に発する欲求[25]」を失わないようにするだけでも自分の持つあらゆる能力を動員せねばならない。高熱を発して看護室で意気消沈しているときに、同じ収容所の別の場所で母が殺された。それを知らされたときも、ティヨンは絶望に打ちひしがれぬよう、自らの持つあらゆる力を動員せねばならない。「あの夜、

(22) フレーヌはパリ南郊の町で重要な刑務所が置かれていた。
(23) *FDV*(『ジェルメーヌ・ティヨン』)p.195.
(24) ラーフェンスブリュック強制収容所はドイツ東部メクレンブルク地方のフュルステンベルク市の近くに置かれていたナチスドイツの強制収容所で、女性を収監していた。
(25) 同上書 p.239.

熟考に熟考を重ねた末、私は何としても生き抜こうと決意した」[26]。強制収容所では生き永らえようとすることそれ自体が抵抗であり、またそのことによって、人々を抹殺し尽くそうとするナチスの意図を頓挫させなければならない。それは、収容所に閉じこめられた女性たちが、もし自由になったならばなし遂げねばならぬ使命を達成するためにも必要である。その使命とは、世界でもっとも「文明化」された国のひとつにおいて、その国民がどれほどひどい堕落に陥ったかを証言し、人々に知らせることである――これは、復讐をおこなうためではなく、同じ悪を二度と発生させないためである。

さらなる一歩、しかしより大きな危険が伴う一歩は、労働の義務から逃れようとする試みである。というのも、強制収容所で強いられる労働は、たとえ間接的であってもドイツの戦争遂行への協力に他ならないからである。ティヨンは数ヵ月のあいだこの力業に成功するのだが、それは看守の目を逃れて、あちらこちらに身を隠すことによってである。そうして得られた自由な時間を利用して、ティヨンは自分が直面させられたこの新たな社会を観察する。この収容所という世界は、それに先立つ数年間、彼女がフィールドワークの対象としていたオーレス山塊の住民の社会に負けず劣らず、ティヨンにとっては異郷と思われるものである。こうした好奇心により、ティヨンは悲嘆に沈み続けることなく収容所で過ごすことができた。観察によって得られた光が、収監者たちを閉じこめていた闇を押し戻してくれる。そのような光によって、収監者たちは自らが置かれた立場を客観視できるようになり、自らを守れるようになるのだ。

抵抗するとはまた、強制収容所の看守たちが収監者たちのあいだに広めようとしているあり方、考え方（「各人は己のことしか考えない」「人間は人間にとって狼である」）に自らは染まるまいとすることである。なぜなら、そうしたあり方や考え方こそ、もっとも己の死を招きやすく、逆に、他者への配慮をおこなうことこそが、己の生き残りを助けてくれるものだからである。これをティヨンは「友情の同盟」と呼ぶ。「友情のあえかな糸は、しばしばエゴイズムの剝き出しの暴力性に埋もれてしまっているかのように見えた。だが、実は収容所全体に、目には見えないが、この友情の糸が張りめぐらされていた」[27]。収容所内の助け合いはまず、それぞれ立場の近い者同士のあいだで始まった――同じ言語を話す人々のあいだ、同じ車両で連れてこられた人々のあいだ。だが、やがてそれは、そうした境界を越えて広がっていくこともあった。

エティ・ヒレスムと同様、ティヨンもまた自分と一緒に囚われている人々の苦しみを和らげようとする。この目的のために、ティヨンは自分のふたつの資質がもたらす利益を彼女たちにも享受させる。最初の資質は、ティヨンの人類学者としての経験、より一般的に言えば、社会科学の専門家としての経験である。収容所に入れられてごく早い時期に、ティヨンは強制収容所という機構の仕組みを研究しようと心に決め、たまたま手に入った紙切れや、手元にあった唯一の本『キリストに倣いて』[28]の余白に覚書を記し始める。ここでもやはり、ふたつの運動は密接に結びついている。彼女は収容所という世界を理解しようとするのだが、同時に自分と自分の経験のあいだに距離を導入しようとする。「当初は時間の

(26) 同上書 p.229.
(27) *RAV3*(『ラーフェンス3』) p.33.
(28) 『キリストに倣いて』はトマス・ア・ケンピスによって一四一八年ごろに書かれ、カトリック信者のあいだで、信仰の手引書として長期にわたって広く読まれた。

経過を見失わないようにするためにのみ、またそのようにして己を越えるものについて省察を続け、警戒の念を保ち続けるためにのみ、この覚書を書いていた[29]」。こうして己を見失わずに済んだおかげで、ティヨンは知的能力を無傷で保ち、強制収容所の構造や働きについて、まさに研究と呼べるものを開始する。収容所入りから六ヵ月後、一九四四年三月のある日には、ラーフェンスブリュックについての一種の「科学的」講演を、収監者仲間にできるまでになる。そしてその仲間もティヨン同様、状況をより よく理解することが、生き延びるための助けになると考えるようになる。「たとえあなたを押し潰すものであっても、それを心のうちで分解し、理解することは、また、たとえ絶望的なものであっても、ひとつの状況にその細部に至るまで明晰さをもって立ち向かうことは、冷静さを保ち、心の晴朗さを保ち、魂の力を保ち続けるための大きな源泉になる[30]」。こうした努力がもたらした結果は明瞭である。ものを知ることは、身を守る力の源泉としての役割を果たした。ティヨンのかつての収監者仲間は、この「講演」がもたらした救いの効果について確かな証言を残している。たとえばジュヌヴィエーヴ・ド・ゴール・アントニオス[31]はこう言っている。「あなたが最初にしたこと、それは私たちに知識を与えることだった。私たちはそれを持った瞬間から、何かと闘うことができるようになった[32]」。

さて、ティヨンのふたつ目の資質とは何か。それは、最初の資質を前提とするものだが、ユーモアである。一九四四年一〇月、ナチスが掻き集めた収奪物のより分け作業班に配属されたティヨンは、段ボール箱に身を隠すことにし、そこで仲間に守られながら、強制収容所内で書かれたもっとも奇妙な作品のひとつを執筆する。『地獄の待機要員[33]』と彼女が名づけた「オペレッタ・レビュー」である。「待機要員（Verfügbar）」というドイツ語はいずれの作業班にも配属されずに済んだ怠け者の収監者のことである。ただし、こうした収監者は、死をもたらす犠牲者狩りの対象にもっともなりやすい。『地獄の待機要員』は、収監者の生活状況を忠実に描写したものである。だが、突拍子もない形をしている。なんとそれは喜劇形式なのだ。登場人物たちの問答は、当時の人々になじみの曲からメロディーを借りた歌で何度もさえぎられる。オペレッタやキャバレーで歌われていたシャンソン、軍の行進曲、オペラのアリアといった曲である。登場人物たちは歌われた曲に合わせて踊りさえする。古典文学の有名なテキストをもじった詩を朗誦したりもする。基本となる手法はパロディーであり、出発点として用いられているのは、それ自体グルック(34)の『オルフェ』をもじった有名なパロディー、オッフェンバック(35)の『地獄のオルフェ』である。

このようにして、ティヨンは仲間たちに、自身と自身の生活のあいだに一時的に距離を導入できるように手を差し延べてやる。もはや彼女たちは犠牲者であるのみの存在ではない。彼女たちは観察者とも

(29) 同上書 p.12.
(30) *RAV2*(『ラーフェンスブリュック2』) p.76.
(31) ジュヌヴィエーヴ・ド・ゴール・アントニオス(一九二〇～二〇〇二)はフランスのレジスタンス活動家・人権活動家で、二〇一五年にティヨンらとともに、フランスの模範的人物を顕彰するパリのパンテオンに祀られた。
(32) *SGT*(『世紀』) p.98.
(33) Tillion, *Le Verfügbar aux enfers, Une opérette à Ravensbrück*(ティヨン『地獄の待機要員――ラーフェンスブリュックのオペレッタ』), La Martinière, 2005.
(34) グルック(一七一四～八七)はドイツに生まれ、オーストリア、フランスで活躍したオペラの作曲家。
(35) オッフェンバック(一八一九～八〇)はドイツに生まれ、フランスで活躍した作曲家。

なる。こうした距離を取れるようになったのは、まさに選択されたジャンル、すなわち軽い、軽薄とさえも言えるオペレッタというジャンルのおかげである。収監者たちの日々の現実からすれば、このジャンルの軽薄さ以上に現実離れしたものはない。作中で、女性たちはぼろ着を着ている。しかし彼女たちの立ち居振る舞いはファッションモデルのようだ。女性たちは疲れ切っている。しかし彼女たちはフレンチカンカンを踊ろうとする。女性たちは獣のように扱われている。しかし彼女たちは洗練された話し方をする。女性たちは飢えており、醜くなっている。しかし彼女たちは「お嬢様方《ガールズ》」と呼ばれている…。このような現実離れした描写によって収監者の女性たちも「自分を越えたところ」にとどまることが可能になるのだが、そうした描写が外部的な状況についても、また女性たち自身を対象としてもおこなわれる。喜劇的誇張は自分を笑い飛ばす姿勢と隣り合い、両者が相まって人間を解放する笑いを生み出す。

したがって、収監者を脅かすもっとも大きな危険のひとつは、強制収容所の状況を明晰に捉えようとするこうした意識とは正反対の姿勢に由来すると言えるだろう。すなわち、夢への逃避、戦争はまもなく終わり、すべての囚人がすぐにでも解放されるといった噂話を喜んで信ずるような姿勢である。こうした誤った確信は収監者たちを無防備にし、雨あられと襲いかかる打撃や、ますますひどくなる物資の欠乏に対して、脆弱にしてしまう。もっとも信じやすい人々は、ついには「宝石」になり果ててしまう恐れがある。「宝石」とは、すっかり気力をなくした男性収監者、差別的呼称で「イスラム教徒」と呼ばれる男性収監者に対応する女性収監者の呼び名である。こうした姿勢とは逆に、自らを笑い飛ばし、自らを外部から眺められるようになれば、収監者たちは周囲の世界から自らを守り、現実から解放され、外部から知られぬまま自分の防備を固めることができる。

それでも、ティヨン自身、収容所内のこうした活動によってつねに十全に守られていたというわけではない。彼女にもっとも強い打撃を与えるのは、母エミリー・ティヨンを見舞った運命である。エミリーは、娘の非合法活動に共謀した廉で逮捕された。具体的には、イギリスのパラシュート兵を自宅に宿泊させた嫌疑である。娘は母を見舞った運命に責任を感じずにはいられない。ふたりはわずかのあいだ同じ牢獄に入れられている。それから、ジェルメーヌだけがラーフェンスブリュックに送られ、一九四三年一〇月末にそこに到着する。ジェルメーヌはしたがって、エミリーは釈放されるだろうと期待する。ところが期待に反して、ジェルメーヌは一九四四年二月三日の点呼の際に、母もまた自分と同じ強制収容所に到着したばかりであるのを知る。ジェルメーヌは母の収容所滞在の苦痛を和らげようと、できる限りのことをする。しかしナチスのユダヤ人殲滅政策を彼女はどうすることもできない。一九四五年三月一日、ジェルメーヌが看護室で高熱に喘いでいるあいだに、エミリー・ティヨンはガス室に放りこまれる。エミリーが死なねばならなかった理由は白髪だったからだ。無力感に打ちひしがれる娘の苦痛は言い表しがたいものである。

それからわずかして、ティヨンは収容所から生還する。彼女が収容所を去ったのは一九四五年四月である。これに続く日々はティヨンの人生で最悪のものである。彼女は「押し潰されるような疲労と陰鬱な絶望」(36)に支配され続けている。友人たちは銃殺された。母も他の近しい人々も強制収容所で殺された。ティヨンが愛情をもって取り組み、牢獄で完成させた、シャウイア人についての研究論文は、ラーフェ

(36) *FDV*(『ジェルメーヌ・ティヨン』) p.252.

ンスブリュックで所在不明となってしまった。失われたのは物質的なものばかりではない。強制収容所を出たとき、彼女はもはや信仰を失っている――「深淵の底から、私たちはあなたに向かって叫びをあげた。それなのにあなたは応えてくださらなかった」[37]。強制収容所で生きられた悪はあまりにひどいものだったので、その現実は神によって創造され秩序づけられた世界という観念とは両立しがたいものになっていた。この点で、ティヨンの姿勢はエティのそれとは異なっている。知識と文明がもたらす光明は人間の心を高貴なものにするという考えを熱心に支持していたティヨンにとってより重要だったのは次の点である。第二次大戦前夜、ドイツ人は、世界でもっとも教養に富んだ国民のひとつであり、哲学、文学、音楽を愛する国民だった。ところがそうしたもののどれひとつとして、この国民が、最悪の残虐行為の数々に手を染める妨げにも、このうえなく残酷に振る舞う妨げにもならなかった。フランスや他のナチスドイツに占領された国々で、ナチスの到来を許容した（あるいはさらにひどいことには歓迎さえした）人々、ナチスに協力した人々、裏切りと暴力に支持を与えた人々についても同様である。こうした人々もまた無教養ではなかった。科学、文化、教育はそれでは何の役にも立たないのだろうか。ティヨンにはこうした考えは受け入れられない。むしろこうした状況は、ティヨンに啓蒙への自分の愛着をより正確に言い表すように強いる。

ティヨンはラーフェンスブリュックの看守たちを被告とする裁判を傍聴する。看守たちが刑に処せられるのをティヨンはいささかも残念だとは思わないが、それでもこのかつての死刑執行人たちが異常な怪物たちではないことをつねに理解している。ティヨンはいつも「罪と罪人を区別しよう」[38]とし、「罪に対しては仮借ないが、罪人に対しては憐憫の情を持つ正義」[39]を夢見る。かつて自分を監視し、自分を苦しめた者たちを近くから観察しながら、ティヨンが実際に発見するのは、その人々が自分と完全に違っているわけではないということである。司法機構の前に立たされ今や自分たちの生活を守らねばならなくなったその人々は、傍聴席にいる自分の近親者たちから共感の眼差しを得ようとする。その人々のありのままの姿がティヨンの目に映る。ありきたりの人々である。だが、ティヨンや他の収監者たちが被った精神的苦痛、身体的痛みの記憶はまだ生々しい。ティヨンは書いている。「私は、自分が彼らを憎みつつも、憐れに思っていることに気づく。そしてこのことが私をすっかり滅入らせる(40)」。

自著『ラーフェンスブリュック』（RAV）においてティヨンは、収容所で抑圧に加担したさまざまな種類の勤務者について詳細な情報を記録しているが、その終章に彼女が与えた題は「ありきたりの人々」である。牢獄であれ看護室であれ、男性であれ女性であれ、ティヨンの観察によれば、どんな場合でも、善人と悪人のあいだに位置する人々、「彼らを見てとても夢中になれる相手ではないが、かといって怪物的とも言えない平均的な人々(41)」がいる。別の章では、強制収容所でおこなわれたおぞましきことどもに最大の個人的責任があったハインリヒ・ヒムラー(42)を取り上げているが、その章でさえ、「怪

(37) 同上書 p.246.
(38) *CGP*（『闘い』）p.51.
(39) 同上書 p.547.
(40) *FDV*（『ジェルメーヌ・ティヨン』）p.358.
(41) *RAV3*（『ラーフェンスブリュック3』）p.126.
(42) ハインリヒ・ヒムラー（一九〇〇〜四五）はナチスドイツの政治家でゲシュタポ長官となった人物であり、ユダヤ人大量殺戮の最重要の責任者。

物たちはみな人間である」という題が付けられている。あの暗い歳月に起きたことを正しく知り、理解したいなら、そして、そうしたことが二度と起きないよう望むなら、ヒムラーでさえひとりの人間だったとするこうした認識は支払うべき――重大な――対価である。ヒムラーは怪物だったと考えればひとは安心できるだろう。あの男は、書類に齧《かじ》りついていた平凡な野心家だ、そう考えることのほうに、ひとはずっと不安を覚えるだろう。「あの腹は魔獣の腹よりもずっと受胎能力に富んでいる(43)」。

自分の強制収容体験を綴った文章で、ティヨンはできごとの真実を細心に再現しようとするだけでなく、それについて正しい判断をおこなおうと努めている。「正しい」とはどういうことだろう。これを説明するために彼女が用いる具体例は雄弁である。ナチスによるおぞましい犯罪の数々を語るのは真実を述べることである。同時にこれについて正しい判断をするためには、「ドイツ国民を襲っていた受難についても《同様に》言及せねばならない(44)」。あるいは収監者のあいだで、上位の地位を与えられていた者たちは他の収監者に乱暴を働いていた。だが、そうした地位を与えられた人々が、他の収監者たちを援助したこともまた数多くあったのであり、そのことを認めないならば、それは「正しくない」ことになるだろう。世界を全体的に捉えようとするなら、正しさを求めねばならず、その正しさは、それぞれの個人的感情やある瞬間だけに見られる個別の真実を方向づけるとともに、それらを越えるものでもあるべきだ。

第二次大戦中、ティヨンは、レジスタンス活動に従事したときも、またラーフェンスブリュックに収監されたときも、ドイツ人を本質的に悪辣な国民だと考えていた（この点においてティヨンはエティと違っている）。敵に対して抱くこの反感は、ティヨンにその人間集団を否定的にしか評価させず、自分が属する人間集団とはまったく異なる集団であると考えさせるようになる。また、悪の原因を、その悪をなす人間の出自、その人間の集団への所属に求めさせるようになる。人間集団間の対立が激しい時点では、こうした反応を免れるのは難しい。だが後年、歴史記述に乗り出したとき、ティヨンはこうした考えに警戒の念を示すようになる。「一九三九年と一九四五年のあいだ、他の多くの人々と同様、私は自分たちと彼らの違いを強調し、彼らを人間には属さないものと見なしていた。《連中》はこれこれのことをした。《われわれ》ならあんなことはしない…。今では、私はそんなことを微塵も考えていない。それどころか、集団的な道徳的退廃に陥る恐れのない国民などひとつとしてないと今では確信している」(45)。ティヨンの下す判断が普遍的な正義への配慮よりも愛国心によって動機づけられているあいだは、ティヨンはドイツ人をひとまとめにして断罪していた。連中はみな狂信者で、みな残酷で、みな罪人だ。「告白するが、一九四〇年、ドイツ人が私の国を占領したとき、連中のこと、そして連中の口先だけの話を、私は悪意のせいで多少とも曇らされたレンズを通して眺めていた――だがあの時期からすでに二〇年が経過し、そのあいだ私は絶えず自分の曇った眼鏡に磨きをかけてきた」(46)。

大戦が終わった時期のひとつの逸話が、ティヨンの一徹な廉潔を証明してくれる。一九五〇年にドイツでおこなわれた裁判で、ラーフェンスブリュックのふたりの女性看守が、斧でふたりのフランス人女

(43) 同上書 p.106.
(44) *CGP*（『闘い』）p.194.
(45) *RAV3*（『ラーフェンスブリュック3』）p.112.
(46) *CGP*（『闘い』）p.216.

性収監者の首を刎ねたとして弾劾された。これはまったくのでたらめだった。この裁判について知らされると、ティヨンは同じ時期に収監されていた仲間で、裁判当時に出産を終えたばかりのジュヌヴィエーヴ・ド・ゴール・アントニオス〔本章注31参照〕を説得して、一緒に反対証言させるために裁判がおこなわれていたラシュタット(47)の裁判所に連れていく。ティヨンのこの女友達が五〇年後に証言している――「あなたは言ったわね。『私たちは真実を言わねばならないのだから、どんなに高い代価を要求されても真実を言わねばならないのよ(48)』」。

大戦が終結して収容所から解放されると、ティヨンはパリで学者としての生活を再開する。ただしシャウイア人についての研究は脇に置いて、自国の現代史の研究に没頭する。同時に公的生活にも顔を出し続け、その後も続く全体主義体制に抵抗し続ける。一九四八年末、やはりかつて強制収容所に収監され、「強制収容所の世界」についての二冊の著書で知られていたダヴィド・ルッセが、収容所のかつての収監者仲間に向けたアピールを発表する。彼の主張は、要約すれば、自分たちが味わった過去の苦痛を思い起こさせるだけでは不十分であり、強制収容所で見たこと、知ったことは、生き残った者たちにひとつの義務を、すなわち、なおも稼働し続けている強制収容所を撲滅するために闘う義務を、課しているというものだった。ナチスドイツは打ち負かされた。だが強制収容所の数はソヴィエト連邦、東欧諸国、中国といった共産主義諸国で増え続けている。このアピールは爆弾のような効果を発揮した。強制収容所のかつての収監者には数多くの共産主義者がいたからだ。彼らにとって、ソヴィエト体制への、そしてナチスを打ち倒した偉大なスターリンへの忠誠は、揺るがしがたい教理だった。一方ティヨンはと言えば、すぐにルッセのアピールに同調する。ティヨンは自分が所属する旧収監者協会の代表として、アピールに続いて設置された調査委員会に参加し、ブリュッセルに開設された象徴的「裁判所」の構成員となる。ナチスの全体主義と共産主義の全体主義は同じものではない。しかし、両者はこの新たな闘いを動機づける程度には十分似通っている。ティヨンにとって真実と正義の擁護は、ひとつの政党への忠誠よりつねに優先されるべきものである。今や、彼女が抵抗するのは外部の敵に対してではない。それはイデオロギーによる人々の結束に対してであり、波風が立たないようにすることしか考えない仲間内の思考に対してである。

それでもやはり、ティヨンはかつての収監者であるラーフェンスブリュックの仲間たちを大事にしたい気持ちと、ソヴィエト連邦や中国で増え続ける強制収容所についての真実を明らかにしようとする姿勢とのあいだで、身を引き裂かれる思いをする。かつての収監者の多くが共産主義者だったが、その仲間のひとりが、ダヴィド・ルッセが主導する調査委員会に加わったティヨンを非難する。ティヨンの答えは、自分が知る限り、ソヴィエトには強制収容所が存在し、そこでは何千もの人々が苦痛と絶望のうちに死んでいるというものだった。そうであってみれば、真実が悪用されるのではないかという顧慮は余計なものとなる。「あることが真実だと確信しているときに、それは真実ではないと言うことは私にはできない」。真実を絶対的に尊重するこの姿勢は、どんなに強い愛着よりも優先される。ティヨンは言う。「何か悪いことを自分の祖国がおこなっているのを見つけたなら、私は全力でそれを妨げようと

(47) ラシュタットはドイツ南部バーデンヴュルテンベルク州にある町。
(48) *SGT*(『世紀』) p.99.

するでしょう。あなたはなぜ、私がフランスに対してするのと同じことをソヴィエト連邦に対してはしないよう望むのですか」[49]。厳格な仕方で真実の要請、正義の要請に従おうとすれば、ひとは孤独をなにがしか余儀なくされることになる。

この瞬間に、ティヨンのうちで新たな変化が起きる。彼女が感じたのは、正義を求める思考によって真実の探求を正しい方向に向かわせるだけでは十分でないということだ。さらにその先まで行き、抽象的諸原理を捨てる用意を持ち、人々の政治的所属、それぞれの国への所属を越えて、個別の人間存在だけを慈しまねばならない。憐憫の情が正義それ自体に対する矯正のために働かねばならないのである。「神聖な大義といえども永遠のものではない。永遠なのは（ほとんど永遠なのは）苦しむ人間の、哀れな生身の肉体である」[50]。

植民地権力に対峙して

第二次大戦が終わって一〇年後、ティヨンは新たな形の不服従に乗り出す。一九五四年一一月一日、その後アルジェリア戦争[51]と呼ばれることになる一連の事件が始まる。アルジェリア人による最初の蜂起の試みは警察によって乱暴に鎮圧される。何人かの有力者の依頼を受け、ティヨンはフランス政府の同意を得て、アルジェリア植民地の調査に赴く。その際、ティヨンの当初の目的は、情報を集め、もしそれが可能ならば暴力の拡大を防ぐこと、とくにアルジェリアの原住民が被るかもしれない暴力の拡大を防ぐことだった。

ティヨンのアルジェリア戦争への関与は二段階にはっきりと分かれる。

第一段階は、一九五四年末に始まり五七年初めまで続くものだが、この時期ティヨンが感じているのは、この新たな劇的状況の解決策は何よりも経済的かつ社会的なものであるということだ。ティヨンは二ヵ月にわたって現地を見て回り、嘆かわしい状況をその目で確認する。以前の農作物依存経済は植民地化の影響のもとに崩壊していた。ワクチン接種は幼児死亡率を急激に下げ、人口が著しく増加していた。乾燥した大地は、増大した人口をもはや養えない。絶望した農民たちは都会に、より正確に言えば都会の周縁に大挙して押しかけ、そこでティヨンが「乞食化」と呼ぶ過程にさらされていた。都会の職業に就けるだけのどんな能力もないので、農民たちは悲惨な生活に陥り、家族は分解していた。もともとは人類学者であり、大戦中はド・ゴールの協力者だったアルジェリア植民地の新任総督、ジャック・スーステルの相談を受け、ティヨンはアルジェリア植民地の至るところに、社会センターと呼ばれる新たな施設の設置を提案する。これは老若男女を問わず人々を受け入れる教育施設で、新たな生活環境のなかで生き延びるための最低限の知識を身につけることが目的とされた。そこで与えられる知識には医療に関するもの、技術に関するもの、行政手続きに関するものが含まれていた。

(49) *CGP*(『闘い』)p.212.
(50) 同上書 p.210.
(51) アルジェリア戦争は一九五四年から一九六二年にかけておこなわれたフランスに対するアルジェリアの独立戦争。

この提案のもとになった分析は、『一九五六年のアルジェリア』と題された冊子に述べられている。この冊子は、翌年にはティヨンが初めて出版する著作となるが、その標題を『一九五七年のアルジェリア』と変えており、内容についていささか誤解を抱かせかねない。ティヨンがこの著作で目指しているのは、蜂起の原因となった社会不安の経済的・社会的根源に働きかけることであり、そのために少数の特定の個人にではなく、住民全体に援助をおこなうことを提案している。ティヨンによれば、この作業は植民地という行政的枠組のなかでなされるべきである。ティヨンが恐れるのは、即時の独立が原住民の悲惨を増大させないかということである。結局のところ、この時点でのティヨンの判断は、自由のための闘いより、平等のための闘いが優先されるべきだというものであった。

ティヨンのアルジェリア戦争への関与の第二段階はどのようなものだろうか。ティヨンの立場は、アルジェリア植民地の状況が変化するにつれて変わっていく。最初の転換点は一九五七年一月である。このとき、アルジェリアの警察権は軍に移され、「アルジェの戦い」が始まる。この「アルジェの戦い」は「戦い」と呼ばれているが、力が相等しい者同士の戦いではまったくなく、アルジェリア側の反抗に対するフランス側の仮借のない抑圧であり、拷問の広範な遂行を伴うものだった。自身の確信に生じた変化について、ティヨンはこの時点から六ヵ月後の一九五七年六月が決定的だったとしている。このとき、ティヨンは再びアルジェリアへ赴き、ルッセが設置した調査委員会に参加して、アルジェリア各地の牢獄、拘束施設を調査する。そして、争いの当事者間の憎しみの爆発がどれほどひどいものかを理解する。一方では軍が拷問を広範に使用し、他方ではフランス人文民を標的とする無差別テロが激化していた。もはや独立のための闘いは止められないことをティヨンは理解する。だが彼女はそうした態度を政治的用語で語ろうとはしない。

ティヨンは、かつて自分が経験した争いとの類似点を発見する。ただし、今回は役割が逆転している。今度は、フランス軍に「抵抗している」のはアルジェリア人の戦闘員なのである。「私たちが数年前にナチスの罪だとしていたことを、今度は自由主義的かつ民主的で、社会党も政権に加わっているフランスが自分の流儀でおこなっている。これはどの国の国民もこの絶対的悪による感染を免れえないことの証左である」(52)。ナチス体制と植民地戦争は完全に同一なものだというわけではなく、むしろ、共通点は部分的なものだが、それだけでも、ティヨンが自らのレジスタンスについての見方を考え直すには十分である。

アルジェリア戦争から引き出した教訓として、ティヨンの立場に生じた変化は二重のものである。第一の教訓としてまず彼女が確認するのは、争っている両者が持ち出してくるそれぞれの理由、すなわち自らの行動を正当化する理由を信じてはならないということである。しばしば、そうした理由はたちまちのうちに忘れ去られ、戦争行為は、争いの連鎖の過程で自分が受けた攻撃に対する応酬として説明されるようになる。過去にふるわれた暴力が復讐のための反撃の暴力を正当化する。対立する双方の戦闘員がつねに近くにおり、互いに似通っていることをティヨンは「相補的な敵」という概念で説明し、この語がアルジェリア戦争についての彼女の著作の標題となる。この標題は、それぞれの側が自分の暴力を正当化する際、その根拠を他方の側の暴力に見出すという状況を表している。「テロが一方の側の人々

(52) 同上書 p.45.

にとっては自分たちがおこなう拷問を正当化し、その拷問と斬首刑が（他方の側の人々にとっては）自分たちがおこなう大量殺人のテロ攻撃を道理に適ったものにしている[53]」。あるいは、当局の抑圧の責任者と彼がやっきになって探している「テロリスト」についてティヨンが言っているように、「当然、マスュ[54]の《良心》が痛まないのは切っ先のアリの存在のゆえである。逆に、切っ先のアリの《良心》が痛まないのはマスュの存在のゆえである[55]。こうした状況には出口がない[56]」。目には目を、歯には歯をという反坐法が人々の振る舞いを支配し続けている。この対称的関係がさらに悲劇的であるのは、一般的に打撃を与えた側には、さらに強力な反撃がなされるからであり、こうした競り上げが際限なくおこなわれるからである。

ティヨンはこの「相補的な敵」という主題を、後に「正しき人々と裏切り者たち」という標題の文章で再び扱っている（この文章が発表されたのは一九九二年である）。ティヨンはこの標題にある「裏切り者」という語を通常使われる意味では使っていない。この語の通常の意味は彼女にとってもなじみのものであるはずだ（先に見たように、ティヨン自身裏切りの犠牲になり、そのせいで牢獄、強制収容所に送られた）。だが、ここでの用法はそれとは異なる。彼女は「裏切者」という語を、この語によって何人かの歴史的人物に向けられた弾劾を逆転させるために用いている。彼らが裏切り者扱いされたのは、そうした人々には、他者の視点——敵の視点を含めて——を理解する用意があったからなのだ。ティヨンが用いている非常に特殊な意味での「裏切り者」とは、言い換えれば、「相補的な敵」の論理に従うのを拒む人々である。「あまたの戦争のうちでも、もっとも身近な人々同士のあいだで戦われたアルジェリア戦争においては、敵対する者たち双方が——すなわち抑圧されて戦闘的になっている多数派と自分の所有物を頑なに守ろうとする武装した少数派だが――盲目的殺戮への加担を拒む人々を裏切り者呼ばわりしていた」[57]。この一節には、アルジェリア植民地に居住するフランス人によって、自分たちの大義に反する裏切り者として名指された人々の長い列挙が続く。民族自決を擁護したアルジェリアのかつての何人かの総督[58]であり、アルベール・カミュ[59]のようなピエ・ノワール[60]であり、社会センターの六人の視察官である。この六人は最終的な停戦協定に署名がおこなわれる数日前に、ＯＡＳ[61]が放った暗殺者によって殺された。彼らは、「人類家族」としての所属を優先し、フランス国民としての所属を故意に低く評価したがゆえに殺されたのである。センター設置の提案者であったティヨン自身、すんでのところ

(53) 同上書 p.545.
(54) マスュ将軍（一九〇八～二〇〇二）はアルジェリア戦争当時の現地フランス軍の指揮官。
(55) 切っ先のアリ（一九三〇～五七）は、アルジェリア解放戦線の活動家で、フランス軍がとくにテロリストとして危険視していた人物。
(56) 同上書 p.685.
(57) 同上書 p.295.
(58) アルジェリアは一八三〇年から一九六二年までフランスの支配下にあったが、一九〇〇年以後はフランス本国政府に任命されたアルジェリア総督がその治世の最高責任者とされた。
(59) アルベール・カミュ（一九一三～六〇）はフランスの小説家・劇作者であり、アルジェリア出身だった。
(60) ピエ・ノワールは一八三〇年から一九六二年までのフランスによるアルジェリア支配の時期に同地にいたヨーロッパ系住民の呼称。六二年のアルジェリア独立とともにその多くはフランスに移住した。
(61) ＯＡＳは「秘密軍事組織 Organisation armée secrète」の略号で、フランス領アルジェリアにおけるフランス勢力の擁護を目的として一九六一年に結成。

で、この六人と同様に殺害されるところだった。

「裏切り者」という語のこの意表をつく使用法は、ティヨンが強い意志を持ってひとつの立場を選び取ったことを示している。彼女はこの語をそのように用いることで、あらゆる派閥根性、部族意識、群れ根性、すなわち真実と正義を求める原則に譲歩を迫るような集団的忠誠を忌避しているのである。ティヨン自身が忠実でありたいとしているのは、ふたつの対象に対してのみである。友人、すなわち個別の人間存在に対してであり、また人類全体に対してである。このように考えれば、ある集団に対する「裏切り」は正当なことになる。この点でもまた、歴史は続き、繰り返されるだろう。二〇一四年、イスラエルとパレスチナの対立において、双方の暴力の悪循環に呑み込まれて絶望したパレスチナ人たちが、イスラエルとの争いに平和的な解決法を見出そうと努力するパレスチナ当局の大統領[62]について、奴は「このうえない裏切り者[63]」だと言っている。そして、この両者間の争いについて考察をめぐらすティヨン自身は、平和的な解決は紛争の当事者の双方が「相補的な敵」の論理を断念することによってのみ可能だと考えている。「イスラエルの人々よ、急いであなた方が使う語彙から《テロリスト》という語を消してしまいなさい。あなた方はかつて、あなた方の敵と同じ程度にテロリストだったのです。あなた方の敵を今日友人として扱うことこそ、あなた方に残された最後のよき切り札なのです[64]」。

しかし、たとえ戦いが単に復讐としてではなく、尊重に値する理想の名においておこなわれる場合でも、ティヨンはそこに解決しがたい問題があると考える。そこにあるのは、起源において異なるが、その強度においては同等の、ふたつの愛着のあいだに生じる内的な争いである。一方の愛着は愛国心に、他方の愛着は「アルジェリア人の不幸が私に感じさせる激しい憐憫の情[65]」に基づいている。これ以後、彼女がなす選択は、選択をしないというものとなる。これについて、ずっと後に彼女は次のように言っている。「私は、一方のひとを救うために他方のひとを殺すことを拒否します(66)」。この物言いはガンディーのそれ〔本書51頁参照〕に近いものである。カミュがノーベル文学賞受賞後になされたある対話で、自分は正義より自分の母のほうが好きだ、抽象的原理よりも具体的人間存在に対する愛のほうが好きだ、と言っていたのが思い出される。シモーヌ・ド・ボーヴォワール(67)宛の、一九六四年に出された忘れがたい公開書簡で、ティヨンはこう書いている。「私はフランスへの愛のために正義と縁を切ったこともなければ、正義への愛のためにフランスと縁を切ったこともありません」。どのようにすればそんなことが可能なのだろうか。

　致命的な悪循環を中断させるためにティヨンが見つけた唯一の方法は、悪い大義に反対して良き大義を選ぶことではなく、たとえ良き大義とされたもののためであってもひとを殺すのは拒否することだった。「私は、助けるべきひとを《より分け》はしなかった。私は断固として、助けられるすべてのひとを助けた。どんな意見を持っているアルジェリア人であれフランス人であれ、すべてのひとを助けた(68)」。

---

(62) マフムード・アッバース（一九三五〜　）が二〇〇五年以来、パレスチナ自治政府大統領職にある。
(63) *Le Monde* du 20 novembre 2014（『ル・モンド』紙、二〇一四年一一月二〇日）。
(64) *CGP*（『闘い』）p.396-397.
(65) 同上書 p.566.
(66) 同上書 p.725.
(67) シモーヌ・ド・ボーヴォワール（一九〇八〜八六）はフランスの作家・哲学者。
(68) 同上書 p.725.

たとえその大義がどんなに高貴なものであっても、ひとつの目的にあらゆることを従わせるのではなく、使われる手段に制限を設けようとするのである。殺したりしないし、拷問したりもしない。この場合、追求すべき不服従はもはや対立するふたつの力のあいだの選択の問題ではなくなり、それぞれの個人内部の問題となる。追求する目的を何としてでも達成しようと望むときに支配しがちなわれわれのなかの野蛮に、われわれはつねに抵抗しなければならないのだ。ティヨンがアルジェリア戦争から引き出した第二の教訓はこのようなものである。

苦しむのは、大義でもなく、何らかの計画でもなく、肉体を備えた生身の人間である。今や、ティヨンが助けたいと望むのはこの生身の人間である。このとき（一九五七年夏）からアルジェリア戦争の終結まで、そして終結後も、ティヨンは自らの主要な努力を個別の個人を守るために注ぐ。フランス側による処刑に反対し、拷問に反対するとともに、アルジェ地区の軍事リーダーであるヤセフ・サアディ[69]との危険に満ちた交渉が示すように、アルジェリア側の盲目的なテロ攻撃にも反対して行動する。ティヨンとカミュがともに擁護する「大義」を犠牲にしてまで個々人が被る苦痛への対処を優先するティヨンの態度は、最終的にティヨンとカミュを引き離す。その少し前までは、カミュと非常に近い立場にあるとティヨンは感じていたのだが。「私はより立場をはっきりさせ、カミュなら擁護しなかったような人々をも擁護した[70]」。

アルジェリアの蜂起者たちは自由と独立の名において殺人を犯す。フランス軍は祖国の防衛の名において殺人を犯す。こうした問題についてパリで議論に明け暮れるイデオロギー宣伝者たちとは異なり、ティヨンはとても間近から戦争の現実の諸相、戦争がもたらすさまざまの結果と取り組む。彼女は目の前のアルジェリアの現実を知らないふりはできない。ティヨンにとって、人々が戦いの口実として持ち出す大義は、生身の人間が耐え忍ぶ苦痛ほど重要ではない。「このアルジェリア戦争は親密な人々同士が争うがゆえにとても恐ろしい。敵はかつてのクラスメイトであり、遊び仲間なのだ［中略］。冗談事ではなく、それぞれが現実の残酷な人生を生きるなかでさまざまな流れの交差にぶつかり、それらの流れがある人間を一方の側に、別の人間をそれとは対極の側に引きずっていったのだ(71)」。

ティヨンの立場の変化は、単なる政治的な企図の変化以上に徹底したものである。それは、今おこなわれている争いの全般的な解決法を探すことは止めるという選択である。「人類という名の家族に旗はない(72)」と彼女は別の機会に述べている。ピエール・ノラ(73)がティヨンを「自由主義者」と見なし、自由主義者は「個人をしか見ない」と批判したとき、ティヨンは次のように応じている。「彼が私を、個人のことしか考えない自由主義者と見なしているのは正しい」。人類学者としてはまったく逆説的な断定である。人類学者の職業は、集団の振る舞いの研究だからである。またこうした言明は、自分が属する集団のために行動する政治家の言としても受け入れがたいものである。しかし、この言明は、道徳的な振

(69) ヤセフ・サアディ（一九二八〜　）はＦＬＮ（アルジェリア民族解放戦線）のアルジェ地区軍事部門の指揮官で、アルジェリア独立後は同国上院議員も務める。
(70) 同上書 p.64.
(71) 同上書 p.276.
(72) 同上書 p.298.
(73) ピエール・ノラ（一九三一〜　）はフランスの歴史家でアカデミー会員。

る舞いを自分のものとして引き受けようとする者なら、誰にとっても正しい言明である。アルジェリア戦争がおこなわれていたこの時期、ティヨンは、フランスを選択しようとしたのでもアルジェリアを選択しようとしたのでもない。フランス、アルジェリアの双方の側にいる、寛容の心を持たない過激な勢力に対して反対することが彼女にとっての選択だったのだ。ティヨンが打倒しようとしたのは、個別のあれこれの党派ではなく、各人のうちに現れる衝動だった。このとき、ティヨンが自分のものとしたのは、彼女が「対話の政策」と呼ぶやり方である。それは、同じテーブルの周りに座り、互いに相手の目を見つめ合い、相手に言葉をかけ、相手の言葉に耳を傾け、相手をよりよく理解するために一時的に相手の立場に立つ準備を整えることである。これはすなわち、自分が属する集団への忠実さよりも、相手と自分が同じ人類という共同体に属していることのほうを重要視する姿勢である。争いの一方の陣営が他方の陣営に勝利することで解決を図るやり方に比べれば、このようなやり方は、時間がかかり、得られる結果も不確かであり、言わばシーシュポスの作業のようなものである。だが対話による解決は、一方が他方を粉砕するという解決よりも、未来の展望をはるかに明るくする。(74)

人生の教訓

ティヨンが体現する不服従は、エティが体現するそれとは異なっている。ティヨンは当初フランス人が占領者ドイツに対しておこなっていた闘いに積極的に参加する。友人たちがゲシュタポの手によって殺されるのを目撃してから、ティヨンは暴力の使用をも受け入れるようになる。彼女自身が自分の手でそうしたことはなかったが、心理的にも道徳的にもひとを殺すということにはためらいを感じなくなっていた。しかし、そうした態度の盲点をティヨンが知らないわけではない。そこで彼女が自分に課したのは、真実を決して捻じ曲げないことである。また、占領者には抵抗するが、あらゆる憎しみからは自由になりたいと切望した。最終的に、ティヨンはふたつの型の闘争を区別するに至る。第二次大戦時、フランス人とドイツ人は「相補的な敵」ではなかった。戦う両者に、似ているところはない。一方は攻撃する者であり、他方は自分の身を守る者である。だから自分が取るべき態度に迷いはありえない。フランス人にとって武力闘争に加わるのは義務である。ところが、アルジェリア戦争の時期には、事態はもはやこれとは同じではない。ティヨンは、争っているふたつの集団の双方を内側から理解できる。どちらの集団の主張にも自分のそれと同じものを見つけることができる。この戦争は、もともと避けることもできた争いである。それゆえに、ティヨンは、この戦争では、第二次大戦時とは非常に違った態度を取ることになった（このときのティヨンの態度は、エティのそれにより近いものである）。ティヨンは人命を救おうとし、人々が受ける苦しみを和らげようとする。こうして、ティヨンもまた、エティのように「多くの傷に注がれる香油」になる。彼女は、ふたつの態度、すなわち憎しみを持たない抵抗の態度と、この世に肉体を持って生きる個々の人間に対する配慮の態度を、噛み合わせられるようになっ

---

(74) シーシュポスはギリシャ神話の登場人物で、永遠に巨岩を山頂まで持ち上げ続けるという苦行を課される。

たのである。

その一生を通じて、ティヨンは他者に向かう自分の心に、すなわち他者を助けたい、他者を守りたいという願いに、衝き動かされ続けた。しかし、人類がつねに称賛に値するわけではないことをティヨンは決して忘れなかった。第二次大戦中にティヨンが味わった経験は、こうした感情を強めた。ティヨンは「人類の残酷な側面」(75)について語ることもあったし、人類とは危険な何ものかだと思い出させることもあった。残酷なアルジェリア戦争は、ティヨンが抱いていた最後の幻想をも吹き飛ばしてしまった。それでもティヨンは、自分を脇に置くことも、人類を良き者と悪しき者に分けて、自分の席を前者のうちに置くことも選択しなかった。それどころか、ティヨンはつねに、たとえ最悪の瞬間であっても、世界で起きていることに自分は責任があると考えようとした――「人類全体によって犯されているあらゆる罪に私たちは関与しているのであり、共同責任を負っている。なぜなら、私たちはそうした罪が犯されていることに無関心だったからだ」(76)。ティヨン、そしてティヨンと同じような考えに立つ人々は、自分が英雄の部族に、あるいは犠牲者の部族に属しているのを誇るのではなく、自分を罪ある者のうちに数えることを受け入れるのである。

人類はこのうえなくおぞましいことをやりかねない。だが、ティヨンによってそのことは、人類に対して好意を抱き続ける妨げになることはない。というのも、悪は不可避のものでもなければ、至るところにあるものでもないことをティヨンは知っているからだ。「道徳的観点からすれば、真にどうしようもない人間というものは存在しない」(77)とティヨンは『ラーフェンスブリュック』の末尾に書いている。だが、この著作は、われわれの時代に、われわれが生きさせられた、悪のもっともひどい出現のひとつへ深く分け入ろうとする試みであったのだ。人間はその全体を見なければならないものであり、最悪のものでもあれば、最善のものでもあると、別の機会にティヨンは言っている。若いころから、ティヨンが他者と取り結ぶ関係の根底には、彼女自身を他者のほうへと向かわせる心の動きがあり、彼女はそれを「共感」と呼んでいる。また別の語を用いても、その根底は変わらない。それは「憐憫」や「同情」という語であり、この語はキリスト教において（あるいは仏教において）称えられた美徳であるが、今日では世俗の語と化している。「憐憫」は福音書では、正義それ自体より高い徳とされていた。

このことが、アルジェリア戦争後、ティヨン最晩年の社会活動の性格を説明してくれる。ティヨンは苦しんでいる人々を助けたいと望みはするが、そうした人々の欠点を知らないわけではない。たとえば、牢獄に閉じこめられている囚人がその例であり、彼らはみながみな聖人ではない。しかしティヨンは、「牢獄に入れられているあらゆる人々に対し、非常に強い、そして思いやりに溢れた憐憫の情」[78]を覚える。ティヨン自身、一九四二年に牢獄の現実がいかなるものであるかを知り、自由の身でいるあいだはまったく意識もしていなかったが、「まさしくフランスに生息していたものであるトコジラミ」に苦しんだ。強制収容所から戻ると、牢獄での生活の状況に関心を抱き続けようと決意し、すぐに国内の牢獄を頻繁に訪れるようになったティヨンは、その死まで、囚人たちに差し入れの包みを送り続ける。国民教育大

(75) 同上書 p.423.
(76) *FDV*（『ジェルメーヌ・ティヨン』）p.180.
(77) *RAV3*（『ラーフェンス3』）p.306.
(78) *EGT*（『対話』）p.123.

臣官房に勤務したときには、悲惨に対する彼女ならではの処方を提案した。それはアルジェリアのときと同様、教育を誰の手にも届くようにすることである。彼女の働きかけのおかげで、今日のフランスでは、囚人でいながら通常の教育の全過程を修めうる。刑務所に入ったときに読み書きができなかった者でも、(長いこと刑務所にとどまるならば)出獄時には国家博士号〔フランスにはいくつかの博士号があるが、そのなかでもっとも権威のある博士号〕を得て社会に復帰できる。

一九九八年、かつてのヴィシー政府[79]の官僚モーリス・パポン[80]が牢獄に入れられたが、その必要はあっただろうか。ティヨンはそうは思わない。「今日パポンはたったひとりで、ヴィシーの官僚全員の罪を償わせられようとしている。これは嘆かわしいことだと思う」。パポンが今日誰を脅かしているだろう。「私は、必要がないのに人々を閉じこめるのは嫌いだ[81]」。司法の目的は、過去の過ちを罰することであるよりは、現在の危険からわれわれを守ることであるべきだろう。犯罪行為がなされるのを防ぐことは必要である。しかしその目的がすでに達せられているならば、その人間を収監することは不可欠ではない。

また、拷問の問題について見てみよう。二〇〇〇年、ティヨンはかつてのレジスタンス仲間とともに、アルジェリア戦争時になされたフランス軍による拷問を公式に認めるよう求めるアピールに署名した。「拷問は犯罪である。その罪を犯したのがあなたの祖国である場合でさえ、いやその場合にはとくに、それは犯罪であると考えられねばならない[82]」。それでは、当時フランス軍に所属していた拷問者たちを、今日、裁判で追及せねばならないだろうか。一九五〇年代から拷問問題と闘ってきたティヨンは、そうした考え方を拒否する。「拷問は断罪せねばならない。だが人々を断罪するべきではない[83]」。斬首刑に対するティヨンの怒りは激しい。死刑はティヨンにとって、「国家によってなされる殺人[84]」である。また、産児制限の奨励を拒むカトリック教会の無責任な態度に対しても彼女は激しく怒る。さらにティヨンは、あらゆる政治的行動の枠外で、女性に対する陰核切除や強制結婚、あるいはいまだにこの世界でおこなわれている奴隷的制度にも、強く反対する発言を繰り返す。

ティヨンが擁護してきた立場は、人間をひたすらすばらしい存在と見なすおめでたい見方に立脚したものでは微塵もないが、さりとて人間を極度に悪しき者とする見方に立脚したものでもない。「残念ながら、暴力は最近になって現れた現象ではなく、過去からずっと存在し、代々受け継がれてきた人間的現象であると、私は考えざるをえなくなった。〔中略〕たしかに人間世界の暴力はおもに男性によるものである。〔中略〕とくに男性の青年期は暴力に傾きやすい」(85)。そう述べると同時にティヨンは、人間への、楽観的な見方を許す側面についても評価し続ける。「人間の子どもは、七、八歳を越えないと自分だけ

(79) ヴィシー政府は第二次大戦期フランスがドイツに降伏した後に、ペタン元帥を首班としてフランス中部の小都市ヴィシーに成立した対独協力政府。

(80) モーリス・パポン（一九一〇〜二〇〇七）はフランスの高級官僚・政治家で、戦後も市長・国民議会議員・大臣などを歴任したが、ヴィシー政府に仕えていたおりの行状を断罪されて逮捕され、一九九八年に「人道に対する罪」の罪状で一〇年の禁固刑を言い渡され収監された。二〇〇二年に高齢を理由として釈放。

(81) *CGP*（『闘い』）p.388, 401.

(82) 同上書 p.400.

(83) 同上書 p.388.

(84) *EGT*（『対話』）p.301.

(85) *SGT*（『世紀』）p.368.

では生きられない」という事実は、われわれの心的構成に重要な影響を与えている。「新生児が経験する母親と肌を接し合う親密な関係が、人間が人生を通じて、幸福への適性を持つことの説明におそらくなってくれるだろう[86]」。

若いころのティヨンは、教会の掟に忠実なカトリック信者だったが、強制収容所で被った試練の後に信仰を失ってしまった。だが、ティヨンは好んでこうも言っていた。「それでも私が三つの対神徳[87]のうち失ったのは信仰だけだった。他のふたつの徳、希望と愛は失わなかった」。世俗の形における慈愛は、ティヨンがまた憐憫という名前で呼んでもいるものだが、この憐憫が、ティヨンにはキリスト教が世界に残したもっとも重要な遺産だと思われる。「キリスト教は憐憫にもっとも主要な地位を与えている。というのも、福音書は憐憫を正義それ自体より高く評価しているから[88]」。憐憫を自分自身の羅針盤とすることによって、ティヨンは積極的な選択をする。ティヨンは集団的な闘い――そしてそうした闘いを正当化する言説――を放棄し、苦しんでいる生身の人間だけを気にかけることにする。彼女が奉じる人間主義《ユマニスム》には聖なる価値はひとつしかない。ひとりひとりに与えられた人間の尊厳である。

---

(86) *TDM*（『悪』）p.33-34.
(87) 対神徳とは神を直接の目的とする徳で、「慈愛」「信仰」「希望」の三つの徳を指す。
(88) *CGP*（『闘い』）p.411.

第3章

ボリス・パステルナーク

ボリス・パステルナーク

(1890〜1960) ロシア革命勃発時にはすでに名高い詩人であり、革命後も有力詩人として高い地位を保っていたが、ソヴィエト共産党が提示する革命像に疑問を持ち、自分独自の視点からロシア革命と革命後のソヴィエト社会を描く小説『ドクトル・ジヴァゴ』を執筆。この作品はソヴィエトでは発禁となるが、イタリアで初出版後各国語に翻訳され、パステルナークのノーベル文学賞受賞を決定づけるものとなる。しかし、ソヴィエト政府の圧力により、賞の辞退を余儀なくされる。

革命に対峙して

共産主義体制と向かい合うとき、最初に提起される問題は、屈服しないことなどそもそも可能なのかというものである。抑圧は仮借ないものであり、とくにスターリン支配の時期、一九二〇年代末から一九五三年の彼の死までがそうだった。だが、屈服しないことはなお可能である。道徳的徳は、政治的行為になりうるのだ。それはソヴィエト連邦に暮らした何人かの作家の例についてこれから見る通りだ。私は相継ぐふたつの世代に属するふたりの表徴的人物を選んだ。一八九〇年生まれのボリス・パステルナークと一九一八年生まれのアレクサンドル・ソルジェニーツィンである。いくつかの点でこの両者はかなり違っているが、ふたりにはひとつの共通点がある――しかもこの共通点は逸話的なものとは言えない。ふたりともがノーベル文学賞を受賞し、彼らの祖国では公刊できない作品、政治権力に対する挑戦と見なされた作品が受賞の理由とされたのである。

パステルナークの文学的経歴は十月革命[1]（一九一七年）前に遡る[2]――そしてパステルナークはこの革命を、熱狂的にとまでは言えないものの、歓迎していた。彼は十月革命を、国民集団の運命の達成として称賛はするが、個人に襲いかかった暴力としては断罪する。パステルナークはごく早い時期から、創作に携わるあらゆる人間の義務は、注意深く世界に耳を傾けることであり、自国民の精神を動かしているさまざまの感情を表現することだと確信している。そもそもパステルナークは、第一次大戦の直前においで、世界についての黙示録的見方を共有し、より良き世界の誕生を見るために全世界を巻きこむよ

（1）十月革命は一九一七年一一月七日（ロシア暦一〇月二五日）にロシアの首都ペトログラード（後のレニングラード、現在のサンクトペテルスブルク）で起きた、労働者、兵士による武装蜂起を発端として始まった革命であり、これにより帝政ロシアが滅び、ソヴィエト連邦の発足へと歴史が導かれる。

（2）パステルナークの作品はロシア語では以下の形で出版されている。*Polnoe sobranie sochinenij*（『全集』一一巻）, Moscou, Slovo, 2003-2005. 書簡集は第七巻から第一〇巻までである。

本書において参照したのは上述の版以前の五巻本の版 *Sobranie sochinenij*（『選集』）, Moscou, Khudozhestvennaja literatura, 1989 - 1992 であり、この版のページを *SS*（『選集』）の略号とともに示す。書簡は第五巻に所収されている。

フランス語ではガリマール社のプレイヤッド叢書からパステルナークの『作品集』が一九九〇年に出版されている。私が本書において参照したのは以下の仏訳版であり、*EA*（『自伝』）の略号（日本語訳では略称）とともにページを示す。*Écrits autobiographiques. Le Docteur Jivago*（『自伝、ドクトル・ジヴァゴ』）, Gallimard-Quarto, 2005.

何冊かの書簡集が仏訳で出版されている。とくに以下のものがある。

Correspondance 1910-1954（『オリガ・フレイデンベルグとの書簡集』）, Gallimard, 1987.

Lettres aux amis géorgiens（『グルジア人の友人たちへの書簡』）, Gallimard, 1968.

Seconde naissance, lettres à Zina（『二度目の妻ジーナ宛の書簡』）,Stock, 1965.

Correspondance avec Evguénia（『最初の妻エヴゲーニアとの書簡集』）, Gallimard, 1997.

愛人オリガ・イヴィンスカヤとの書簡は彼女の回想録と一緒に仏訳が出版されている。Olga Ivinskaïa, *Otage de l'éternité*（『永遠の人質』）, Fayard, 1987.

シャラーモフ宛の書簡は以下の書籍の仏訳に所収されている。Varlam Chalamov, *Correspondance avec Boris Pasternak et Souvenirs*（ヴァルラーム・シャラーモフ『ボリス・パステルナークとの書簡集及び回想』）, Gallimard, 1991.

うな戦争を待望したロシアの作家・知識人の世代に属している。それゆえに、この世代の作家・知識人は、たとえ共産主義イデオロギーに与《くみ》しない場合でも、革命という観念に強く魅せられて、革命とは内戦であることを、すなわち多くの点であらゆる戦争のうちで最悪のものの別名に他ならないことを忘れていた。その回想でナジェージュダ・マンデリシュタームは、詩人である夫オシップ・マンデリシュタームの場合がまさしくそうであり、そもそも夫オシップは革命精神とはまったく無縁であったと書いている[3]。そしてナジェージュダは付け加える。「知識人たちが革命支持で足並みを揃えたのは、恐怖あるいは腐敗のゆえのことではなく（恐怖も腐敗もなかったわけではないが）、《革命》という語のゆえだった。どうあってもこの語を彼らは断念したがらなかった。この語は都会だけでなく、この国の民衆全体を征服していた[4]」。

その晩年、パステルナークは革命の呪縛から自由になるだろう。その時期には、革命の目指す目的がいかに崇高なものであっても、そうした目的の偉大さが、革命の支持者たちを、その手段について盲目にするのを彼は知っている。たとえば、パステルナークがかつてレーニン[5]に対して抱いていた称賛の念は、より均衡の取れた判断に席を譲るようになっていた。「天才の熱狂をもって、いささかのためらいもなく、レーニンは世界がそれまで見たこともないような、流血と破壊の乱行を自分の責任においておこなった[6]」。

一九三〇年代初頭、パステルナークはまだこうした判断をするには至っておらず、道徳的抵抗に踏み出そうという考えも勇気も持っていない。それだけに、彼がどのようにしてそうした抵抗に至るかを観察すれば、より教えられるところが多い。当時、彼はさまざまの情報に接することよって、公式の政治権力に対して疑念を覚え始めていた。そうした情報のうち彼がもっとも重視したのは、土地の強制的集団化に伴う抑圧に関係するものだった。彼は、ウラル地方〔ロシア中部〕へのグループ旅行の際に、自分の目でこの抑圧を目にする機会を得る。作家たちが参加したこの旅行で、彼らは将来の作品のヒントを得るはずだとされていた。この旅行中、慎重なパステルナークは、自分が受けた印象について何も書き残していない。だが、彼は身近な人たちに語っていたことはある。この旅行に同行したパステルナークの（二人目の）妻ジナイーダは、次のように回想している。「最初の日から、農民たちは、施しを乞い、一切れのパンを求めて、私たちの列車の窓の周りをうろついていた。〔中略〕ボリスは周囲を取り巻いている飢饉に辛抱がならず、用意されていた凝った食事を取るのを止めてしまい、それ以上その地方を見て回ろうとはしなかった。誰にでも、もう十分見たからと言い放っていた」。パステルナークは自分が見たことの話をすすんで手紙に書くことはなかったが、打ち明け話の相手である従妹のオリガ・フレイデ

（3）オシップ・マンデリシュターム（一八九一～一九三八）はポーランド出身のロシアのユダヤ系詩人。スターリンに粛清により強制収容所に送られる。一九三四年に逮捕されるが、三五年には自身が希望する土地に移され、いったん三七年に自宅に戻される。その後、三八年に再逮捕され、同年流刑先で亡くなる。ナジェージュダ・マンデリシュターム（一八九九～一九八〇）はオシップの妻で、自身も作家。

（4）Nadejda Mandelstam, 《Médecins et maladies》, *Contre tout espoir, Souvenirs*（ナジェージュダ・マンデリシュターム「医師と病人」『あらゆる希望に反して』）, t. I, Gallimard, 2012, p. 159.

（5）レーニン（本名ウラジミール・イリイチ・ウリヤノフ、一八七〇～一九二四）はロシアの革命家。ロシア革命において主導的な役割を果たし、世界最初の社会主義国家であるソヴィエト連邦を成立させて初代の指導者を務める。

（6）*Hommes et Positions*（パステルナーク「人間と地位」）*EA*（『自伝』）p. 211-212.

ンベルグには次のような仄めかしを書き送っている。「次便で、今回私が見た、ひとを打ちのめすような不吉な叙事詩についてあなたに語ろう[7]」。

パステルナークが表立ってこの体験を他人と共有しようとするのは二〇年後である。たとえば、かつての強制収容所収監者ヴァルラーム・シャラーモフ[8]には次のように書き送っている。「乞食たちが列車の車両に沿ってうろついていた。手織りの南方の衣装を着て、パンを乞うていた。鉄道には、子どもたちを含む多くの家族全員を積載した列車が、叫び、うなり声が満ち満ちたなかをいつ果てるともなく走り続け、それを兵士たちが監視していた。列車の人々は当時の富農《クラーク》たち［裕福と見なされていた農民たち〔本章注30参照〕］で、北方に連れていかれてその地で死ぬことになっていた」。また別の者にはこう打ち明ける。「私は病気になってしまった。まる一年のあいだ、私は眠れなかった[9]」。だが不眠が一年間続いていた当時、彼は従妹とその母親に書き送った手紙では次のように言っていた。「党の粛清においても、また芸術的あるいは道徳的判断の基準としても、さらには子どもたちの意識、言語においても、まだ名前は付いていないものの、何か新しい真実が形成されつつあるのが見える。それは体制の道徳的真実となるものであり、体制の捉えがたい新しさの今のところはまだ明確になっていない性格を示すものである」。この時期のパステルナークの考えによれば、ロシアは、より良き世界という革命前に抱かれていた夢を実現しつつあった。「今われわれの前にあり、われわれのものであるこの現実以上に自由なものを、世界はかつて見たことがない[10]」。こうした一文は、パステルナークが自分の世界観を偽り、自分を取り巻く社会に自分を合わせようとしているという印象を与える。自分を取り巻く現実を変えられないので、彼は現実について自分が持つイメージのほうを変えようと努力している。もはや食事さえ喉を通らなくなったパステルナークが、世界との合一を果たそうとしているのだが、それはまるで、自分が抱く嫌悪を治療しようとしているかのようだ。

パステルナークがこのような状況にあった一九三四年八月、第一回ソヴィエト作家会議が開催される。会議を主宰したのは、カプリ島[11]での贅沢な亡命生活から帰国したマクシム・ゴーリキー[12]である。時代のスローガンは「結集」であり、文学諸流派間の争いはいっとき脇に退けられていた。スターリンが出席していた一九三二年の別の会議で、作家たちは主人スターリンから自分たちの芸術の定義を与えられ、それを彼らは自分たちの自尊心をくすぐるものと見なしていた（この会議にパステルナークは参加していない）。このとき作家たちは「人間の魂を扱うエンジニア」になるべきだとされたのである。実を言えば、こうした言い回しは、共産主義の教義に合致する考え方で国民全体を再教育するという作業に、作家たちが動員されることを予告している。とりあえずは、革命の闘いへの奉仕に積極的に乗り出した

(7) *Seconde naissance, lettres à Zina*（『二度目の妻ジーナ宛の書簡』）p. 297 ; オリガ・フレイデンベルグ宛、一九三二年七月一一日。
(8) ヴァルラーム・シャラーモフ（一九〇七～八二）はロシアの小説家（本書第4章注25・55参照）。
(9) ヴァルラーム・シャラーモフ宛て、Varlam Chalamov, *op. cit.*（ヴァルラーム・シャラーモフ『ボリス・パステルナークとの書簡及び回想』）p. 169 ; *SS*（『選集』）III, p. 664.
(10) オリガ・フレイデンベルグ宛、一九三二年一〇月一八日。
(11) カプリ島はイタリア南部ティレニア海にある島。ナポリ市外からナポリ湾を挟んで三〇キロに位置し、古代から風光明美な場所としてしられ、イタリアを代表する観光地のひとつである。
(12) マクシム・ゴーリキー（一八六八～一九三六）はロシアの作家。

作家たちにも、またトロツキー[13]によって案出された表現によれば「革命の同伴者[14]」と呼ばれる作家たち（パステルナークはこの同伴者のうちで、もっとも威信のある作家のひとりである）にも、居場所が与えられていたのである。作家会議でパステルナークは演壇の名誉席に座った。彼が現れると満場が喝采する。会議でなされた報告のひとつは詩についてのもので、報告者はブハーリン[15]である。ブハーリンは古株のボリシェヴィキ[16]で、以前のように党指導部には属していないが、なお影響力を持ち続けていた。ブハーリンはパステルナークを「われわれの時代のもっとも瞠目すべき韻文の師匠のひとり」として描き出す。会議の終わりに詩人はソヴィエト作家同盟の指導部のひとりに選出される。

会議の直後、パステルナークはいかなる特別な幸福感も覚えていない。まるで、心の奥底ではこの「玉座への登壇」が、自分自身を捨てさせる行為、真実との繋がりを捨てさせる行為であると感じているかのようである。だが、真実との繋がりをなくしてしまえば、ものは書けない。友人の作家にパステルナークは、作家会議のおもな印象として会場の雰囲気をあげ、熱気に満ちたものから無関心へとあまりに速く変化すること、数々の陽気な驚きが数々の破滅的な結論へと導かれていくさまを伝えている。従妹には、体制から厚遇される新たな立場が、自分に望ましくない結果をもたらすだろうと不平を書き送る。彼の家では絶えず電話が鳴り響き、誰もが彼に話をしにきてほしいと懇願する。「まるで私は社会の囲われ女のようだ」。同じ時期、一九三四年一二月、レニングラードのボリシェヴィキ指導者キーロフ〔一八八六～一九三四。スターリンの後継者と目されていた〕の殺害を口実に、恐怖政治が強化される。パステルナークはディケンズ[18]に近い文体で、散文を書こうと夢見ている。従妹に書いた手紙では、なぜ人々はあれほどお追従を言うような仕方で自分に接したのかと自問している。しかし、自分の政治的意見については何度か次のように書き記している。「時間が経てば経つほど、あらゆることにもかかわらず、私は現在わが国でおこなわれていることに対して、信頼を深めるようになっている。［中略］あらゆることにもかかわらず、ロシアの現状やロシアが所有しているもの、そして結局のところロシアの奥底で変化しなかったものを考え合わせるなら、私には現在におけるほど、自らの尊厳を失わずに、生き生きとした根拠を持ち、決まり切ったものの見方を打ち捨てて、遠くを見通していた時代はない(19)」。こうした文章に接すると、パステルナークが真実と嘘、告発と現実無視のあいだを行ったり来たりしているような印象を抱かせられる。

(13) トロツキー（一八七九〜一九四〇）はロシアの革命家・政治家。ソヴィエト初期の指導的政治家のひとりだったが、レーニンの死後権力を掌握したスターリンに敵視されソヴィエト共産党を追放される。メキシコに亡命したが、スターリンの放った暗殺者によって殺害された。

(14) 革命、ソヴィエト共産党に対し、熱烈な忠誠を示しはしないものの、これに対し消極的支持を拒まない作家たちを指して与えられた呼称。

(15) ブハーリン（一八八八〜一九三八）はロシアの革命家・政治家。レーニンの死後スターリンの権力掌握に協力するが後に右派として批判され、失脚。粛清、銃殺された。

(16) ボリシェヴィキはロシア社会民主労働党が分裂して形成された、レーニンが率いる左派の一派の呼称で、レーニンが政権を取ったため、革命の主導勢力となった。

(17) レニングラードはかつて帝政ロシアの首都ペトログラードであり、ソヴィエト時代にレニングラードと改称され、現在はサンクトペテルスブルクに再び改称されている。

(18) ディケンズ（一八一二〜七〇）はヴィクトリア朝を代表するイギリスの小説家。

(19) S・スパスキ宛、一九三四年九月二七日。オリガ・フレイデンベルグ宛、一九三四年一〇月三〇日および一九三五年四月三日。

後に自身が書くところによれば、右のような文章を記していた当時、パステルナークは「苦しむ魂のごとくだったし、［作家会議のときから］一年近く続いていた不眠のせいで、精神の病を発するぎりぎりのところまで追いつめられていた[20]」。内心で偽りだと思っていることを無理して真実だと言い張れば、何もなしでは済まされない。心神耗弱が進行し、パステルナークは療養院で休養する。それでも、彼はまた新たな要請に応えねばならない。

当時のコミンテルン[21]の戦略は、西欧においてあらゆる反ファシズム勢力を糾合し、人民戦線を形成するというものであった。その一環として、一九三五年六月にはパリで文化擁護のための国際作家会議が開催される。心神耗弱に陥り、病がちだったパステルナークは、当初、会議への出席を断る。だが、ソヴィエト権力は執拗に要請を繰り返し、彼の出席が不可欠だと主張する。独立独歩の道を行く作家としての彼の評判は西欧世界にまで達していたのだ[22]。パステルナーク[23]に選択の余地はなく、結局彼はパリへ向けて旅立つ。パリで彼はアンドレ・ジードやアンドレ・マルローといった高名な作家たちに会ったが、彼らは当時、共産主義の宣伝に共感を抱いていた。パステルナーク自身はこの会議にほとんど関心を示していない。彼は演説のためのテキストを用意した。ソヴィエトの同僚たちは、それを会議の席上で読むのは止めたほうがいいとパステルナークに忠告する。一〇年後になって彼自身が思い出しているように、会議の席上即興でおこなった演説で彼が参加者たちにおもに勧めたのは、反ファシズム会議という枠組での発言だったことを思えば、驚くべき、かつ悲痛な内容である――「このような状況で私があなた方に言えることは、ひとつしかありません。組織を作ってはなりません。組織は芸術の死なのです。唯一重要なのは個人が独立していることです[24]」。この演説を翻訳したマルローが、パステルナークの詩の一編をフランス語訳で読んだ。会場は満場の喝采を送る。自分がこれほど重要視されるのはパステルナークにとって耐えがたいことである。彼は自分が詐欺師のような、さらには本来自分のものではない地位を不当に占めている者のような思いにとらわれる。人々が喝采を送ったのは、ぼろぼろになったひとりの男だったのである。

パリ滞在中、パステルナークはマリーナ・ツヴェターエワ[25]に会う。彼女は一九二五年以来パリに住んでいた。ふたりは十月革命の直後モスクワで会っており、そのとき互いに共感を覚えたが、それほど親しくなってはいない。当時二〇代の半ばだったふたりは、互いの最近作を読み合い、相手に自分に似通った魂を見出していた。パステルナークは遠くからツヴェターエワに対して愛情を感じてきた。彼は自分が交際するようになっていたリルケにツヴェターエワを紹介もするが、ツヴェターエワのほうはパステルナークに強い称賛の気持ちを覚えながら、彼の感情には応えようとしない。しかし彼女はパステルナークとの会見を待ちきれない思いで待っていた。だが、結果はツヴェターエワにとって大きな失望だった。心神耗弱に陥っていたパステルナークは、ツヴェターエワには格別の注意を向けることもなく、

(20) *Hommes et Positions*（パステルナーク「人間と地位」）*EA*（『自伝』）p. 200.
(21) コミンテルンは一九一三年に発足した共産主義政党の国際組織であり、一九四三年まで存続した。
(22) アンドレ・ジード（一八六九〜一九五一）はフランスの小説家。
(23) アンドレ・マルロー（一九〇一〜七六）はフランスの作家・政治家。
(24) アイザイア・バーリン（一九〇九〜九七、ラトビア・リガ出身のイギリスの哲学者）への言葉。*SS*（『選集』）IV, p. 883.
(25) マリーナ・ツヴェターエワ（一八九二〜一九四一）はロシアの詩人・著述家。

家に持ち帰るお土産のことしか考えないまったくの凡人になっていた。彼女のほうはひとつの問いに苦しんでいた。夫と娘が彼女に要求してくるようにソヴィエトに帰るべきか、それとも自身の内心の判断がそう言っているように西欧に留まるべきかという問いである。パステルナークはツヴェターエワの夫と娘に会って、彼らにすっかり魅了される。しつこく問いかける女友達には、ためらいがちな返答しかできなかった。「その点について、私はしっかりした意見を持っていなかった。彼女にどうアドバイスしていいのかさえわからなかった[26]」。

ロシアの自宅に戻っても、パステルナークは相変わらず落ち込んでいる。彼は最初の妻エヴゲーニアに次のように書き送っている。「この旅行はすべて悪夢であり、苦行だった。自分がした旅行であるような気がしない。そんな旅行はなかった、なかった、なかったのだ[27]」。その年の秋、ある青年詩人の自殺を知ったパステルナークは「友の葬儀」と題された詩を書き、そこで次のように言い放っている。「世紀の進行は、個別の正義、個別の不正義よりも力強く鳴り響く[28]」。

二声のフーガ[29]

このふたつの相矛盾するものの見方についてはどのように説明できるだろうか。一方でパステルナークは、土地の集団化がいかなる結果をもたらしたかを、つまり農民たちを襲った飢饉を、あるいは富農《クラーク》たち(30)の強制収容所送りを、あるいは作家たちに提供された自由が幻影でしかなかったことを、さらには党でも政府機関でも粛清がおこなわれていることを、そしてまったく罪のない人々が処刑され続けていることを知っている。また他方、公の地位にある誰彼にではなく、従妹で親しい女友達でもあるオリガ・フレイデンベルグに宛てては、自分は体制の新しい道徳的真実が誕生しつつあるのを見ていると断言し、これほど尊厳に満ちたものはかつて見たことがないとさえ確言している。同じ時期、パステルナークは自分が誰よりも高く評価していた作家ツヴェターエワがソヴィエトに帰国する考えを抱いたことに反対するのを控える一方で、絶望した若い詩人の死に際しては、個人が体験させられる不正義よりも、歴史の進行のほうが大事だとあえて言い放ちさえしている。この深い矛盾を理解するのに、生まれつつある愛の幸福感を、つまり「私の息子たちがもっとも愛するのはスターリンであり、私はその次よ(31)」と

(26) *Hommes et Positions*（パステルナーク「人間と地位」）*EA*（『自伝』）p. 200. 同じできごとについてのツヴェターエワ側からの見方については以下を参照されたい。Marina Tsvetaeva, *Vivre dans le feu*（マリーナ・ツヴェターエワ『火中に生きる』）, présenté par Tzvetan Todorov, Robert Laffont, 2005, p. 259-261.

(27) エヴゲーニア・パステルナーク宛、一九三五年七月一六日。

(28) *SS*（『選集』）II, p. 12.

(29) 本書のこの部分は、ベネディクト・サルノフ（Benedict Sarnov）が著書 *Stalin i pisateli*（『スターリンと作家たち』）, Moscou, Eksmo, 2008でパステルナークについて書いた章に集めた情報に多くを負っている。

(30) 富農（クラーク）はソヴィエト連邦において自営農家の意味で用いられ、共産主義者からは富裕層と考えられ弾圧の対象とされた。

(31) 以下に引用されている。Nadejda Mandelstam, *op. cit.*（ナジェージュダ・マンデリシュターム「奇跡の源泉」『あらゆる希望に反して』）p. 57.

好んで言う典型的なソヴィエト女性、新しい妻ジナイーダの影響を持ち出すだけで十分だろうか。あるいは自身が心を寄せたジョージア[32]への滞在、ジョージア人たちとの付き合いがもたらす喜び、さらには公式の会議の壇上にいるときに感じる喜びが、パステルナーク自身が考える以上に自尊心の満足をもたらしていたということだろうか。考えられるのは、この曖昧さにはより深いもうひとつの理由があり、それは同時期にパステルナークが得ていたもうひとつの経験に由来するということである。その経験とは、彼がこの時期に、国家の最高指導者スターリンと直接的な接触を持ち始めたことである。

スターリンは権力を完全に掌握すること、またロシアという国が必要としている変転極まりないさまざまなことがらに共産主義の教義を適応させることばかりに関心を集中させていたわけではない。かつては神学生であり、未来を期待させる若い詩人だったジョージア生まれのスターリンは、芸術活動の領域、とりわけ文学の領域に始終口を出したがった。パステルナークが初めて、マヤコフスキー、エセーニン[33]とともにスターリンに会ったのは一九二四年から二五年にかけての冬だった。スターリンは当時もっとも高く評価されていたソヴィエトの三人の詩人を招き、ロシア語に訳されたジョージアの詩を宣伝するよう依頼するとともに、この三人の詩人のそれぞれと個別に議論を交わし、彼らを誘惑しようとする。だがこのときは、レーニンの死から一年しか経過していない時期であり、スターリンはまだ世界の行方を左右するソヴィエト連邦の絶対的主人になってはいない。

一九三二年には状況は一変している。スターリンはすでにライバルたちをみな排除したり、中立化させたりする作業を終えており、自国を大工業国家にし、農業を集団化し、商業を全面的に国家の統制下に置かなければならぬという決定を下していた。この年の一一月、スターリンの妻ナジェージュダ・アリルーエワ[34]が自殺する（この自殺の状況には不明な部分が今なお残っている）。国中のあらゆる組織は寡夫スターリンに完全に画一化された決まり文句の弔辞を送らねばならぬと思いこむ。ソヴィエトの作家たちもやはりそのようにする。パステルナークは、精神的衝撃を受けたウラル山脈への旅の数ヵ月後のこの瞬間を選んで、スターリンに初めて個人的メッセージを送る。作家たちが共同で出した弔辞の署名リストに自分の名前を加えるのではなく、パステルナークはこの弔辞に数行の文を加え、それに単独で署名している。このメッセージは、一九三二年一一月一七日に新聞に掲載された。パステルナークの後書きには次のように記されている。「私は同志たちとともに弔意を表明する。事件の前日に、私はスターリンに深い、そして強い思いを寄せていた。初めて、私は芸術家としてそのようにしたのだ。事件があった日の朝、私は事件の報道を読んだ。まるで自分がその場にいて、事件を目の当たりにしたかのように、私は動顛した[35]」。

(32) 現在は南コーカサスに位置する共和制国家であるジョージア（旧グルジア）は帝政ロシア時代の末期には帝政ロシア領に併合されていた。一九一七年のロシア革命後に一旦ロシアからの独立を宣言するものの二一年に首都トビリシを赤軍によって制圧され、二二年以後ソヴィエト連邦共和国の加盟国となった。九一年に四月に独立宣言をおこない、同年末のソヴィエト連邦解体により実質的に独立が達成された。
(33) マヤコフスキー（一八九三〜一九三〇）、エセーニン（一八九五〜一九二五）はともにロシアの詩人。
(34) ナジェージュダ・アリルーエワ（一九〇一〜三二）はスターリンの二番目の妻であり、スターリンとのあいだに子どもをふたり設けているが、自殺した。
(35) 以下に引用されている。Michel Aucouturier,《Pasternak et la révolution》, *Europe*（ミシェル・オクチュリエ「パステルナークと革命」『ヨーロッパ』誌）, vol. 71, n° 767, 1993, p. 42.

このメッセージで印象的なのは、第一にこうした弔辞が存在したという事実である。他の作家たちはみな、共同で一通の弔辞をお定まりの言葉で述べるという方法を選ぶ。パステルナークだけが自分の言葉で、国を導く者にそれを伝えようとし、そうすることによって、作家集団のなかで自分が占める例外的な地位をスターリンに注目させる。しかもこのメッセージを読めば、パステルナークは誰にも強制されていないのに、スターリンに「深い、そして強い」思いを、それまで数度にわたって寄せていたことがわかる。しかしそれだけなら、忠実な市民でも考えそうなことである。悲しい知らせが届く前日、パステルナークは初めてスターリンのことを「芸術家」として考えた。これは文学作品の主題としてスターリンを考えたということを意味する。パステルナークはスターリンに単に弔意を寄せているだけではない。彼が仄めかしているのは、自分のメッセージの受け取り手が、自作の主人公になるかもしれないということである。そうすることによって、パステルナークはふたりの当事者のあいだに、それまで生じたことのない関係を打ち立てる。詩人たちの第一人者（マヤコフスキーとエセーニンはこのときすでに自殺していた）が、自分は政治家たちの第一人者に贈り物ができると主張しているのである。スターリンはこのメッセージの公表に許可を与えることで（スターリンに関係することで、彼の統御を免れているものは何もなかった）、この新たな契約を公式のものとし、パステルナークが占める特別の地位も、これ以後公式のものにする。

次の接触がおこなわれるのは、一九三四年六月に詩人オシップ・マンデリシュタームが逮捕されたおりである。パステルナークとマンデリシュタームは互いをよく知っており、互いの作品を高く評価していたが、友人と言うほどではなかった。ふたりの気質、ふたりの世界観はあまりに違い過ぎていた。マンデリシュタームは明確な政治的反体制派というわけではないが、体制と日常的な妥協を重ねるのを避けていた。ずっとそうしていれば、迫害を被らずに済んだだろう。しかしやがて彼は、ソヴィエト体制構築を自分に関係することだとは思わないと公言し、批判された後にもそうした発言を撤回しなかった。一九三三年秋、マンデリシュタームはスターリンを皮肉る詩を書き、それをさまざまな聴衆の前で読み上げるのをためらわなかった。これはまさしく自殺的な行動である。一九三四年初め、マンデリシュタームは公の席で、ソヴィエトの体制派の作家のひとり〔後述されるアレクセイ・トルストイのこと〕を平手打ちする。たちまちのうちに告発がなされ、彼は逮捕される。マンデリシュタームの逮捕を知ったパステルナークはすぐにブハーリンに手紙を書く。ブハーリンはマンデリシュタームに敬意を抱いていた。またブハーリンは、このときまだ、作家会議でパステルナークへの賛辞を述べる前だったが、ふたりのあいだには信頼関係があり、相互に敬意を抱き合っていた。ブハーリンはただちにスターリンに手紙を書き、マンデリシュタームの釈放を求める。そしてその手紙の最後にこう付け加える。「パステルナークも心配しています」。ブハーリンからの手紙を受け取ったスターリンはパステルナークに電話する。

　電話によるこの有名な会話については現在一〇ばかりの異なった記述があり、そのいずれもがパステルナークの打ち明け話に基づくとされている。この会話について多くが語られているにもかかわらず、相変わらず謎のまま残るのは、なぜこのときスターリンがパステルナークに電話をかけたのか、その理由である。マンデリシュタームの運命の急変は、スターリンが電話をかけた結果ではない。なぜなら、スターリンは電話をかけるなり、問題を再検討するようすでに命令を出したとパステルナークに告げているからだ。この電話でスターリンが言った言葉の大半は、マンデリシュタームにではなく、パステルナークに関係している。スターリンはパステルナークに、自分にじかに語りかけなかったのを非難している――まるでふたりのあいだに、恒常的な意見交換の回路がすでにできあがっているかのようだ。スターリンはまたパステルナークに、友人マンデリシュタームの世話をしっかりしなかったのを非難している。パステルナークはこの発言が自分への罠だと感じる。スターリンは、罪ありとされた詩句をパステルナークが知っていたか探ろうとしたのだ。スターリンの問いに直接的に答えるのは避け、パステルナークは自分とマンデリシュタームは友人ではないと答える。スターリンはなおも問い続ける。ではマンデリシュタームは師匠なのか。やはりこの問いにも直接答えずに、パステルナークは会話の方向を変えようとする。パステルナークが言う。「そんなことは問題ではありません。もっと別のことを話さねばなりません」。これにスターリンが「何の話をしなければならないのか」と応じると、パステルナークは「生と死についてです」と言葉を継ぐ。スターリンがいきなり電話を切る。パステルナークは再び電話をかけようと試みるが、うまく繋がらない。パステルナークはこのときスターリンに言った言葉について自分が誤っていたと思うことはなかったが、その後に直接の会見を持てなかったのを残念に思った。もし会えていれば、彼は作品を作るための新しい霊感を得て、人々の生死を自在に決定できたスターリンが熟知している主題について、新たな照明を手にしえただろう。

後にこの会話記録には注釈者による注釈が付けられ、そこではスターリンがした非難が繰り返され、パステルナークは同僚を十分守らなかったと書かれている。しかし、こうした主張に根拠があるとは思われない。会話の中核はそこにはないのだ。むしろパステルナークはその凝った応答によって、自分に仕かけられた罠をかわしたのだ。同時に、彼は人生の根本的な諸問題について、国の支配者と意見を交わしたいという希望を確言した。その回想『あらゆる希望に反して』でマンデリシュタームの妻ナジェージュダは次のように述べている。「私が思うに、パステルナークは自分が生きている時代を、歴史を、未来を、自分の対話の相手が体現していると思いこんでいた。だからパステルナークは単に、そのような生きた奇跡を間近に見たかったのだ」[36]。この指摘には幾分かの真実が含まれている。スターリンの側では、パステルナークの例外的な地位を確認するとともに（スターリンがパステルナーク以外の人間にこんなふうに話しかけることはない）、パステルナークの忠誠心をテストしている――パステルナークは風刺詩を広めるのに協力しなかっただろうか。それからスターリンは、自分と親しくしたいと述べるパステルナークを放り出し、かなり倒錯的な仕方で、相手の鼻先で電話を切り、会話を続けるのを拒否して、対話の相手を侮辱する。

スターリンとパステルナークのあいだに次のやり取りがあるのは、それから一年以上が経過した後である。今度は、女性詩人アンナ・アフマトーヴァ[37]の息子と夫が逮捕される。一九三五年一一月一日、パステルナークはスターリンに手紙を書き、この逮捕について再検討してくれるようにと要請する。この手紙で、パステルナークは、前回の電話での会話の際に指導者が言った言葉を思い起こさせている――「かつて、あなたは私が同志の運命に無関心であるのを非難なさいました」、今回は前回とは違ったふうに私は振る舞っています。パステルナークが寄せる信頼に間接的に応えて、スターリンは逮捕されたふ

（36）Nadejda Mandelstam, *op. cit.*（ナジェージュダ・マンデリシュターム「奇跡の源泉」『あらゆる希望に反して』）p. 186.
（37）アンナ・アフマトーヴァ（一八八九〜一九六六）はロシアの詩人。

たりをただちに釈放させる。一二月末にパステルナークはスターリンに再び手紙を書き、逮捕されたふたりの「すばらしい雷鳴的な解放」[38]を指導者に感謝し、彼にジョージアの詩の本を一冊贈呈する。その本は、パステルナークが翻訳に協力した詩集であり、この贈り物によってパステルナークはその時点でのスターリンとのやり取りを、その一〇年前になされたスターリンとの会話と結びつけている。しかし、パステルナークはこの手紙に意外なふたつの展開を付け加えている。

第一の点は、パステルナークが書いている手紙自体に関係する。パステルナークはまず、お礼の言葉をただちに書き送らなかったことを詫び、それに続けてすぐに、「[スターリンへの]燃えるような感謝の念を自分のうちに隠すことにした」と言う。「どんな仕方にせよ、誰も知らない仕方で、その感謝の念はあなたに伝わると確信していたから」というのだ。したがって、パステルナークはスターリンとのあいだに魔術的な意思の疎通があると想像し続けており、その意思の疎通には、言葉も必要なく、面会の必要もないと想像し続けている。続いて、彼はこの礼状の下書きを書いたが、それを送付しなかったと語っている――「私はまず、私なりの仕方で、すなわち、あちらこちら脱線しながら、饒舌に、また誰もが理解し合えたり分かち合えたりすることとは無関係に、ただただあなたが私を惹きつける何か神秘的なものに従って、書いたのです」。だが、おそらく彼はその下書きを誰かに見せ、その誰かが、その形のまま手紙をスターリンに送るのは止めたほうがいいと言ったのだろう。そしてありきたりの言い回しを用いるのはパステルナークには耐えがたかったので、結局彼は何も送らなかった。ここでわれわれが目にしているのは、彼の非常に複雑な振る舞いである。パステルナークは、ここでスターリンに、自分は彼に言いたかったことを言わないと述べているのだが、同時にその言いたかったことを言ってしまっている。パステルナークを魅了するのは、追従者が異口同音に述べ立てるスターリンの姿ではなく、「何か神秘的なもの」を持ったスターリンである。まるでパステルナークは次のように言いたかったかのようだ――私にはあなたに差し上げようとしているすばらしい贈り物があるが、私はそれが何であるか言えない、それは一種の愛である。

パステルナークがその手紙で見せるふたつ目の展開も――やはり間接的なものだが――同じ主題に関係する。手紙の末尾で、パステルナークはスターリンのもうひとつの好意的な振る舞いについて謝辞を述べている。それは、スターリンがマヤコフスキーのかつての愛人リリア・ブリークの懇願に応えて、マヤコフスキーこそ「ソヴィエト時代の最良の、もっとも才能に溢れた詩人であったし、そうあり続けている」と言明したことである。そのおかげで、パステルナークはもうソヴィエト最良の詩人として振る舞う必要がなくなった――「それまで私は、しっかりした芸術的力量を持っている詩人ではないかと疑われていました。今や、あなたがマヤコフスキーを第一の地位に置いたのですから、この疑いはなくなり、心も軽く、私は以前と同じように、慎ましい沈黙のうちに、驚きと神秘に満たされて生き、仕事を続けられます。この驚きと神秘がなければ、私は人生を愛せないでしょう」。そしてパステルナークはスターリンに、自分にはスターリンについて何か言うべきことがあると告げた後、今や、自分がスターリンについて書くことには、マヤコフスキーが書いたこと（たとえばマヤコフスキーがレーニンについて触れた詩で）、あるいはパステルナークの手でかつて翻訳されたジョージアの詩人たち（スターリ

(38) 以下に引用されている。Benedict Sarnov, *op. cit.*（ベネディクト・サルノフ『スターリンと作家たち』）。

ンへの熱狂的な称賛を書いた詩人たち）が書いたことと違って、驚くべき、神秘的な側面があると付け加えている。

実際には、そこで問題にされている詩はこの時点ですでに書かれていたはずである。しかし、スターリンは（もしテレパシーによるのでなければ）、そのテキストの存在をまだ知ることはできない。パステルナークがどのような状況でその詩を書いたのかは、彼によって、一九五六年二月一七日の日付を付された手書きの覚書に記されている――「それが書かれることを望んだのはブハーリンである。この詩は彼をおおいに喜ばせた」。ブハーリンについて現在われわれが知っているのは、マンデリシュタームの件での好意的な働きかけや、作家会議の際にブハーリンがパステルナークの頭に飾ってくれた桂冠のゆえに、パステルナークがブハーリンに感謝の念を抱いていたことだ。実際、こうした感謝の念が強かったのは、スターリンがマンデリシュタームを容赦してくれたこと、またスターリンがブハーリンの要請を受け入れてそのようにしてくれたこと、そしてそれによって彼の声（ブハーリンの声）がまだ重みを持っているのだと証明してくれたことを、ブハーリン自身がスターリンに感謝していたからだ。ブハーリンは自分の主人を喜ばそうと、自分が編集長を務めていた新聞『イズヴェスチヤ』にパステルナークが書いた詩を掲載する。この詩では、詩人がスターリンと地上を離れた場所で対話を交わしている。だがわれわれは、パステルナーク本人にもスターリンに宛てて、スターリンについて語るメッセージを送り届けたいと願う理由があるのを知っている。「芸術家」と題されたその詩（パステルナークは一九五六年にこの詩に関して、「私はそこでスターリンと私自身について語っていた(39)」と言っている）は、一九三六年一月一日に、新年の贈り物として同紙に掲載されている。

スターリンへの感情をもっとも直接的に表現しようとしたこの詩は、ふたりの人物の並列の上に成立しているが、どうも「芸術家」という呼び名は、ふたりに等しく与えられているもののようだ。ひとり目の人物は詩人自身であり、最初の六連で描き出されている。詩人は自分に不満であり、自分が書いた本について恥じ、自分が何者であるかがわからず、つねに自分と闘っており、また自分がすべての点において「地上の熱源」に依存しているのを知っている。この部分に、詩人とはまったく別種類の「芸術家」について述べる五連が続く。古い石の壁（クレムリンの壁）[40]の背後に身を隠し、そこに住んでいるのは「ひとりの男ではなく／一個の活動である。地球の大きさを持つ行為である。／〔中略〕この人物は、それまでこのうえなく大胆な人々によって夢見られたが、／誰ひとりとしてすすんでそうなりはしなかったものなのだ」。しかし、その巨大さにもかかわらず、彼は人間であり続けた。詩の最終部の二連がふたりの芸術家の関係を描き出す。

この行為の天才によって
もうひとりの芸術家である詩人はすっかり魅了され
行為の天才が有する数々のちょっとした特異性が
詩人をスポンジのように膨らませてしまう。

(39) 以下に引用されている。Olga Ivinskaia, *op. cit.*（オリガ・イヴィンスカヤ『永遠の人質』）p. 86
(40) クレムリンはモスクワ市の中心を流れるモスクワ川沿いに位置する旧ロシア帝国の宮殿で、ソヴィエト時代にはソヴィエト共産党の中枢が置かれた。現在はロシア連邦の大統領府や大統領官邸が置かれている。

この二声のフーガで
詩人が占める位置は極めて小さいが
両極端にあるこのふたつの原理は
互いに混じり合っていると詩人は思っている。[41]

この詩に続いて、第二の詩が掲載されているが、そこではレーニンとスターリンの名があげられ、詩人が指導者たちに感じている感謝の念が述べられる。

パステルナークがここで練り上げているのは、二〇世紀初頭にロシア前衛派の教義が準備していた考えである。芸術家は造物主デミウルゴスであり、その意志の努力によって新しい宇宙を創り出す。[42]別の次元から見るならば、レーニンやスターリンといった政治指導者もまた、デミウルゴスとして、すなわち芸術家として行動している（ただ、彼らの場合、その素材は語や色ではなく、人間存在であり、社会制度である）。芸術家と政治指導者が人間の諸範疇のうちの同じ範疇に属すのはそれゆえである。パステルナークは以前に書いていた。レーニンを通して、歴史の唸り声が聞こえる。スターリンを前にすると、この人物に、より強く捉えられるのを感じる。パステルナークの前にいるのは「行動の天才」であり、その一挙手一投足は「地球の大きさ」を持つ。ナジェージュダ・マンデリシュタームがしっかり理解したように、詩人はスターリンのうちに時と未来の体現を見ている。スターリンが望むことを世界が完成する。そしてパステルナークによれば、詩人の役割とはこの世界の動きを捉え、それを翻訳することである。それだけではない。詩人と政治指導者は互いにたいへん違っているが、それぞれが他方を内側から知っており、彼らふたりで声を合わせて二声のフーガを奏でる。パステルナークの物言いは単に描写的なものではなく、スターリンに宛てられた懇願をも含んでいる。国家指導者は彼自身が意識していない知を持ち合わせており、詩人は国家指導者にそのことに思いを致すよう示唆する。独裁者でもある「こうした芸術家」の手のなかで素材と化した個々の人々の運命に、パステルナークが不安を感じているようには思われない。

後に起きるできごとを先取りすれば、スターリンがたしかに読んでいたはずのこの詩は、スターリンに対する働きかけにおいて、魔法の力を、あるいは呪文の力を実際に発揮したと言える。国家指導者は詩に含まれる教訓を聞き届け、その教訓に合致するよう行動した。この時期に続く、一九三六年から三九年までの恐ろしい歳月〔スターリンによる大粛清の時代〕、パステルナークはまるで自分とスターリンのあいだに秘密の契約が締結されたかのように振る舞い、スターリンのほうはパステルナークに「単なる死すべき人間」を越えた地位を保証する。パステルナークは、彼以外の人間であれば、ただちに殺されることはなくても、逮捕され、強制収容所送りに処されてしまうような振る舞いをあえてするが、一度として彼の自由、彼の諸権利が脅かされることはない。以下がそのいくつかの例である。

この時期、スターリンは、彼のライバルになりかねない政治家たちを次々とまったくのでっち上げ裁判で裁かせる。ソヴィエトのさまざまな集団、さまざまな職業団体は、罪人たちが死刑に処させれるよ

(41) ミシェル・オークテュリエによる翻訳。ロシア語原文は以下にある。SS(『選集』)II, P. 619-620.
(42) デミウルゴスはプラトンの『ティマイオス』に登場する世界の創始者。

う、その願望を表明すべきだとされる。作家たちはやはり今回もまた、この決まりの例外ではない。彼らは、そうした裁判があるたびに、「人民の敵」に対してより厳しい裁きを求める請願書に署名する。署名を拒む者は、犠牲者と同じ運命にみまわれる恐れがある。ところが、パステルナークはそうした動きにはまったく加わらない。一九三六年に裁かれるのはカーメネフとジノヴィエフ[43]である。作家たちによるこのときの署名リストの末尾にパステルナークの署名が見える。だが党の内部文書が示すところでは、パステルナークの署名は彼自身が知らぬ間に付け加えられたもので、パステルナークは自分の名前がリストに加えられたことに公然と抗議した。一九三七年一月、今度はかつての指導者ピャタコフとラデク[44]が裁判にかけられるが、パステルナークの署名はこの際の作家たちの請願書には現れない。パステルナークはこの点について、同僚たちに宛てた書簡で弁明している。同年六月には、数人の高位軍人の処罰がおこなわれ、トゥハチェフスキー、ヤキール[45]がそこに含まれる。ソヴィエト作家同盟の書記からの執拗な要請、未亡人になるのを恐れる妻のジナイーダの懇願にもかかわらず、パステルナークは署名を拒絶する。それなのに、公表された請願書にはパステルナークの署名も添えられる。パステルナークは怒り心頭に発し、今度はスターリンに手紙を書き、そのなかで、自分は当初から署名を拒否していたと述べ、その理由を説明している。この手紙の原本は行方がわからなくなっているが、後にパステルナーク自身が次のようにその内容を要約している。「私が書いたのは、自分はトルストイ的信条がすっかり染みついた家庭に育ったので、母親の乳を吸いながらそうした信条を自分のものにしていたということであり、また、彼〔＝スターリン〕は私の命を好きなようにしていいが、私としては自分以外の人間の生と死について意見表明する権利があるとは考えないということだった[46]」。

もうひとつの類似の例は、作家の仲間内の議論に関係する。一九三六年三月一〇日付の『プラウダ』紙に、後に『巨匠とマルガリータ』を書く作家ミハイル・ブルガーコフ[47]と演劇界を攻撃する記事が掲載される。何人かの熱心な作家が、自身の作家としての務めとして、この記事の主張の線に沿って動こうとする。この同じ日に始まった作家同士の会合では標的として「革命の同伴者」と呼ばれる作家たち（ブルガーコフはそのひとりだった）に狙いをつけて攻撃が開始されるが、今や作家同盟の指導部の一員であるパステルナークは攻撃の対象とされていなかった。それでもパステルナークは翌日に発言し、同志たち、あるいは彼の友人である作家たちを擁護する。また攻撃対象とされた作家たちに向けられた、彼らは「フォルマリスト[48]」だという非難と、彼らは「自然主義者」だという非難は根拠のないものであり、このふたつの非難は互いが互いを打ち消し合うと言い放つ。この発言は驚愕をもって迎えられ（なんで

(43) カーメネフ（一八八三〜一九三六）、ジノヴィエフ（一八八三〜一九三六）はともにロシアの革命家・政治家。両者ともスターリンによる粛清の対象とされ処刑された。
(44) ピャタコフ（一八九〇〜一九三七）、ラデク（一八八五〜一九三九）はともにロシアの革命家・政治家。両者ともスターリンによる政敵粛清の一環である第二回モスクワ裁判に巻き込まれた。ピャタコフは銃殺され、ラデクは強制収容所送りとなった後に、収容所内で他の収監者に殺害された。
(45) トゥハチェフスキー（一八九三〜一九三七）はソヴィエトの軍人で元帥。赤軍の近代化・機械化に貢献し「赤いナポレオン」と称えられるが、スターリンによる赤軍大粛清の犠牲者となる。ヤキール（一八九六〜一九三七）もソヴィエトの軍人で一等軍司令官であったが、スターリンによる赤軍大粛清で処刑される。
(46) 以下に引用されている。Olga Ivinskaïa, *op. cit.*（オリガ・イヴィンスカヤ『永遠の人質』）p. 171.
(47) ミハイル・ブルガーコフ（一八九一〜一九四〇）はウクライナ出身の劇作家・小説家。

また奴は自分の名があげられてさえいないのに、議論に口を挟むのか）、怒りを掻き立て（どうして奴は、明らかに最上層部から発せられた指示に平然と刃向かうのか）、ついには秘密の会合が開かれて、『プラウダ』紙の編集長自らがパステルナークを告発する共同署名文書を作成するまでになった。この文書は通常であれば、パステルナークをただちに逮捕させるはずのものだった。

ところがこの文書が発表されても、何も起きない。国家指導部に属する人々もパステルナーク自身も、彼が迫害されないことの意味はひとつしかないと理解する。パステルナークを迫害してはならないという指示がスターリンから出されているのだ。パステルナークはこれに感激し、主人に対する彼の献身の情はますます強くなる。別の公式行事、青年共産主義者大会の際、パステルナークは壇上にいるスターリンを目にする。パステルナークの友人コルネイ・チュコフスキー[49]はその後に起きたことを物語っている——「パステルナークは私の耳に、ずっとスターリンについて熱狂的な言葉を囁き続けた。私も同様にした。［中略］私はパステルナークと一緒に家に戻ってきた。ふたりとも喜びで大はしゃぎだった[50]」。この興奮の理由は察しがつく。それ以前から、詩人は、自分が逮捕されず、また自分が生きているのはスターリンのおかげであることを理解していたのだ。誤解の余地のないしるしもある。一九三六年の夏、パステルナークは大変な厚遇を受ける。モスクワに小さなマンションを与えられ、さらに特筆すべきことだが、モスクワ郊外にある作家村ペレデルキノ[51]に別荘を与えられるのだ。パステルナークはその死去まで大部分の時間をそこで過ごすだろう。

また別の例を見てみよう。一九三六年六月、アンドレ・ジード[52]がソヴィエト連邦を訪れる。ジードは盛大に歓迎される。彼をアンリ・バルビュスやロマン・ロランのように、共産主義国家の熱心な擁護者にしようという期待の表れであった。だがパステルナークはジードに会い、見かけの陰にあるものを読み解く術を教える。ジードの秘書は後に次のように語っている。「〔ジードが〕言っていたのは、自分の周囲で起きていることにパステルナークが目を開かせてくれたということ、《ポチョムキンの村》(53)や、ジードが直接見せられたコルホーズのモデル農場に幻惑されないようパステルナークが警戒させてくれたということだ(54)」。ジードはパステルナークの言わんとすることをよく理解し、フランスに戻ると、共

(48) フォルマリストとは、一九一〇年代から三〇年代にかけてシクロフスキー(一八九三〜一九八四)やヤコブソン(一八九六〜一九八二)などを中心にして展開された、ロシアフォルマリズムの主張に同調する文学者に対して与えられた呼称。フォルマリズムは文学性を言語の詩的機能や異化作用から特徴づけ、後の構造主義、ニュークリティシズムに影響を与えるが、スターリン体制においては弾圧を受けた。
(49) コルネイ・チュコフスキー(一八八二〜一九六九)はロシアの詩人・小説家・文芸評論家。
(50) Korneï Tchoukovski, *Dnevnik 1930-1969*(コルネイ・チュコフスキー『日記一九三〇〜一九六九』), Moscou, 1994, p. 141. 仏訳 *Journal 1930-1969*, Fayard, 1998 も存在する。
(51) ペレデルキノはモスクワの南西二五キロに位置する別荘村で、ソヴィエト時代、体制に厚遇された作家たちにはこの村に別荘が与えられた。
(52) アンリ・バルビュス(一八七三〜一九三五)はフランスの作家・社会運動家。ロマン・ロラン(一八六六〜一九四四)はフランスの作家。
(53)「ポチョムキンの村」とは実態を糊塗して華やかな見せかけを演出することを意味する。一七六八年から七四年の露土戦争のおりに、現地で指揮に当たっていたポチョムキンが、視察に訪れたロシアの女帝エカチェリーナ二世に見せるために張りぼての美しい村を作って誤魔化したという伝説に基づく表現である。
(54) *SS*(『選集』)IV, p. 888.

産主義体制に対する辛辣な批判である『ソヴィエト連邦からの帰還』を公刊する。パステルナークは公の席で弁明するよう要求されるが、あいまいな言い回しで苦境を誤魔化す。このときの一件も、パステルナークにたいした被害をもたらすことなく終わった。一九三九年にフセヴォロド・メイエルホリドが攻撃を受けた際のパステルナークの関与についても、同様の経過をたどるだろう。この天才的な演出家は革命の大義を擁護していたようだが、その独立不羈の精神は文化官僚たち、政治的迫害をこととする人々の憎しみを掻き立てる。メイエルホリドはスパイ容疑をかけられて同年六月に投獄され、「自白」に署名するまで拷問にかけられたすえ、一九四〇年二月に銃殺される。何年もが経過して、この裁判の見直しの任務を与えられた司法官がパステルナークに教えたのは、裁判書類にはパステルナークの名が、メイエルホリドと同様に銃殺されたボリス・ピリニャーク、イサーク・バーベリのふたりの作家の名前と並んで頻繁に記されていたことである。その司法官は、詩人がこの点についてまったく動揺していなかったのに驚いたと述べている。[55][56]

スターリンは自分がパステルナークに与えていた保護について一言も書き残していない。だが世間の噂では、スターリンはパステルナークについて次のように言っていたらしい。「あの天空の住人には手を出すな」。パステルナークはスターリンに神話的な地位を授けた。これと引き換えに、スターリンはパステルナークに例外的な「通行許可証」を与え、これによってパステルナークは生命を永らえた。パステルナークが用いるこみいった物言い、彼が書いたふたりの芸術家についての詩は、狙った的にみごとに命中し、まさに遠隔対話が実際におこなわれることになったのだ。[57]

抵抗を始める

先に見た通り、パステルナークの問題の詩が『イズヴェスチャ』紙に掲載されるのは一九三六年一月一日である。この直後に、彼の精神のうちに変化が生じる。過去との決裂はただちに全面化するわけではなく、パステルナークはなお、かつての世界観の断片を保持し続け、そうした世界観をなお表現することもままある。だが、大まかに言えば、パステルナークが自分の人生に新たな企図を抱き始めるのは四五歳となったこのときであり、その後彼は、その死去までこの企図に忠実であり続ける。

この企図が最初に記されたのは、ジョージア人の友人ティツィアン・タビッゼ、ニーナ・タビッゼ夫妻(58)に一九三六年四月八日に書いた手紙である。共産主義正統派の擁護者たちがパステルナークに決まり通りの攻撃を加えたところだった。彼らがパステルナークを非難する理由は、詩人が「革命の同伴者」

(55) フセヴォロド・メイエルホリド（一八七四〜一九四〇）はロシアの演出家・俳優。
(56) ボリス・ピリニャーク（一八九四〜一九三八）とイサーク・バーベリ（一八九四〜一九四〇）はともにロシアの小説家。両者とも粛清の対象となり処刑される。
(57) 以下に引用されている。Olga Ivinskaïa, *op. cit.*（オリガ・イヴィンスカヤ『永遠の人質』）p. 171.
(58) ティツィアン・タビッゼ（一八九五〜一九三七）はジョージアの詩人、ニーナ・タヴィッゼはその妻。

に過ぎない作家たちを擁護したことだった。こうした非難は初めてではないが、これまではたとえ多少の痛手を負っても、パステルナークはそんな言いがかりにたいした重要性を認めていなかった。だが、今回は何か壊れたものがある――「ある時期から、私のうちでは、人々とともにする文学生活において、また私個人の生活にとっても、終焉を迎えた何かがある」。彼個人について言えば、彼はそのいくつかの前兆にしばらく前から気づいていた。散文の物語は書き進められず、鬱状態と不眠に苦しみ（「心の病」と彼は言っている）、翻訳をするだけで満足せねばならなくなっていた。同じ年に書いた別の手紙では、一九三五年のこの病の原因を、政治情勢を敏感に意識するようになったためだと説明している。「その情勢とは、あなたのそうした仕事が被らねばならなかったような運命のことだ」[59]と、パステルナークは、出版の差し止めを経験したばかりの従妹に書き送っている。タビッゼ夫妻にパステルナークは、自分の新しい企図について明確には述べていないが、蘊蓄《うんちく》に富んだ示唆を彼らに与えている。――「それは『旗《ズナーミャ》』に掲載された戯言《エルンダー》とはまったく別方向のものだ」。ところでこの「戯言」とは、まさしく一月一日の『イズヴェスチヤ』に掲載された、クレムリンの芸術家スターリンに捧げられた二編の詩に他ならない。

　二〇年後の一九五六年二月、パステルナークは自分の人生を総括しようとして（彼は『ドクトル・ジヴァゴ』[60]を書き終えたところであり、文学的経歴の全過程で書かれた詩の選集を編もうとしていた）、一九三六年の決裂を明瞭な形で記述する覚書を書く。問題の二編の詩について彼は言う――「あの二編の詩は、時代の思想によって生き、時代に声を合わせて生きようとする、真摯な、そしてとりわけ力強い試み（あの時代としては最後の試み）だった。［中略］（私が一九三五年に想像していたように、残酷な時期が終わるのではなく）あの一連の恐ろしい裁判が始まったまさしく一九三六年に、すべてが私のうちで壊れ、時代との一体性は時代への抵抗へと変化した。私はその抵抗を隠しはしなかった」[61]。この貴重な覚書はここで終わってはいない。この覚書については後ほどもう一度話題にしよう。

内心の変化の主要な概念的内容が何であるかを、パステルナークはよく見極めている。一九一七年の革命直後のパステルナークは、自分の時代と声を合わせて生きようと、したがって時代の思想を分かち持とうと心に決める。だが一九三六年初頭に、彼はこの決心が過ちだったことを理解する。革命の名においてなされた数々の不正、さらには数々の罪があまりに大きかったので、パステルナークは、そもそもの自分の前提を疑うようになる。詩人はたしかに自分の時代に耳を傾けねばならない。だが、権力を保持する者たちが彼らの時代の正当な代弁者であると証明するものは何もない。権力を奪取し、それを行使していることは、力の勝利の証であっても、正義の勝利の証とはならない。歴史を自然と混同してはならない。自然はあるひとつの目的を目指して前進するわけではない。自然を前にしたときには、それを理解しようとすべきであって、それを判断しようとすべきではない。他方、歴史のほうは、人間によって、その欲望、思想との関係で方向づけられている。歴史は人間の意志による圧力を被る――そし

(59) オリガ・フレイデンベルグ宛、一九三六年一〇月一日。
(60)『ドクトル・ジヴァゴ』は、ロシア革命前夜から革命後までの激動の時代を舞台にした長編小説。内心の自由を求めて誠実に生きようとする医師ユーリー・ジヴァゴを主人公に、妻のトーニャ、「永遠のロシア」を象徴する女性ラーラとの愛の遍歴が物語の中心をなす。パステルナークはこの小説で、革命や社会主義への幻滅、そして「歴史」と「自然」についての自らの考えを正面から描いた(この作品とその背景をめぐる話は本書第4章一九〇頁以降参照)。
(61) 以下に引用されている。Olga Ivinskaïa, *op. cit.*(オリガ・イヴィンスカヤ『永遠の人質』)p. 111.

て人間の意志は良きものでないこともある。実際に存在しているものが、存在すべきものと混同されてはならない。自分の時代、人間の生活におけるこの時間に耳を傾け続けるということは、その時代に屈することを意味しない。歴史についてのこうした新たな考え方に到達したパステルナークは、自分が生きる社会と声を合わせて生きようと願うのを止める。彼は、社会に屈服しない姿勢を、自分のものとして引き受けさえするようになる。

すでにかなり前から縁《ふち》まで一杯になっていた彼の器の水を溢れさせた最後の一滴は、農業集団化が引き起こした飢饉の発見でも、収監者を死に至らしめる強制収容所送りの発見でもなく、一種の「文化大革命」[62]だった。この「文化大革命」は一九三六年から、正確に言えば、ショスタコーヴィッチ[63]のオペラ『ムツェンスク郡のマクベス夫人』を攻撃する一九三六年一月末に『プラウダ』に掲載された記事から始まる[64]。これに続いて、演劇と文学を標的とする攻撃がまもなく始まる――これが先ほど引いたタビッゼ夫妻宛の手紙が語っていることである。さらにその後、パステルナークの決意を固めさせるできごとが相継ぐ。たとえばブハーリンを待ち受けていた運命である。詩人はスターリンの寵を失ったこのかつての共産党指導者に共感を覚えている。とくにこの指導者が悪者扱いされるようになってからはそうだった。そしてこの共感はおそらく相互的なものだった。一九三六年六月、新聞はブハーリンが主たる起草者だった新たな憲法案〔同年一二月にスターリンによって提出され成立。いわゆるスターリン憲法〕を掲載する。パステルナークは『イズヴェスチャ』でこの案を称賛する。ところが、一九三七年、ブハーリンは『イズヴェスチャ』編集長の地位を追われた。これは彼に対する最終的な断罪の予兆だった。パステルナークはブハーリンに手紙を書く。「世界のいかなる力といえども、あなたが裏切ったなどと私に信じさせることはできません[65]」。ブハーリンの運命はもはや定まっている。一九三七年に逮捕された彼は、牢獄からスターリンに宛てて書いた、服従と称賛の念に満ちた悲劇的な手紙にもかかわらず、一年後に死刑を言い渡され、その直後に処刑される。

状況はパステルナークの友人であるジョージアの詩人たち、パオロ・ヤシュヴィリとティツィアン・タビッゼについてもほぼ同様である。ふたりは一九三七年の迫害の被害者となる。逮捕を恐れヤシュヴィリは自殺する。タビッゼは政治警察の留置所に消え、まもなくそこで殺される。タビッゼの妻ニーナがそれを知るのは二〇年後である。一九四四年、パルテルナークは友人の妻に、友人の行方不明によって「現実がまったく新しい光のもとに現れた」と書き送っている——「私はより冷淡に、より男性的に、より几帳面になった。［中略］友をこうして失ったのを認識して、たぶん、私は精神的に少しだけ成長した。私は寡黙に、行動的に、一種の《慈善修道士》のような者になった[67]。同じ一九三七年には、自分が住む作家村ペレデルキノにおける隣人であり友人である作家ボリス・ピリニャークが逮捕されるの

(62)「文化大革命」とは中華人民共和国で一九六六年から七六年まで行われた封建的文化、資本主義文化を批判し、新しい社会主義文化を創生しようというスローガンのもとおこなわれた運動。実際は毛沢東（本書第5章注29参照）が政敵を民衆に攻撃させ失権に追い込むための権力闘争であり、国内に大きな混乱を招いた。
(63)ショスタコーヴィッチ（一九〇六〜七五）はソヴィエト時代のロシアの作曲家。
(64)『ムツェンスク郡のマクベス夫人』は平明さを欠く、わかりにくい、卑猥な音楽だとされ、社会主義リアリズムに反するブルジョワ・形式主義的音楽だとして批判された。
(65)*EA*（パステルナーク『自伝』）p. 1208.
(66)パオロ・ヤシュヴィリ（一八九四〜一九三七）はジョージアの詩人。
(67)ニーナ・タビッゼ宛、一九四四年三月三〇日。

を力なく眺めているしかない。

パステルナークの内心の現実を変えるもうひとつの悲劇的運命はマリーナ・ツヴェターエワのそれである。先に見たように、祖国へ帰るという彼女の計画について、しっかりとした警告をパステルナークは彼女に与えなかった。その四年後〔一九三九年〕、すでに夫と娘がロシアに帰国しているときに、周囲の状況に押されて、ツヴェターエワも嫌々ながら帰国に同意する。彼女が帰国して数ヵ月後、娘アーリャは逮捕され、フランスのためにスパイを働いたとして罪を「自白」するまで拷問を受け、この自白がもとで夫セルゲイ・エフロンも逮捕される。パステルナークは翻訳の仕事を世話して、ツヴェターエワが生き延びるのを助ける。だが、まもなく、パステルナークは彼女がみじめな生活を余儀なくされているのを知っていながら、彼女の行方を見失ってしまう。「彼女が戻ってくるのを止めなかったことを、私は後悔している」とパステルナークは近しい者たちに言っている。第二次大戦が勃発し、ツヴェターエワは一五歳の息子を連れてモスクワを逃げ出し、ウラル山脈のタタール人の村にたどり着くが、絶望して自分の生命をそこで絶つ。ツヴェターエワもまた体制の犠牲者であったと考えていたパステルナークは、彼女をしっかり守れなかったのを自責する。「一緒に生活しているあいだずっと、私はしょっちゅうボリス・レオニードヴィッチ〔=パステルナーク〕が、マリーナの帰国に自分はひどく責任を感じていると語っているのを聞いた[68]」と、愛人オリガ・イヴィンスカヤは回想録に記している。

外国にいる両親に宛てた数通の手紙でパステルナークは仄めかしを用いながら、「〔ソヴィエトの現実を思うと〕自分の髪は恐怖で逆立つ」こと、また「両親はソヴィエトで暮らしていないから、〔あるいは〕私が身体的に決まり文句には我慢できない〔性格だから、私に〕いささかの誤解を抱いたのだ」ということを彼らに理解させようとしている(69)。作家アレクセイ・トルストイ(70)（オシップ・マンデリシュタームに平手打ちされた例の作家である）や映画作家セルゲイ・エイゼンシュタイン(71)がおこなう専制君主ピョートル大帝(72)やイヴァン雷帝への称賛は、パステルナークを怒り狂わせる。この連中は、こうした専制君主たちの事績と、スターリンがおこなった恐怖政治を、お追従を言わんばかりの愛国的言辞を用いながら比較するのだ。「雰囲気はまたもや非常に重苦しくなった。われわれの庇護者はこれまで人々があまりに情緒的だったという印象、今やそうした事態を正すために行動すべきときだという印象を抱いているようだ(73)」。庇護者スターリンの像はパステルナークの精神のうちで姿を変える。一九四三年に出版された詩集『早朝の列車にて』は、「芸術家」スターリンを称えていた詩を再録しているが、「行為における芸術家」として指導者を描き出していた連は削除されている。出席せざるをえない公の会議では、

(68) Olga Ivinskaïa, *op. cit.*（オリガ・イヴィンスカヤ『永遠の人質』）p. 199.
(69) 父レオニード・パステルナーク（一八六二～一九四五）と母ロザリア・パステルナーク（一八六七～一九三九）宛、一九三六年一一月二四日および一九三七年二月一二日。
(70) アレクセイ・トルストイ（一八八三～一九四五）はロシアの小説家。スターリンをピョートル大帝に重ね合わせた『ピョートル一世』が作品としてある。
(71) セルゲイ・エイゼンシュタイン（一八九八～一九四八）はロシアの映画監督。もっとも知られた作品は『戦艦ポチョムキン』だが、三部作『イヴァン雷帝』を構想するものの、第一部、第二部のみが撮影され、第三部は制作されていない。
(72) ピョートル大帝（一六七二～一七二五）はモスクワ・ロシアのツァーリ（在位一六八二～一七二五）、初代のロシア皇帝（在位一七二一～二五）。
(73) オリガ・フレイデンベルグ宛、一九四一年二月四日。

パステルナークはもはや必要最小限のことしかしようとしない。

新しい創作の計画がパステルナークの精神のうちでゆっくり熟してくる。遅くとも一九三三年以後には、ときおりだが、この計画について漏らすことがあった。それは散文作品であり、ディケンズ流のリアリズム小説であり、革命前、革命中、革命後のひとりの男の運命を語るものである。一九三八年から三九年にかけて、その作品の抜粋がいくつか発表される。『ドクトル・ジヴァゴ』の第一稿である。「パトリックの書いたもの」と題されたその原稿は大戦中に行方不明になってしまった。パステルナークが被った変化は二重のものである。ひとつは、パステルナークと革命の関係、パステルナークと革命後の政治体制の関係に関わるものであり、もうひとつは、彼が生み出そうと望む作品の形式に関わるものである。パステルナークは若いころの、象徴主義や未来主義に影響を受けた凝った文体を嫌うようになり、初期の詩編を再刊するたびに、より意味が明瞭になるように直していく。テキストの文体と構成において何としても革新を求めようとする過去の姿勢はパステルナークに嫌悪感を催させる。そうした姿勢は革命精神につきものの、何が何でも変化を求めようとする性質を帯びているからだ。本質的に叙情的主人公の独白という性質を持つ詩自体も、相互に対話の関係に入る複数の視点を表現するのにより適した物語的散文に、席を譲らねばならない。

同時にパステルナークは、共産党がソヴィエトの作家に要求するように、民衆の運命についての本を書きたいと思っている――ただし、パステルナークは、御用作家たちに民衆の現実の生活が描けるとは思っていない。リアリズム的手法で書くことはパステルナークにとっては大胆な振る舞いだと思われる。それは押しつけられた教義に反することになるからだ。こうした手法で書かれる作品が、社会主義リアリズムに基づく作品群と似通うことはありえない。パステルナークは友人ニコライ・ティホノフに書き送っている。「今ではあらゆることが政治的美辞麗句、国家についての長談義、社会的偽善、公民的偽善行為で飾り立てられている。だが書物というものは、現実的で行動的な政治的思考によってこそ生命力を持つのだ(75)」。ここに見られるのは驚くべき反転である。正統派の批評に反して、パステルナークは書物に、政治的であり、リアリズム的であることを要求しているのだ。

明らかに、こうした選択には危険が伴う。だがそうした危険は作家の運命の一部なのだと、パステルナークはすでに一九三六年に公の集会の席上で言っていた――「危険を伴わず、内的犠牲を伴わない芸術などというものは考えられない。想像力の自由、想像力の大胆さは、実作をおこないながら獲得されるのだ」。この教訓を自分自身に適用すべきときがやってきている。自分の身振りが呼び寄せる結果についで引き受ける覚悟が必要である。パステルナークはある友人に書き送っている。「検閲を恐れるあまり、時の経過についてはそれが歴史だからという理由で何も意味あることが言えず、また人々の性格についてはそれが社会学だからという理由で何も意味あることが言えず、自然についてはそれが世界観だからという理由で何も意味あることが言えないとしたら、何も言わないか、そうした事態からの出口を創り出したほうがいい(76)」。ほぼ一九五六年まで、パステルナークは、何も言わないという方針を受け

---

(74) 社会主義リアリズムはソヴィエト連邦を始めとする社会主義諸国で公式のものとされた美術・音楽・文学などの表現方法で、社会主義を称賛し、革命が勝利に向かいつつある現状を平易に示し、人民に革命意識を植え付けることを目的とする。

(75) ニコライ・ティホノフ宛、一九三七年七月二日。ティホノフ(一八九六～一九七九)はソヴィエトの詩人・作家。

入れ、世界中の古典の翻訳に勤しむことで満足していた。そして一九五六年に彼はひとつの出口を創り出す。自分の本を国外で出版させようというのだ。

ここで一九三〇年代に話を戻してみよう。こうした不確かな文学的計画以外のことでは、パステルナークは自分が敵の攻撃から脅かされることはあまりないと感じており、迫害されている人物とともに公の場所に姿を現すこともためらわないし、むしろ彼らを援助するために自分の影響力を用いようともする。演出家メイエルホリドはしばらく前からすでに、「フォルマリスト」「近代主義者」さらには「頽廃派」として、検閲官たちから狙いを定められていた。パステルナークはメイエルホリド、そしてその妻で女優のジナイーダ・ライヒとよい関係にある。パステルナークはメイエルホリドが自分より「左翼的」だ（自分より共産主義のイデオロギーに近い）と思っているが、それでもその仕事に称賛の念を覚えている。一九二九年にパステルナークはメイエルホリド夫妻に一編の詩を捧げる。一九三八年、メイエルホリドの劇場は閉鎖される。それでもパステルナークは相変わらずメイエルホリドと付き合い続けるのみならず、メイエルホリドが未来に計画している上演のために、『ハムレット』の翻訳の注文さえ引き受け、張り切って仕事に取りかかっている。

オシップ・マンデリシュタームが一九三八年一二月にシベリアの強制収容所で亡くなる〔本章注3参照〕。パステルナークだけが大胆にも未亡人ナジェージュダを訪問する。一九四〇年には、文化官僚たちが好んで標的としたもうひとりの人物、ミハイル・ブルガーコフが病死する。パステルナークは彼に賛辞を送る葬儀参会者のうちにいる。同じ年の六月、ティツィアン・タビッゼの未亡人ニーナが、夫はまだ生きていると思いこんで、夫を救う運動をするためにモスクワにやってくる。パステルナークはスターリンと抑圧の新たな指導者であるベリヤ[77]に手紙を書き、タビッゼへの恩赦を求める。党の指導者たちから見るとアンナ・アフマトーヴァもまた異分子のひとりだが、彼女を救うための働きかけもパステルナークは欠かさない。先に見たように、一九三五年にパステルナークはアフマトーヴァの家族の釈放を助け、一九四三年にはアフマトーヴァの詩を擁護する論説を書いている。パステルナークのこうした行動は、彼にとってたやすいものではなかった。彼の新しい妻ジナイーダは体制とのあいだに厄介事をかかえているこうした人々に対して、徹底的に反感を抱いているからである――パステルナークは除け者にされた人々を妻に隠れて援助せねばならない。

一九四一年六月、ドイツ軍がソヴィエト連邦を侵略する。パステルナークもロシアの民衆と共通の労苦を強いられる。この年の最後の数ヵ月間、ドイツ軍がモスクワに近づいている時期に、パステルナークはモスクワの対空防衛に動員されている。家族は、他の作家たちの家族とともにチーストポリ[78]に疎開する。パステルナーク自身はチーストポリとモスクワとのあいだを行き来して、その双方に代わる代わる滞在する。一九四三年には「作家旅団」の一員として前線に赴く。彼にとっても、また共産主義独裁に苦しむ他の人々にとっても、戦争の日々は新たな欠乏をもたらすが、同時に、逆説的な慰めをも与える。誰にとっても、共産主義よりも差し迫った、さらに巨大な、ナチス国家という共通の敵がいること

(76) *EA*（パステルナーク『自伝』）p. 222；S・スパスキ宛、一九四一年五月九日。
(77) ベリヤ（一八九九～一九五三）はソヴィエト連邦の政治家でスターリンによる大粛清の執行者であったが、スターリンの死後失脚し処刑される。
(78) チーストポリはロシア連邦の現タタールスタン共和国の都市で、首都カザンから南東へ一四〇キロに位置する。

になったからだ。ワシーリー・グロスマン[79]がその最初の長編小説に与えた題名の表現を借りれば、誰もが「正しい大義のために闘っている」という感情を抱く。先に取り上げた一九五六年二月の覚書で、パステルナークは当時の感情をより詳しく述べている――「戦争の悲劇的で辛かった時期、それはまた《生き生きとした》時期でもあり、その観点からすると、あらゆる人々とともに生きているという感情への、自由で喜びに満ちた復帰の時期だった[80]」。

しかし、戦争がまだ終結しないうちにパステルナークの期待は裏切られる。同国人の心から盲目、恐怖、偽善が消えていないのに彼は気づく。「疑わしい」人々の逮捕も依然として続いている。変化への期待を抱いた数ヵ月後に、パステルナークは前妻エヴゲーニアに書き送る――「同志たちについて言えば、私は彼らについて幻想を抱いていた。変化が起きるだろうと私には思われたし、もっと力強い、もっと実効性のある音が響くだろうと私には思われた。だが同志たちはそうしたことは何もしなかった。何もかもが以前のままだ。行為にも、思考にも、生活にも、裏表があるばかりだ」。一ヵ月後、パステルナークはモスクワからなおも書き送る――「もっと若かったなら、私は首を吊ってしまうだろう。［中略］決して何も変わらない、そんなことなどありえるだろうか」。次の夏になっても彼の判断は変わらない――「権力を握っている人々や裕福な同志たちが作り出している時代と私とのあいだにある深淵はあまりに大きい。［中略］今は戦争だから、などと私に言わないで欲しい。根本的な変化が必要なのはまさしく戦争のゆえなのだ」。一年後、赤軍の勝利がほぼ確実と思われる時期になっても、パステルナークは自分の失望を伝える――「私が不幸なのは、人生の外面的な困難さゆえではない。文学者である私には、言うべきことがあり、私独自の考えがあるのに、われわれの国には文学が存在しないからだ。

事態が変わらない限り、文学は未来にも存在しないだろうし、存在できるはずもない。〔中略〕状況が変化して、少しはより自由だと感じられるようになるかと思っていたが、状況は変わらない(81)」。

だがこの同じ歳月、パステルナークは新たな喜びを発見する。そしてこちらの喜びは、政治的状況に直接影響されるところがずっと少ない。彼が経験したのは精神的な再生である。一九三九年五月年以来、パステルナークはペレデルキノの新しい別荘に住んでいる。そこで送っている生活が彼を幸せにしてくれる。人生を通じて、パステルナークは自然、水、木々との接触に心を動かされた。革命に伴う内戦の時期からすでに、彼は土仕事に勤しむ喜びを発見していた。パステルナークはなるべくモスクワには戻らない。ペレデルキノでの生活は彼に自分自身を取り戻させてくれる。パステルナークは野菜を植え、地の恵みを収穫する。冬も、彼はこの田舎に、まだ幼い二番目の息子と一緒にとどまる。「大気は凍りついていても、身体を温める薪があれば、森で過ごす冬の生活はなんと言いがたい喜びだろう。〔中略〕そしてお伽噺じみた要素は、瞑想のなかだけでなく、仕事をしながら注意深く暮らす日常生活のさりげない細部のなかにあるのだ。〔中略〕すべてが呼吸をし、芳香を放っている(82)。すべてが生き生きとし、また死んでいくこともある。〔中略〕ああ、人生にはまだ味わいが残っている」。世界を前にしたこの喜

(79) ワシーリー・グロスマン（一九〇五〜六四）はウクライナ生まれのロシアの小説家（本書第4章一八六頁参照）。
(80) Olga Ivinskaïa, *op. cit.*（オリガ・イヴィンスカヤ『永遠の人質』）p. 111.
(81) エヴゲーニア・パステルナーク宛、一九四二年九月一六日、一〇月二五日および一九四三年六月九日。オリガ・フレイデンベルグ宛、一九四四年七月三日。
(82) オリガ・フレイデンベルグ宛、一九四〇年一一月一五日。

びは、生きているという感情に由来するものであり、パステルナークが抱いている政治的には悲観に満ちた展望の傍らで、あるいはそれとは無関係に、彼に宇宙論的楽観論を吹き込む。そしてそのような感情は、たとえばイギリス人たちがヒトラーの部隊に対して示す抵抗を見るといっそう強められる…。

ロシア領土に達する戦争はこうした感情を弱めるどころか、その感情に、より純粋な意味を与える。戦争は、最悪の試練のただなかにあって、このうえなく不快な状況においても、パステルナークに単に生きているという事実、したがって宇宙の秩序に属しているという事実のうちに内的歓喜を感じさせてくれる。パステルナークはゲーテが[83]「存在を前にした喜び」と呼んだものを感じている。宇宙の法則は「滅びよ、そして生成せよ」というものであって、「存在のうちにとどまりたいのであれば、すべては滅ばねばならない[84]」のだ。そういう意識が、この喜びには伴っている。戦争中、疎開先で物資の欠乏と不便な生活を強いられている時期、パステルナークは弟に、物資の欠乏も肉体労働も決して自分の幸福感を損ないはしないと書き送る――「それが私の一日を暗くしたことも、私が次のような希望を持って朝目覚めるための妨げになることもなかった。今日はこれこれのことをしなくちゃいけない。そして私は、神は私から努力を完全なものにする能力を奪ってはいないし、私に完成というものの意味を教えてくれたという感謝に溢れた意識を持っている」。これに続く歳月にも、パステルナークはやはりこうした喜びを抱き続け、チーストポリから書き送った従妹宛の手紙では次のように述べている。「私は、この獣の巣を思わせる穴倉のような田舎にたいへん愛着を覚えている。ここで私は嫌がりもせずにトイレの掃除をするし、狼や熊の住処のすぐ近く、あるいはそれと変わらない場所で、野生児たちのただなかで生きていた[85]」。

魂の絶えることのない祝祭

大戦直後、パステルナークは苦い思いで確認せねばならなかった。先にも見た一九五六年の覚書で彼が思い出しているのは、ドイツ軍との戦闘中に芽生えた変化への希望は空しくも壊れたということである――「勝利は大きな犠牲を伴ったものの、われわれに勝利を与えた運命や歴史的諸要素が寛大な姿を見せてくれた。ところがその後は、われわれは再び大戦前のこのうえなく愚かしく、このうえなく暗い歳月の、残酷さと偽善に立ち戻った。私はまたもや、最初のとき（一九三六年）よりなお強く、いっそう有無を言わせぬ仕方で自分が押さえつけられていると感じた」。だが、今回、パステルナークは反撃する。彼は、もはや自分を既成秩序に合わせようとはしない。パステルナークのこの姿勢は先立つ三〇年代の一〇年間とは対照的である。これより何年も後にパステルナークは友人の哲学者ヴァレンティ

（83）ゲーテ（一七四九～一八三二）はドイツの詩人・小説家・劇作家。

（84）ツヴェタン・トドロフの以下に基づく。Tzvetan Todorov, *La signature humaine*（トドロフ『人間の署名』), Seuil, 2009, p. 428-435 ; SS（『選集』）IV, p. 667（一九五六年のテキスト）も参照。

（85）アレクサンドル・パステルナーク宛、一九四二年三月二二日。オリガ・フレイデンベルグ宛、一九四三年一一月五日。アレクサンドル・パステルナーク（一八九三～一九八二）はパステルナークの弟、技師・建築家。

ン・アスムス[86]に書き送っている――「以前私はもてはやされ、私のどんなつまらない発言も公刊され、外国に派遣されもした――しかし私は癒やしがたいほどに不幸せだった。私が不幸せだったのは、円積問題のような解決しがたい問題のゆえだった」。パステルナークは自分自身に忠実であろうとしていたと同時に、世界の栄光を称えようともしていたのだ。「これは解決しがたい課題だった。［中略］私は狂人のようになり、死にかけていた」。彼は続けている。「今では私は病人であり、誰も私を称えようなどとはしない。だが私は幸せであり、自由だ。私は誰にも必要とされていないが、私と不可分の小説を書いている[87]」。以前のパステルナークは、互いに折り合わせることの不可能なふたつの要請と向き合い、そこから結果する行き詰まりのうちに閉じこもっていた。そしてそのことが心身耗弱を招いた。しかしその後、自分の著作を周囲に受け入れさせることなど気にせず、自分にとって真実と思えることだけで著作を書こうと決心してからは、彼は自身とのあいだに摩擦を感じることはなく、幸せである。パステルナークがこうした決心をしたのは大戦中である――「何か自分のなかの何ごとかを表に出すのを諦めねばならない。もしそれがまがいものでない何ごとかであるならば。こうすれば、私は自分をより自由にできる[88]」。

一九四五年一二月、ジョージアへの旅から戻ったパステルナークは、今や行動を始めるときだと心に決める。「これを限りに、私は生まれて初めて、何か真実のものを書きたいと思う」。「生まれて初めて」とは真実の作品を書きたいという意図を持つことだけに関わるのではない。それ以外の要請はどんなものであれ考慮に入れるのを拒否しようと決めたのも「生まれて初めて」なのである。数日後、パステルナークは自分の考えを明瞭に述べる。「私は大規模な散文作品を書き始めた。この作品には私の人生を覆した本質的なことがらを書き入れたい」[89]。書かれるものが真実であるだけでは足りない。それはなお本質に触れるものでなければならない。すなわち、パステルナークと彼の世代の人生を決定したものに触れるものでなければならない。革命であり、革命の諸前提であり、革命がもたらした結果の数々である。同じ時期、パステルナークはナジェージュダ・マンデリシュタームに書き送っている。「私はブロークの時代から現在の戦争に至るわれわれの人生全体を主題とする散文作品を書きたい」[90]。この数ヵ月後、パステルナークは自らの決意を以下のように正当化する。「私はもう年老いた。まもなく死ぬだろう。自分が本当に考えたあれこれについて自由に表現するのを際限もなく先送りにするわけにはいかない。今年する仕事は、私のこの方向へ向けての第一歩だ」。こうした姿勢の本質的新しさは「自由に表現する」という言い回しのなかにある。パステルナークは屈服しないことを選択したのだ。彼は妥協することなく、検閲など考慮に入れず、言い換えれば自分の著作が決して出版されないということを受け入れて書くだろう。一九三五年には、自分自身に対して忠実でありつつ、党からの公の諸要請にも自らを合わせようとする試みが、パステルナークを精神疾患の縁まで追い詰めた。今や、自分の仕事を中途で放棄しようと考えることが、同じ効果を持っている。「私は二、三日で気がおかしくなってしまうだろう」[91]。

(86) ヴァレンティン・アスムス（一八九四～一九七五）はロシアの哲学者。
(87) Olga Ivinskaïa, *op. cit.*（オリガ・イヴィンスカヤ『永遠の人質』）p. 111；アスムス宛、一九五三年三月三日。
(88) エヴゲーニア・パステルナーク宛、一九四二年三月一二日。
(89) オリガ・フレイデンベルグ宛、一九四五年一二月二三日および一九四六年二月一日。
(90) ブローク（一八八〇～一九二一）はロシアの抒情詩人。

パステルナークがこの本を書くのは、自分自身に対して完全に正直であるためだけではない。共産主義体制から直接・間接に与えられた打撃によって倒れた人々に対する、生き残った人間の義務を果たすためでもある。それはタビッゼ、ピリニャーク、メイエルホリドのように警察の留置所で殺された人々であり、マンデリシュタームのように強制収容所で亡くなった人々であり、あるいはパステルナークの父親である画家レオニード・パステルナークのような人々である。レオニードは革命と亡命のせいで、当然受けてもよいはずの評価を受けられなかった。パステルナークの思いをもっとも強く捉えているのはマリーナ・ツヴェターエワである。ツヴェターエワはスターリンとヒトラーというふたりの専制君主の行為の結果、自殺に追いやられた。パステルナークがとりわけツヴェターエワの運命に心を動かされるのは、彼女をその世代の最良の詩人と見なしているからであると同時に、自分にはツヴェターエワが祖国に戻ったことに責任があると感じているからであり、当時強制収容所送りになっていたマリーナの娘アーリャと一九四八年以来接触を持ち始めたからである。こうした理由に、もうひとつある特定のできごとに関係した罪悪感が加わる。パステルナークは自分がツヴェターエワから受け取った書簡を紛失してしまっていた。ツヴェターエワの書簡は、パステルナークが「彼女の人生でもっとも重要な作品」と見なしているものなのである。この女性の人生はパステルナークの心を揺さぶった。彼は結論する。「しばしば、私の傍らで見られた人生は、許しがたいほどに、また衝撃を与えるほどに暗く、不正なものだった。そのことが私を一種の復讐者に、人生の名誉の擁護者にした。〔中略〕だがそれで私に何ができるだろう。そうだ。私にできるのはこの小説を書くことだ。これは私が負っている負債の一部を返すためのものなのだ[92]」。一九四三年にツヴェターエワの思い出に捧げた詩で、パステルナークは自分が彼女に捧げなければならない鎮魂歌について語っている。一九二六年四月一八日にツヴェターエワが送った予言的な手紙では、彼女はパステルナークに、自分の思い出のために鎮魂歌ではなく賛歌を書いてくれるよう頼んでいる。実際、小説『ドクトル・ジヴァゴ』は、ツヴェターエワからのこの要請に応えるものとして読める。

もはや両立しがたい要請相互の辻褄合わせなどせず、出版されるか否かなど気にせずに自分の本を書き上げようと決心すると、パステルナークはほとんど至福と言っていい状態に達し、この状態は一九四五年末から一九五五年末まで一〇年間続く。自分の周囲に見られる生活に変化は見られないが、自分という人間と彼が自分の人生の方針として採用した重要な諸原理の完全な適合によって、パステルナークは人生を肯《うべな》うことができた。「自分の内面について言えば、私は非常に気持ちよく感じている」と、誰よりも気持ちよく感じている」とパステルナークは従妹に書き送る。そして数ヵ月後にも手紙の調子は変わらない。「私は幸福感を完全に取り戻し、幸福感が私に大きな自信を与えてくれる。この一年私を満たしたのは幸福感と自信だ(93)」。彼の周囲では、身近な人々が不幸に沈んでいる。パステルナークは彼らの苦しみを分かち持つのではなく、人生を称えることによって、彼らを助ける。「私は人生とのあ

(91) ナジェージュダ・マンデリシュターム宛、一九四六年一月二六日。オリガ・フレイデンベルグ宛、一九四六年一〇月五日。ニーナ・タビッゼ宛、一九四八年一一月二五日。

(92) 以下に引かれている。Varlam Chalamov, *op. cit.*（ヴァルラーム・シャラーモフ『ボリス・パステルナークとの書簡及び回想』）p. 176；オリガ・フレイデンベルグ宛、一九四八年一一月三〇日。

(93) オリガ・フレイデンベルグ宛、一九四六年五月三一日および一九四六年一〇月五日。

いだで、率直で広大な自由の関係を持てた。だから、気が違ったほどに、信じられないほどに幸福だ」(94)。この感情は、エティ・ヒレスムが感じていたものに似通っているが、パステルナークにとっては新鮮な感情であり、これより以前にこうした感情を持てなかったのを彼は残念に思っている。

この経験で印象深いのは、以前であれば彼を意気阻喪に沈めるのに十分だっただろうできごとが、今では彼の内的自由の、そして幸福の感情をいささかも損なわないことである。一九四九年一〇月、パステルナークが恋していた女性オリガ・イヴィンスカヤが逮捕される。理由は「スパイ容疑が疑われる人物たち」と親密な関係を持っていることだった──この弾劾が馬鹿げているのは、問題になっている人物とはパステルナークそのひとであり、彼が自由の身である以上、そうした疑いには根拠がなかったからだ。その数週間後、パステルナークは記している。「まさしく今このとき、私は大きな悲しみの種を抱えている。それは毎日私を打ちのめしにやってくる。だが、私の幸福と私の仕事の運命は、この悲しみの種との日々の闘いのうちにある」。自分以外の人々の不幸を勇敢に堪え忍ぶだけではない。彼は自分の不幸をも勇敢に堪え忍ぶ。一九五二年一〇月、パステルナークは心筋梗塞を起こす。病院に運ばれるが病室は満室で、パステルナークはその夜を廊下で過ごす。だが彼の感情は変わらない。「失神と次の失神とのあいだ、そして吐き気を感じ吐いてしまうときと次に吐き気を感じ吐いてしまうときとのあいだ、私はなんと平穏な気持ちでおり、なんと幸福感に満たされていたことだろう」。自分の末期のときがやってきたと思いこみ、パステルナークは内心で神にこう語りかける。「『私はあなたに感謝いたします。このようにあらゆるものに濃密な色を与えてくださったこと、生と死をそのあるがままの姿にしてくださったこと、あなたの言葉が荘厳であり音楽であること、私を芸術家にしてくださったこと、芸術があなたの学校であること、人生を通じて私をこの夜に備えさせてくださったこと、こうしたすべてについてあなたに感謝いたします』。そして私は喜びに震え、喜びに泣いた」。パステルナークは後にこのときの経験を「病院で」と題する詩に描き出すだろう。また別の機会に、彼はこうも言う。「あらゆるものは良きものである。悲しいことでさえも(95)」。

このように人生を全面的に受け入れたことで、パステルナークはありきたりの攻撃にはびくともしなくなる。否定的なことがやってきても、それに免疫ができているように感じ、他人の意見やからかいで傷つくこともなくなったと感じている。同時に、人生のこうした全面的肯定は、彼が筆を進めるための必要条件でもある。作品を書くことと人生を生きることが、互いが互いを養い、互いが互いを強める。ときとして、このふたつのことは混じり合いさえする。小説『ドクトル・ジヴァゴ』を書き上げたとき（一九五六年）、パステルナークは次のような結論を述べさえする。「その濃密さ、明晰さ、そして自分が好きな仕事に没頭することによって、ここ数年の人生は私にとって、ほとんど絶えることのない魂の祝祭だった。私は満足したどころではない。私はこの人生を生きて幸福である(96)」。

この間も文学生活は続いている。一九四六年にはソヴィエトの第二次(97)「文化大革命」が始まる。それは党の教義への屈服が不十分な作家たち、芸術家たちに対するジダーノフの攻撃である。まず対象とさ

---

(94) オリガ・フレイデンベルグ宛、一九四八年六月二九日。

(95) オリガ・アレクサンドローヴァ宛、一九四九年一一月二〇日。ニーナ・タビッゼ宛、一九五三年一月一七日。オリガ・フレイデンベルグ宛、一九五四年七月三一日。

(96) N・スミルノフ宛、一九五五年四月二日。

れたのはアンナ・アフマトーヴァでありミハイル・ゾーシチェンコ(98)であるが、パステルナークも忘れられてはいない。彼の詩は非政治的であり、したがって、無用のものだとされる。しかし、この時期、パステルナークが優れて政治的な小説の計画を練っていたこと、すでにその小説を何ページも書き進めていたこと、そしてこうした非難に反応するかのように、書かれたページの朗読会（たしかに私的な朗読会ではあるが、複数の人間を集めた朗読会）を開いていたことは知られていない。そうした朗読会を開くことは、「屈服しない」ということを宣言するに等しかった（パステルナークに対する攻撃がなされたのは一九四六年九月七日であり、朗読会が開かれたのは二日後の九月九日である）。公式の方針に従おうという精神はパステルナークにはまったく無縁になったので、そうした精神に衝き動かされた攻撃は彼に行動を控えさせるより、むしろ彼を刺激する結果になったのだ。パステルナークはそうした攻撃をなおいくつか受ける。一九四七年三月、作家同盟の書記がパステルナークに対する威嚇的な記事を新聞に書き、彼を革命に敵対的な著者として紹介する。これはほとんど、彼を人民の敵と言うに等しい。一九四八年四月には、自作詩集が出版されないという知らせを彼は受け取る。一九四九年二月、新聞はまたもや、パステルナークにはソ連を称える熱意が欠けているという記事で攻撃する。パステルナークの存在自体が、作家仲間にとっては苛立ちの種である。しかしまた、パステルナークのような作家の存在は、たとえソヴィエト社会がどのようなものであれ、その社会のなかで日々背骨を屈していなくても生活できることを意味する。どんなに攻撃を受けてもパステルナークの身は脅かされない。逮捕もされず、翻訳の仕事も奪われない。翻訳の仕事によって、彼は比較的安楽な生活を送ることもできる。だが、パステルナーク自身、翻訳仕事に時間を奪われ、小説を書く時間がなくなるのを残念がっている。だが、彼が政治的妥協をせずに済むのは、その仕事で十分稼げるからである。

こうしたことを除けば、公人としての彼の生活は寂しいものである。作品を書いても出版できない。それでも書くことにしたパステルナークは、体制に受け入れられた作家たちの世界からしだいに遠ざかる。何度か公開の詩の朗読会を催し、それは人々の関心を引いたが、（人々の関心を引いたため）すぐに中断される。パステルナークは、近しい人々の前で小説の抜粋を読んだり、その断片を彼らに渡したりするだけで満足する。作品への反応を知ることができるからだ。これとは対照的に、彼の私生活は波乱に富んでいる。パステルナークがオリガ・イヴィンスカヤに出会ったのは一九四六年一〇月である。翌四七年四月にはふたりは愛人関係となるが、パステルナークは次男の母であるふたり目の妻ジナイーダと別れるつもりはない。一九四九年に逮捕されたイヴィンスカヤは牢獄で流産し、五年の強制収容所送りになる。彼女が強制収容所に入れられているあいだ、パステルナークは彼女のモスクワにいる家族を養う。スターリンの死後、一九五三年にイヴィンスカヤは釈放され、パステルナークとの関係が再び始まる。パステルナークの妻と愛人は言葉を交わさない。一九五五年、パステルナークはイヴィンスカヤのためにペレデルキノに家を借り、ふたりは以前より頻繁に会えるようになる。

パステルナークはしたがって、自分の時間の大半を小説と私生活に当てている。多くの文通相手に手紙を書き、彼らから称賛の言葉を機嫌良く受け取る。また知り合いで苦境に陥っている人々に金銭的援

(97) ジダーノフ（一八九六〜一九四八）はソヴィエト連邦の政治家でスターリン体制の一翼を担い、「ジダーノフ批判」と呼ばれる前衛芸術批判をおこなったことで知られる。
(98) ミハイル・ゾーシチェンコ（一八九五〜一九五八）はソヴィエトの作家で、おもに風刺小説を執筆した。

助をするが、その人々と個人的接触をすることは控える。それが、自分の作品を完成させるためにパステルナークが支払うべき代償だった。パステルナークが知り合いに対する愛情をしっかり見せないのを、ある人々は利己主義の現れだと見なした。それは仕方がないことである。彼がもっとも愛していた文通相手、従妹のオリガ・フレイデンベルグが病にかかったときでさえ、パステルナークは自分の習慣を改めようとしない。パステルナークとオリガの共通の親戚で、オリガの面倒を見ていた女性がそのことを非難するが、その親戚への返答で、パステルナークは自分に課した生活規則を次のように語っている。「その仕事は、私が個人的満足のためにのみ書いているものであり、決して日の目を見ないか、ずっと先の未来にならなければ日の目を見ないものです。〔中略〕この夢が実現可能になるのは、自分を取り巻くあらゆる環境と一時的に接触を断つという、拘束の多い措置を取ることによってのみなのです」。フレイデンベルグは一九五五年六月六日に亡くなる。従妹の死を知らぬまま、パステルナークは新たな非難の手紙に対し金銭的援助を申し出るが、そこでは、人間が芸術家である場合にどのような義務を果たさねばならないかについて、自分の考えをさらに明瞭に述べている。「全体的に言えば、われわれにとって大事な人々のために、そして大事でしかも失われることがわかっている生命のために、われわれが唯一できることはわれわれの愛のすべてを、生き生きとしたものを生み出し、練り上げる作業に、すなわち有益な労働、創作の仕事に込めることなのです(99)」。

(99) M・マルコヴァ宛、一九五五年六月二六日および一九五五年七月六日。

第4章
アレクサンドル・ソルジェニーツィン

アレクサンドル・ソルジェニーツィン
（1918〜2008）第二次大戦従軍中に友人と交わした手紙の内容が原因で強制収容所に送られるが、この収容所内の世界の描出を自らの作家としての使命と考え、収容中にひそかに『イワン・デニソヴィッチの一日』を書き継ぐ。ソヴィエト共産党中央委員会第一書記フルシチョフの擁護があり、同作品の出版により作家としての地位を確立。フルシチョフの失脚後再び当局に疎まれるが、今度はソヴィエト世界の癌であり、その基礎でもある収容所世界を広範に描き出す『収容所群島』を準備、西欧で出版し、ノーベル文学賞を受賞する。1974年に国外追放となり西ドイツで生活するが、ソヴィエト崩壊後の1994年に帰国する。

天職

ここでいったん、パステルナークの人生の物語を中断し、彼より年少の作家アレクサンドル・ソルジェニーツィンについて語ろう。ふたつの物語は後ほど合流するはずである。過去にどれほど遡って考えてみても、ソルジェニーツィンにはたったひとつの職業の選択しか見出せない。作家という職業である。[1] 一八歳でまだ大学一年生だったソルジェニーツィン（専攻は数学だった）は自分の計画をより明瞭なものにする。自分はロシア十月革命〔一九一七年一一月（ロシア暦一〇月）、ボリシェヴィキによりソヴィエト政権樹立〕を主題にした小説を書くが、その小説は十月革命の前史、すなわち第一次大戦の発端から始まる――「私はそれを自分の人生の主要な計画だと見なしていた」[2]。それを書き始める前、一九四一年に、第二次大戦がロシア人の生活に乱入してくる。ソルジェニーツィンはこの戦争に積極的に参加したがる。彼もまた、作家は自分が生きる時代に起きた自国の数々の事件を十全に生きねばならぬと信じている。だからと言って、ソルジェニーツィンは当初に考えた計画を忘れたわけではない。生命を永らえたいと彼が願うのは、自分の使命だと感じているものを果たさんがためである。

一九四五年二月、ソルジェニーツィンの人生に転機が訪れる。このころ兵士ソルジェニーツィンは転戦を重ねて、すでにドイツ領に足を踏み入れていた。大学時代の友人との文通が検閲を受けた。その結果、ソルジェニーツィンは逮捕され、モスクワの牢獄に送られる。不注意きわまりないことだが、ふたりは自国の政治状況や首領スターリンについて、意見をやり取りしていた。ふたりはスターリンを高く買ってはおらず、レーニンが打ち立てた基本教義に立ち戻らねばならないと考えていた。経歴におけるこの中断――彼は八年の強制収容所送りの刑を受ける――が、彼の計画を決定的に変えてしまう。後に回顧して、ソルジェニーツィンはこのできごとに自分の第二の誕生を見ている――「もし牢獄に入れられなくても、私はソヴィエトにおいて、そこそこの作家になっていただろう。だが自分の真の使命も、

(1) ソルジェニーツィンの著作については以下の版を参照している。原則として、それぞれの著作を略称で示し、ページをその後に記す。
Une journée d'Ivan Denissovitch(『イワン・デニソヴィッチの一日』), Julliard, 1963.
Droits(『権利』) = *Les Droits de l'écrivain*(『作家の権利』), Seuil, 1969.
Aux dirigeants(『手紙』) = *Lettres aux dirigeants de l'Union soviétique*(『クレムリンへの手紙』), Seuil, 1974.
Goulag(『群島』) = *L'archipel de Goulag*(『収容所群島』), t. I et II, Seuil, 1974.
Chêne(『仔牛』) = *Le Chêne et le Veau*(『仔牛が樫の木に角突いた』), Seuil, 1975.
Déclin(『勇気』) = *Le Déclin du courage*(『勇気の黄昏』), Seuil, 1978.
Nobel(「ノーベル賞」) = 《Nobelevskaja lekcija》, *in Publicistika*(「ノーベル賞記念講演」『社会評論集』所収), Ymca-Press, 1981.
Bio(『伝記』) = Lioudimila Saraskina, *Alexandre Soljenitsyne*(リュディミラ・サラスキーナ『ソルジェニーツィン伝記』), Fayard, 2010.
パステルナーク関連の著作および書簡について参照した版については本書第3章注2参照。
(2) *Bio*(『伝記』) p. 154.

わが国の本当の状況も理解できずに終わっていたことだろう。［中略］あなた方が眼前にご覧になっている作家を生み出したのは牢獄であり、強制収容所なのだ」。彼は強制収容所が革命の不可避の産物であると確信するに至り、その結果新しい革命観を抱くようになる。革命と強制収容所、このふたつの一方だけを、他方を描くことなしに描くのは偽りに他ならない。逮捕されたおかげで、ソルジェニーツィンは舞台の書き割りの裏側を発見した。それは強制収容所という地下世界であり、それを見ることなしには、外側に見えている世界の真実も発見できない――「収容所群島は、革命の遺産継承者、革命の子どもに他ならない」。これによって、ソルジェニーツィンの革命についての判断は性質を変える――「流血の革命、大衆革命は、それが生じるのを見た国民にとって、つねに破壊的である」(3)。こうした判断に至った瞬間から、周囲に漂う体制順応主義への屈服を拒否する行為として（一九四八年から四九年のことであり、ソルジェニーツィンは三〇歳である）、彼の創作活動が開始される。

重要な新たな変化が一九五〇年ごろに起きる。強制収容所でソルジェニーツィンは、当初四人数学者として扱われ、秘密の施設で科学的研究に従事させられている。この仕事に従事する者は特権的待遇を受けている。彼ら収監者たちは暖房が入った場所におり、お腹が減れば好きなだけ食べることができた。しかしソルジェニーツィンはこの状況に満足できない。もし、この楽な仕事に安住していたら、自分の人生や自分の作品について自由に考えることができなくなると、彼はぼんやりながらも理解した――「手探りながら、私はすでに牢獄生活に意味を探し求め始めていた」。ある状況の真実を語りうるためには、その状況から逃れようとしてはならず、その内部で生きねばならない。そこでソルジェニーツィンは不平も言わずに、別の強制収容所への移送を受け入れ、それまでよりずっと厳しい条件のもと、野外での肉体労働に従事する（彼は石工になる）。しっかりそうと意識したわけではないが、彼は自らに与えられていた比較的快適な待遇を犠牲にして、収容所体験について真正な記述ができる状況に身を置いたのである。当時書かれた詩が、この変化の痕を留めている——「私は自分の詩句が自由に生み出されるよう高い代価を支払った、／詩人になる権利を私は酷い仕方で購った」。ソルジェニーツィンは自分の運命の先を行こうとする。このとき彼はまだ信仰を持つには至っていないが、人生の紆余曲折を高い次元からの贈り物として捉え、物質的利益に繫がる小細工を弄するのを断念し、彼もまたエティ・ヒレスムと同じ確信に達することになる。ソルジェニーツィンは最初の妻にこう書き送っている。「今や私は運命の存在を信じているし、幸運と不運は必ず交互にやってくると信じている。若いころには、ずうずうしくも自分の人生の流れに働きかけて、それを変えようなどとしたものだが、今よく考えるのは、そんなことをするのは瀆聖だということだ」[4]。この最後の変化がソルジェニーツィンを成熟期の作品へと導いていく。

ソルジェニーツィンが自分に与えた最初の使命は、強制収容所の生活について真実を語る作業である。「私は強制収容所生活の注意深い年代記作者」となった（これはエティがウェステルボルクで「私たちの苦難の年代記」を書きたいと望んだのと同様である〔本書六一頁参照〕）。しかしソルジェニーツィンは、自分が囚われている場所を描写するというこの責務を全うするだけでは満足しない。彼はさらに、それらの

（3）同上書 p. 271 ; *Chêne*（『仔牛』）p. 308 ; *Aux dirigeants*（『手紙』）p.41.
（4）*Bio*（『伝記』）p. 347, 361, 364.

場所の怪物性をも暴露したがる。この文学的行為は同時に闘争行為でもある。彼が世界に対して真実を語りたいと望むのは、世界を変化させるためである。彼は正面から戦いを挑めるほど自分が強い立場にはないとわきまえている。その代わり彼が気づいたのは、強制収容所を存在させている暴力と、強制収容所について人々がつき続けている嘘のあいだに本質的な関係があることである。「忘れてならないのは、暴力はそれ単独では存在しないことである。暴力はそれ単独では自らを保てないのだ。暴力は必然的に嘘と絡み合っている。暴力と嘘、このふたつは自然に生じるもののうちでもっとも緊密な関係によって結びついている。暴力が姿を隠せるのは嘘の背後だけであり、嘘の唯一の支えが暴力なのである」。ソルジェニーツィンが西ドイツに国外追放される一九七四年、その直前にロシアで発表したテキストは「嘘のもとで生きないこと」と題されていた。このテキストでソルジェニーツィンは、同国人に体制への反抗を呼びかけるのではなく、沈黙することによって周囲に漂う嘘に養分を与え続けるのを止めるように、また、嘘に沈黙の同意を与え、嘘に屈服するのを止めるように呼びかけている――これはしたがって、真実に則って生きよという呼びかけでもある。その雄弁のゆえに作家たちは特権を保持している――「作家と芸術家には［一般市民より］多くのことができる［すなわち、嘘をつくのを控えることができる］。彼らは《嘘に打ち勝つ》ことができるのだ。［中略］嘘はこの世界の多くのことに抵抗できるが、芸術には抵抗できない(5)」。

文学には暴力を直接打倒できる力はない。だが嘘を打ち砕くことによって、文学は暴力に揺さぶりをかけることができる。当時友人だったコルネイ・チュコフスキー(6)（彼はそれ以前に、パステルナークの友人でもあった）がソルジェニーツィンについて語っているように、「ある国の作家たちが民衆に真実を言い始めたら、その国家は維持されえない」。芸術作品が真実のものであるか否かは、そこで語られている現実との直接的な突き合わせによっては確かめられない。その作品が真実のものであるか否かは、その作品が引き起こす感情的愛着、その作品の読者、鑑賞者が抱く感情から演繹される。芸術や文学が真実に到達している場合、読者、鑑賞者は作品に絶対的信頼を寄せる。そしてこの絶対的信頼が、作品の真実性のしるしとなるのである。ひとは誰でも直感的に、嘘はみごとな選挙演説や、巧みな議論をする論説記事を生み出せるが、嘘が含まれれば芸術作品は無力になることを知っている──「深い真実を探求し、それをわれわれに生きた力として提示してくれる芸術作品は、われわれの心を捉え、われわれに強烈な印象を与える。何びとたりといえども、それらの芸術作品に反駁することは、たとえ未来においてさえもできないだろう」[7]。ソルジェニーツィンは、文学単独で体制が転覆できるなどとは考えていない。だが彼が信じているのは、文学には果たすべき本質的な役割があるということだ。真実を裏切らなければ、文学は周囲の世界を理解可能なものにする。したがって、盲目にされた人々に明かりをもたらすことができる。

ソルジェニーツィンは、自分を「真実に執着する作家」のひとりだと考えており、そのような作家にとって「重要なのは真実であり」、「創作活動にとって本質的なのは真実性であり、人生の経験である」

(5) 同上書 p. 367 ; *Nobel*（「ノーベル賞」）p. 22.
(6) 本書第3章注49参照。
(7) *Dnevnik*（『日記』）、一九六七年五月二〇日付。以下に引用されている。*Bio*（『伝記』）p. 595; *Nobel*（「ノーベル賞」）p. 9.

と確信している。ソルジェニーツィンは芸術や美に、あるいは個人の内心の表現に取りつかれてはいない。彼が到達したいと望む美は、真実の別名でしかない（こうした考え方は、ドストエフスキー（一八二一～八一、ロシアの小説家）の有名な言い回し「美は世界を救うだろう」が持つ含意と一致している）。ソルジェニーツィンは自らを、自身の特異な内面に関心を持つ作家とは見ておらず、強制収容所の何百万人もの犠牲者の代弁者と見なしている――「私がつねに、もっぱら出発点とせねばならないのは、私は私だけのものではなく、私の文学的運命は、文字を書き散らすことができなかったあの何百万人もの文学的運命だったという事実である。あの人々は、喘ぎながら生きたのであり、囚われの人間とされた自分たちの運命、徒刑囚《ゼック》とされた自分たちの最後の発見がどのようなものだったかを、囁くことも、つぶやくこともできなかった」。ソルジェニーツィンが自分の生命を危険にさらせるのは、この真実のためである。それは彼がソヴィエト作家同盟の指導者たちに宛てて書いている通りである――「真実が進む道を誰も塞ぐことはできないだろう。真実が歩みを進めるためなら、私には死ぬ用意がある」(8)。ここでは、文学は不正を打倒するための武器と化している。

ソルジェニーツィンが生きていた当時、ぜひ言わねばならない真実とは強制収容所の現実だった。この時期、ソヴィエト連邦を取り巻く状況には「雪解け」（東西対立の緊張緩和）という名前が付けられており、その名前はスターリンの後継者フルシチョフがおずおずと始めた自由化を意味していた。この半ば開いた扉から、多くの作家たちがそれまでの状態から外へ出ようと押し合いへし合いしたのだが、そうした作家たちは表面的な批判、社会にわずかに化粧を施すような改良の主張で満足していた。ソルジェニーツィンから見れば（またパステルナークから見ても）、こうした作家たちの貢献になど何の価値もなかった。

この連中は本質的なものに触れようとしない——「どんな主題、どんな素材を扱うにせよ〔中略〕、誰も彼もが、《主要な真実》を言わないことに同意していた。たとえ文学など存在しなくても、誰の目にも明らかな真実を言わないことに同意していたのである」[9]。この「主要な真実」とは、収容所群島の真実であり、議論の余地のない真実である。一度その真実が語られてしまえば、それに反駁はできない。国の全住民が、その真実について明瞭な観念を持っているわけではないにしても、その存在を予感はしている。たしかに、ソヴィエトの生活について描ける画像は、抑圧や、牢獄および強制収容所の経験に尽きるわけではない。だが、この本質的な部分を省いてしまえば、画像はポチョムキンの村〔本書第3章注53参照〕に、すなわち、おぞましい現実を隠すための書き割りになってしまう。付け加えておかねばならないが、こうしたことの確認には誰もが同意せねばならないにしても、より抽象的で、より時間的に遡った他の素材、他の主題については同様にはいかない。そのことをソルジェニーツィン自身が、第一次大戦期を扱う彼の小説（『赤い車輪』[10]）について経験するだろう。

また、周囲の状況いかんに関わりなく、真実を言い広めることがつねに徳に適った行為であるとは限らない。どのような状況においても必ず真実を言わねばならないとするカントの要求[11]へのバンジャマ

（8）*Chêne*（『仔牛』）p. 8, 17, 56; *Droits*（『権利』）p. 34.
（9）*Chêne*（『仔牛』）p. 14.
（10）二〇歳以前に創作を開始した連作小説『赤い車輪』は五〇年以上に渡り書き継がれてきたとされるが、一九七一年に一部が公刊、八五年、八九年、九一年には続刊が公刊されるも完結には至らなかった。
（11）カント（一七二四〜一八〇四）はドイツの哲学者。

ン・コンスタン[12]の反論はよく知られている。殺人者たちに追われている友人をかくまうべき場合でも、その友人が隠れている場所を正直に暴露せねばならないだろうか。病状の重さを隠して、親族の苦しみを和らげてやる権利はないのだろうか。保護し、慰め、気遣いをするといった行為は、真実を冷たく暴くより、他者に安心して過ごしてもらうためにはより役に立つのではなかろうか。だが、人々の共通の利益に関わる場合や、犯罪行為に関わる場合は同じようにはいかない。「ビヤンクール[13]をがっかりさせてはいけない」（この言い回しはサルトル[14]のものとされている。彼はフランスの労働者階級に気を遣い、彼らがより気持ちよく過ごせるようにこのような言辞を用いたというのだ）という口実のもと、ソヴィエトの強制収容所についての真実を偽るのは容認できない。この場合、真実を明らかにし、その真実を広めることは、道徳的行為となり、善への貢献となる。この行為が称賛に値するのは、行為者にとってそれが危険な行為であり、苦痛に満ちた結果を招きかねない行為だからである。

強制収容所の辛さを体験したソルジェニーツィンは、まれな勇気の持ち主である。虐殺された人々、行方不明になった人々、拷問された人々、侮辱された人々の代弁者となった彼は、己を顧みずに行動し、厳しく罰せられる危険に身をさらしている。彼個人の利益は、全体の利益という祭壇の犠牲に捧げられている。ソルジェニーツィンは直接的に他の人々へ利益をもたらすわけではない。彼はより高次のものの役に立とうとする。それは真実であり、人民、国民、人類といった、集合として捉えられた人間である。このような共通利益のために行動せねばならなくなった作家は、自分の個人的空間の外に出ることができる。しだいに、作家は周囲の世界の現状に対する責任を分かち持つようになる。この意味で、ソルジェニーツィンが自分の作品に道徳的次元を認めているのは正しい――彼の作品は世界の真実を暴き、同時に芸術的美に達しているのだ。「このように真・善・美で構成されていたかつての三位一体の統一性とは、われわれがうぬぼれに満ちた物質主義者の若者だったころに考えていたような、空虚で色あせた言い回しに過ぎないわけではない」(15)。

活動

ソルジェニーツィンの祖国における文学活動は、大きくふたつの時期に分けられる。最初は一九四九年から六〇年に至る時期である。この時期ソルジェニーツィンは自分の書いている作品が、生存中に出版できるとはいささかも期待していない。望みは人生の辛かった時期の痕跡を残すことのみであり、彼は未来の世代に語りかけようとしている。まだ強制収容所にいるころ（一九五三年まで）、ソルジェニ

(12) バンジャマン・コンスタン（一七六七～一八三〇）はスイス出身のフランスの小説家・政治家・政治理論家。ここで話題にされている作品は一七九七年の『政治的反動について』。
(13) ビヤンクールはパリ南西部にあり、パリと境界を接する町で一九二〇年代からフランス最大の自動車メーカーであるルノーの工場がある町として発展した。
(14) サルトル（一九〇五～八〇）はフランスの哲学者・小説家・評論家。
(15) *Nobel*（「ノーベル賞」）p. 9.

ーツィンはテキストを文字には書かず頭のなかだけで考えるか、文字に書いた場合でもテキストを暗唱し、書いたものは破り捨てていた。韻文で自伝小説を作るが、それは一万行以上の作品であり（プーシキン[16]の『エヴゲーニイ・オネーギン』の倍以上の長さである）、ソルジェニーツィンはこれを記憶のなかだけに蓄えておく。収容所生活後のカザフスタンにおける永久流刑〔収容所のような強制労働は課されない〕の時期（一九五三〜五六年）、そしてその後ロシアのリャザン[17]で高校教師をしていた時期、ソルジェニーツィンは自分が書いた原稿を手元に置いていた。その内容が危険をはらんだものだと知っているので、非常に厳格な生活規則を自らに課している。彼は他人との交際を断念する。同僚や知り合いの家を決して訪問せず（そうしなければ、返礼に彼らを自宅に招かねばならず、家に来た人間がソルジェニーツィンの原稿のひとつを拾い読みするかもしれない）、自分の内面生活だけに沈潜するのである。ずっと後になって、この時期を思い出しながら、ソルジェニーツィンはこのことを次のように描写している。「ものを書けるという幸福。結婚もできないし、ひとりの女性と継続的な関係を持つこともできないという苦しみ。なぜなら、私の秘密が何よりも優先されていたからだ[18]」。当時のソルジェニーツィンの作品には、詩、劇作品、物語、一編の長編小説『第一の過程』（一九五五〜五六年）が含まれる。

ソルジェニーツィンが囚われの身であったあいだ、彼を見放していた妻が、彼ののもとへ戻ってきて、ふたりは一緒に暮らし始める[19]。ソルジェニーツィンは妻にも自分と同じ厳格な生活を押しつける——「私の生活様式は次のようなものだ。リャザンでは、誰とも交際せず、友人も誰ひとり持たない。家には誰も訪問させず、誰の家にも行かない」。公の場所におけるソルジェニーツィンの振る舞いは、微塵も疑いを引き寄せるものであってはならない——「反抗や闘いを感じさせる身振りをしないこと。模範的なソヴィエト市民であること」（この記述は、私〔＝トドロフ〕に一九六八年に付き合っていた若い娘の行動を思い出させる。革命イデオロギーに染まった彼女はキューバの軍事キャンプで軍事訓練を受けてきた。パリに戻ると、警察の注意を引かぬよう、彼女は自分の行動のすべてに厳しく注意を払い続けた。「道路を渡るときにはいつも横断歩道を渡るのよ」と彼女は私に言っていた）。結婚生活もまた、文学創造が最優先されることによって妨げられた。ソルジェニーツィンの妻はこうしたあらゆる拘束に従うのに苦痛を覚える。「夫はときとしてまるで始終動き続けている機械のように見えた。仕事、仕事、仕事！」と妻は書いている。ソルジェニーツィン自身もそれは意識している。「妻のために私の小説を犠牲にするわけにはいかない」。彼は妻に言い渡す――「決して忘れないようにして欲しいのは、私が存在しているのは何よりも私の仕事のためだということだ」。絶望から――そして夫の気を引くために――妻は自殺しようとする。しかし、ソルジェニーツィンはその事件を、作品を書く妨げになるできごととしか見なさない。彼は日記に書き付けている――「しまいには、妻の自殺の試み（幸い妻はしくじった）が、ちょうどそれを書き上げようとしていたときに、（連作小説『赤い車輪』の）第一部の進行を遅らせた」[20]。

（16）プーシキン（一七九九～一八三七）はロシアの詩人・作家。
（17）リャザンはモスクワから南東一九六キロの位置にある都市でリャザン州の州都。
（18）*Bio*（『伝記』）p.414.
（19）ソルジェニーツィンは大学在学中の一九四〇年にナタリヤ・レシェトフスカヤ（一九一九～二〇〇三）と結婚したが、彼が収容所を出る前年の一九五二年に離婚、五七年に再びナタリヤと結婚するが、七二年に再び離婚している。
（20）*Chêne*（『仔牛』）p. 12, 13 ; *Bio*（『伝記』）p. 601, 621, 653, 655.

夫婦は再び別居する。一九七二年に法律上の離婚が成立する。

こうした生活を一二年ほど送った一九六〇年ごろ、ソルジェニーツィンは自分の仕事をこのように秘密にしておくことに耐えられなくなる。個人的関係の範囲だけでは、かつての徒刑囚仲間《ゼック》にしか自分の作品を見せられないので、文学的評価のできる読者はまだ誰ひとりとしてソルジェニーツィンのテキストの存在を知らず、それについて語ることもない。相変わらず、用心を重ねながら、ソルジェニーツィンは自分の作品を地下出版《サミズダート》で(21)限られた範囲に流通させ始める。ソヴィエトの政治情勢の変化もあったことは言っておかねばならない。一九五六年二月末、(本書の冒頭〔二〇頁〕でも言及した)ひとつのできごとが世界の共産主義運動に衝撃を与えた。ソヴィエト共産党第二〇回大会において、党中央委員会第一書記ニキタ・フルシチョフが秘密会で、スターリンとスターリン主義が犯した犯罪について「秘密報告」をおこない、それまで数十年間を支配していた「個人崇拝」を告発した。公には秘密にされていたが、この報告の内容は至るところにたちまち広まった。一九五八年、パステルナークは『ドクトル・ジヴァゴ』を国外で出版し、その年の暮れにはノーベル文学賞が彼に贈られることになる。ソルジェニーツィンは、その際のパステルナークの振る舞いを評価していないし、そもそも小説それ自体をも評価していない(この点については後ほどもう一度触れる)。しかし、パステルナークの小説をめぐる顛末については、考えねばならないし、それを参考にすべきだとソルジェニーツィンは思う。一九六一年、第二二回党大会が開かれ、スターリンの遺産に対して数多くの批判がなされる。相変わらず細心の用心をしつつも(ソルジェニーツィンは作品の写しを、信頼できる人間に預ける)、地下から表に出ようと彼は決心する。自分が二年前に最初の形を書いた物語『イヴァン・デニーソヴィッチの一日』の原稿を、ソルジェニーツィンは、雪解けの時期のもっとも自由主義的な雑誌であり、詩人トヴァルドフスキー(22)が編集長を務めていた文芸誌『新世界《ノーヴィ・ミール》』に届けさせる。

書き改められた物語は、それ以前に見られた一般的な言説や、ぶっきらぼうな判断をすべて取り除いたものだった。それはありきたりの強制収容所収監者のありきたりの一日をドキュメンタリー風に、詳細に、ほとんど人類学的に描写したものであり、非常に正確な語彙を用いていた。文体は簡潔で、さらに言えば峻厳であり、作者介入はなく、理屈っぽい議論もない。徒刑囚《ゼック》の生活は、明白な事実の力強さで読者に強い印象を与える。徒刑囚《ゼック》たちの頭を離れない関心事は、食事であり、暖かいところにとどまれるか否かであり、濡れないでいられるか否かであり、看守たちの嫌がらせをいかに逃れるかである。物語は同時に、さまざまな収監者の姿、そして逆境にもかかわらず収監者たちが大切にしているいくつかの価値を再現する。それは一種の連帯であり、人間的な資質への敬意であり、正義感であり、自分たちがさせられている作業を立派に果たしたいという意欲のうちにうかがえる、人間としての尊厳の感情である。収監者たちがおこなっている作業とは、ここでは、壁をまっすぐに作るというものだ。この物語の登場人物、とくに主人公は素朴な男であり、インテリではない。収監者たちの出身はまちまちだ。この物語を読むと、実際にこうした経験を生きた徒刑囚《ゼック》でなければ、それをかくも説得的な仕方では再現できないし、《これは全面的に真実だ》と言い切れる直接的な印象を生み出すこともできないという

(21) 地下出版(サミズダート)は、発禁となった書物を手製で複製し、読者から読者へと流通させる方法。共産圏諸国の各地でおこなわれ、ソヴィエトの反体制派によって広く用いられた。
(22) トヴァルドフスキー(一九一〇~七一)はロシアの詩人・作家。

気にさせられる。これこそ、ソルジェニーツィンが雪解けの時期の作家たちに要求していた「大きな突破口」だったが、他の作家たちはこうしたものを思い切って書くことはできなかった。表だってはっきり述べられているわけではないが、ソルジェニーツィンはこの物語によって、徒刑囚《ゼック》の世界を生み出したことに責任ある体制に対してすさまじい糾弾行為をなしたのである。

トヴァルドフスキーはこのテキストを読んで動顚し、全力をあげてこれを擁護する闘いに乗り出し、出版までたどり着く。自分の見方を、雑誌の編集仲間に納得させた後、トヴァルドフスキーはテキストを党の中央委員会に送る。物語は非常に力強いものであり、また抑制の効いたものだったので、それほど激しい反感は呼ばない[23]。フルシチョフもこの物語を受け取り、読み、魅了される。政治局の同僚であるミコヤン、スースロフを呼び、彼らにも自分の賛嘆の念を分かち持たせようとする。フルシチョフは言っている。「力強い、とても力強いテキストであり、活力を与えるテキストだ。それに、私の意見では、党の立場にも合致して書かれている[24]」。一九六二年に出版されたこのテキストはすばらしい成功を収める。トヴァルドフスキーは作者に、もっとも高い公的な報奨であるレーニン賞さえ得させようとする。ソルジェニーツィンはそれに気まずい思いをする。報奨を受ければ義務がついてくるのを知っているからだ。ソルジェニーツィンを安心させたことには、彼の敵対者たちが反対運動を始め、この授賞は実現しなかった。今になって振り返ってみれば、ソヴィエトの指導者たちの近視眼に驚くしかない。どうして彼らは、このような書き物が党の政策の行き過ぎや逸脱を断罪するだけにとどまらないこと、物語に描かれた世界を生み出した体制そのものの正当性を根底から疑問に付すことに気づかなかったのだろう。ソルジェニーツィンの道徳的力は、このテキストを書き、出版させることを彼に許し、ついにはこのうえなく重要な政治的行為となる。これはソヴィエト体制が被ったもっとも強い打撃のひとつ、三〇年後に訪れる体制の崩壊を導いたもっとも決定的な打撃のひとつである。

一九六四年にフルシチョフは罷免され、風向きが変わる。雪解けの代わりに、再び新たな氷河期がやってくる。このとき、ソルジェニーツィンは自分の作品を守り、同時により広範に作品が出回るようにするために、新たな戦略を採用する。彼は自分の作品をマイクロフィルムにして西欧に送り、そこで作品を出版させる――「彼の地での出版《タミズダート》」の形が地下出版《サミズダート》に加わるのである。ソルジェニーツィンは自分に何か不幸があった場合（強制収容所に送られたり、命に関わる「事故」が起きたりした場合）、自作の出版を守るための精密な手続きを練り上げる――作品はそのすべてが公表されねばならない。かつての徒刑囚《ゼック》ソルジェニーツィンは、党の指導者たちが、ある程度まで、自分たちの行動に対する国外の反応に気を遣い始めたことに気づく（全体主義はもはや完全に全体的なわけではない）。こうして自分が守られていると感じたソルジェニーツィンはより規模の大きい攻撃に乗り出す。ソルジェニーツィンが今回自分の仕事としたのは、ソヴィエトの強制収容所体制の仕組み、彼が「収容所群島」と呼ぶものの全体的紹介であり、彼の祖国における抑圧体制の歴史と地理学である。『イヴァン・デニーソヴィッチの一日』の出版以後、彼はかつての強制収容所収監者から多くの便りを受け取っていた。また多くの新

(23) ミコヤン（一八九五〜一九七八）はソヴィエト連邦の政治家・革命家で、第一副首相、最高会議幹部会議長などを務める。スースロフ（一九〇二〜八二）はソヴィエト連邦の政治家で、フルシチョフ、ブレジネフ（フルシチョフ失脚後一九六四年、党中央委員会第一書記）時代にソヴィエト連邦共産党イデオロギー担当書記を務める。

(24) *Bio*（『伝記』）p. 498.

たな資料を参照し、その参考資料は毎日豊かになっていく。同時に、彼がおこなう探求はその著作『収容所群島』の標題が示すように「文学的」なものであり続けるが、それは自分の想像力にも助けを借りるからである。ソルジェニーツィンは早くも一九五八年にはこの作品の構想を得ていた。しかし作品の実現に必要な素材の収拾には時間がかかった。実際の執筆がおこなわれるのは一九六四年から六六年にかけてである。

フルシチョフによる雪解け以前の時期、ソヴィエトの読者は、自分たちの日常世界の見えない裏面《ドゥブル》にして、しかしながら、つねに存在が感じられる裏面でもある強制収容所の世界についての、いかなるテキストも読めなかった。実際、それについての証言や、それについて語る最初のテキスト（たとえばヴァルラーム・シャラーモフの『コルイマ物語』）が地下出版《サミズダート》の形で出回り始めたのがようやくこの時期である(25)。ただ、そうしたテキストで、ソルジェニーツィンの作品の壮大さに匹敵するものはひとつもない。そもそもソルジェニーツィンは、強制収容所体験として決して代表的なものとは言いがたい自分の個人的な経験を語るだけでは満足しない。彼の収監生活は極端に辛いものではなかったし、収監生活から精神的利益も得ており、彼自身それを意識していたからだ（「私はこのおぞましい世界にほとんどとり憑かれていた」と彼は著書の冒頭に記している）。ソルジェニーツィンが乗り越えねばならなかったのは、自分の主題を追求するために自身の犠牲者としての生活だけに執着し、この世界では誰もが死刑執行人として振る舞いうるのを忘れるという自己満足の姿勢である。しかも、こうした意識を持つのは有益なことでもある。「自らが犯した数々の罪について痛切に自省すること以上に、ものごとの理解を目指す精神を育むものはない」。このような出発点が、ソルジェニーツィンをして、自分の美徳に満足して他者を断罪しようとする道徳家とはまったく異なる道徳的境地に到達させる。「少しずつ私は、善悪の境界線というものが、国家同士のあいだや、階級同士、党同士のあいだにではなく、それぞれの人間の心、人類の心のなかに通っているのを発見するようになった」(26)。もっとも、ソルジェニーツィンが、絶えずこのような高い道徳的境地を維持していたというわけではない。

ソルジェニーツィンが書いたこの著作『収容所群島』は、複数の人間の協働によって生み出され、ソヴィエト連邦のすべての人々に向けられたものである。ソルジェニーツィンは当初それを自分の手元におき、地下出版《サミズダート》さえ許さない。この同じ時期、彼は一編の長編小説『ガン病棟』(一九六八年)を書いており、こちらの本は出版しようとしている。『収容所群島』のほうはそれを警察に没収されない限り、公表しないと心に決めている。だからこの作品は、予備として取ってある武器ということになる。一九六八年、最終的な修正を施した後、ソルジェニーツィンはこの本のマイクロフィルムを西欧に送る。作品は西欧において、まずロシア語で、一九七三年末に公刊される。

ソルジェニーツィンは監視され、迫害されている。未発表原稿の一部が没収されるが、彼自身は逮捕

(25) ヴァルラーム・シャラーモフの連作短編集『コルイマ物語』(本書第3章注8および本章二〇六頁参照)は一九五三年から七〇年にかけて書かれ、一五〇編以上の短編からなる連作集。一九六〇年代には他の反体制出版物と同様にタイプ原稿の地下出版の形で部分的に出回っていた。他方、シャラーモフの知らぬ間に作品は国外に流出し、六六年から七六年にかけて断続的にニューヨークのロシア語雑誌『ノーヴィ・ジュルナール』に五〇編ほどが掲載され、七六年に初めての単行本が選集の形で刊行される。

(26) *Goulag*(『群島』)t. I, p. 6; t. II, p. 459.

されない。一九六〇年にもうひとりの反体制派の作家、ワシーリー・グロスマン〔本書第3章注79参照〕も同じ扱いを受けた(27)。警察はグロスマンの小説『人生と運命』の原稿のすべてを没収したが、彼自身は自由の身のままだった。こうした状況を知ると、ソルジェニーツィンは作家に与えられたこの新たな地位、国家－市民間のこれまでにない力の均衡を示すこの地位を活用しようと心に決める。このころ執筆を開始した『仔牛が樫の木に角突いた』は、一種の現在進行形の回想録で、そこではソヴィエトのさまざまな指導組織とのあいだに起こったいざこざの数々が語られているが、この著作でソルジェニーツィンは、自分が利用できる自由の空間は、機会を捉えてその境界を少しずつ押し広げていけば、拡大できることに気づいたと述べている。いわば彼は「イデオロギー上の治外法権」を獲得したのだ。なぜなら、彼は大胆にも神への信仰を宣言したし、牢獄に入れられることもなく「どのような政治的考えも公言できた」からだ。自分の非合法な行為を隠すのではなく、今やソルジェニーツィンは自分がそうしているのだと公言しさえする。とくに、あらゆる方法を使って、自分の作品を拡散していると公言する。「もはや疑いはないし、熱を出すこともなく、後悔もない――喜びの純粋な光がある。〔中略〕たいへんに幸福な状態だ。私の特別な場所が確保されたのだ。生まれながらに当然私のものであるべき場所が。もはやいろいろ立ち回らなくてもいいし、誤魔化しを考える必要もない。ぺこぺこする必要もないし、嘘をつく必要もない。誰にも依存することなく、ただ存在していればいいのだ(28)」。ソルジェニーツィンは以前取らざるをえなかった屈服する姿勢、諦めの姿勢をこうして打ち捨てた。

ソルジェニーツィンはますます多くの機会、彼の表現を用いれば、「背骨をまっすぐにする」機会を得るようになる。招かれた集まりでは自由に話をし、作家同盟の指導者たちに公開状を書く。一九七〇年にノーベル文学賞を受けた後には、党のイデオロギー担当書記スースロフや国家保安相アンドロポフ[29]（後の最高指導者）宛てて手紙を書き、ソヴィエト連邦の指導者全体にも手紙を書く。内務相に宛てて、自分がどうしていくつかの規則に従おうとしないのかを説明する――「私は農奴でも奴隷でもない。私は自分が必要と判断する場所に、自由に住む[30]」。この闘い（彼の表現によれば、「仔牛」の「樫の木」に対する闘い）の甲斐あって、ソルジェニーツィンは個人の自由の空間を拡げるという企図において、それまでどのソヴィエト市民もなしえなかったほどの成功を得る。だが、やがて当局にとって、もはやソルジェニーツィンを辛抱できなくなるときがやってくる。一九七四年二月、当局はソルジェニーツィンの国外追放を決定する（彼を受け入れる準備があると西ドイツが表明した）。こうして、国内で続けていた彼のソヴィエト権力との闘いは終了する。その闘いは政治的で、当事者に勇気と自己犠牲という道徳的資質を要求するものであったが、もうそんな闘い方をその後の彼はしないだろう。いったん国外に出れば、もはや拘束はなく、自分が選んだ行動をそれまでと同様続けていくことができた。作家は自分が言いたいことを自由に言い、書くことができる。もはや強制収容所は彼にとって脅威ではない。

しかし、こうした事実それ自体によって、ソルジェニーツィンは彼本人が恐れていたように、自らのオーラの一部を失う。ソヴィエト連邦で生活している限り、彼は単に本や記事を書く作家ではなく、高

（27）以下を参照されたい。Vassili Grossman, *Œuvres*（ワシーリー・グロスマン『作品集』）, Robert Laffont, Bouquins, 2006.

（28）*Chêne*（『仔牛』）p. 133, 163-164.

（29）アンドロポフ（一九一四～八四）はソヴィエト連邦の政治家。同国の第六代最高指導者。

（30）同上書 p. 309; *Aux dirigeants*（『手紙』）p. 85.

らかに力強く真実を主張し、嘘に立脚した帝国を断罪するために、つねに自分の自由や自分の生命さえ危険にさらす個人だった。他方、西欧ではそういうことはなくなってしまう。西欧においては、言葉で表された内容より、言葉を発するという行為のほうがより高く評価される。共産主義革命への批判より、個人が示す屈服しない姿勢のほうがより強い称賛を呼ぶのである。同じ言葉が、誰が言ったか、どんな状況で言ったかによって、同じ意味を持たなくなる。いったんソルジェニーツィンが西欧に落ち着いてしまうと、彼の言葉はそれまでと違ったふうに受け取られる。つまり、ずっと以前から民主主義的空間が維持してきた複数の立場を認める議論に新たに加わったひとつの声として、彼の言葉も位置づけられてしまう。そこには、アメリカの作家フィリップ・ロス[31]のよく引かれる言葉が語っているように、状況の違いがある。ロスがそこで語っているのは共産主義チェコスロバキアに赴いたときの印象である。「かの地には何もない。だからあらゆるものが重要である。こちらには何でもある。だから重要なものは何もない」。そのうえ、かの地において、勇気ある行動が価値あるものとされるのは見世物の質を高めるからであり、もしそうした身振りをする人間が別の地で何も危険にさらしていないのであれば、見世物はひとをどきどきさせるものではなくなってしまう。

他方、ソルジェニーツィンの西欧社会に対する見方もまた、彼の闘いの意味をわかりにくくする。ソルジェニーツィンの勇気、誠実さは評価せねばならない。自分に隠れ家を提供してくれた国の公共生活にすべて賛成せねばならないとは彼は考えていないからだ。それでもやはり、ソルジェニーツィンによる自由主義的民主主義社会の描写には、ソヴィエト共産主義社会の描写で見せたほどの確信の力、議論の余地なき真実性はない。たしかに、人間の内面生活は民主制のもとにあっても、全体主義のもとにあっても、同じほどに苦しみに満ちている。だが、「東側では人間を踏みつぶす共産党に対する恐怖が原因であり、西欧では人間を踏みつぶす商業に対する恐怖が原因である」[32]という彼の発言は、それを言った人間の批判精神が変わらず覚醒していることを示しはするが、西欧の民主主義社会を洞察する記述としてはあまりに雑駁である。

しかしこのことは、ソルジェニーツィンがソヴィエト社会についておこなった分析の有効性をいささかも減じるものではない。ソヴィエト体制のイデオロギー的基礎、その体制の正当性に対してソルジェニーツィンが下から加えた数々の傷は深部に達するものであり、それらの傷口がふさがることはない。ソルジェニーツィンが追放されて一〇年後、ソヴィエトの新たな権力者ミハイル・ゴルバチョフ[33]が体制の解体を上から開始し（「ペレストロイカ（＝改革）」）、彼もまた嘘を拒否する（「グラスノスチ」（＝情報公開））。これによってソヴィエト連邦は一九八九年から九一年に解体される。

（31）フィリップ・ロス（一九三三〜　）はアメリカの小説家。
（32）*Déclin*（『勇気』）p. 53.
（33）ミハイル・ゴルバチョフ（一九三一〜　）はソヴィエト連邦およびロシア連邦の政治家でソヴィエト連邦最後の最高指導者。

パステルナークがノーベル文学賞を受賞する

第二次大戦終結以来、三人のロシア人作家[34]がノーベル文学賞の栄誉に輝いた。しかしそのひとり、一九六五年に受賞したミハイル・ショーロホフは他のふたりとはかなり違っている。ショーロホフはソヴィエト国家によって公式に推されたノーベル賞候補だった。これに対し、一九五八年に受賞したパステルナークと一九七〇年に受賞したソルジェニーツィンは国家と争っていたため、その作品は祖国では非合法の形でしか出回らず、公刊は国外のみであった（ヨシフ・ブロツキー[35]は一九八七年にノーベル文学賞を受賞したとき国外に亡命していた）。パステルナークとソルジェニーツィンにはこうした類似性があるものの、ふたりは多くの点で違っており、それはまず、与えられた賞に対する反応からしてそうだった。

パステルナークが小説『ドクトル・ジヴァゴ』に最後に手を入れるのは一九五五年末である。祖国の現状でその出版がありうるとパステルナークは考えておらず、そうした確信は、自分の意図通りに作品を完成させるために必要な内的自由の源泉でさえあった――「この非常に大部な散文は印刷にはまったく適さない[36]」。しかしパステルナークはそれが印刷されることを夢見ずにはいられない。彼は政治的「雪解け」も、この雪解けに満足する人々もまったく信頼していない――「私の望みは彼らの望みとはまったく違ったものだ。私の望みは彼らの望みよりずっと多い。彼らはほんのわずかのことしか望まないし、多くのことを強い気持ちで望む術も知らない」。国内のそこここに見られる変化の徴候はパステルナークにとっては何の意味もない。「［私の望みに］応えうる唯一の手段である私の小説は、まず印刷に付されることはない」。「改革者たち」と親しかった作家コンスタンティン・パウストフスキー(37)にパステルナークは同じ確信を書き送っている。「あなた方はみな、この小説の性質がとうてい受け入れがたいものであるのを見て愕然とするだろう。だが、受け入れがたいもののみが印刷されるべきものなのだ。受け入れられるものは、ずっと前から書かれているし、印刷されている」(38)。パステルナークが言っていることは正しい。彼が書いた小説はソヴィエトのこの体制下では公刊されえない。だが、わずかではあるが、状況は変化している。一九五六年一月初旬、パステルナークは危険を伴う決心をする。問題の小説を、ソヴィエトのふたつの文芸誌『新世界《ノーヴィ・ミール》』と『旗《ズナーミャ》』に送る。そして、両雑誌からの返答を待ちながら、彼は別の仕事に取りかかる。このとき、スターリンの犯罪を告発するソヴィエト共産党第二〇回大会が開催される。パステルナークはこれに強く刺激されるが、勝利の叫びをあげはしない。いく

(34) ミハイル・ショーロホフ（一九〇五〜八四）はロシアの小説家。
(35) ヨシフ・ブロツキー（一九四〇〜九六）はロシアの詩人・随筆家で、一九七二年にロシアから国外追放されアメリカに渡っている。
(36) Z・ルオフ宛、一九五五年一二月一〇日。
(37) コンスタンティン・パウストフスキー（一八九二〜一九六八）はロシアの詩人・小説家。
(38) ニーナ・タビッゼ宛、一九五五年一二月一〇日。Z・ルオフ宛、一九五六年五月一二日。コンスタンティン・パウストフスキー宛、一九五六年七月一二日。

つかの点で、パステルナークはフルシチョフよりスターリンのほうを好んでいるとさえ思われる。彼は愛人のイヴィンスカヤに言っている。「何年ものあいだ、われわれの上で支配していたのは、狂人、殺人者だった。今では、支配しているのは愚か者の豚野郎だ。殺人者はひどい蒙昧主義者だったが、彼にはときとして漲る気力があり、直観にも富んでいた。今や、われわれが入ったのは凡庸さの王国だ」(39)。パステルナークは体制に苦しめられた人々を顕彰するための詩(「魂」)を書いているが、そこでは、詩人の魂がそうした人々の思い出を収める骨壺のごときものとして想像されている。

一九五六年五月に、『ドクトル・ジヴァゴ』の出版をめぐるドラマの第一幕が始まる。すべてのきっかけは、この月の初旬に、モスクワラジオで流された何と言うことはないイタリア語放送の番組だった。一九五四年四月に雑誌『旗《ズナーミャ》』がパステルナークの詩を数編掲載し、その注記のなかで、それらの詩編は現在執筆中の小説『ドクトル・ジヴァゴ』から引かれたものだという解説を加える。「雪解け」の雰囲気に敏感だった番組の司会者は、これを引用し、この小説の計画について語ったのである――だからその小説は、雑誌に詩が掲載されてから、番組が放送されるまでのあいだに、すでに完成されているかもしれなかった。熱心な共産主義者であり、非常に冒険心にも富むイタリアの出版者ジャンジャコモ・フェルトリネッリが、イタリア本国でこの放送を聴く。ところでフェルトリネッリは、このころモスクワに滞在していたジャーナリストのセルジオ・ダンジェロに、ロシアの最新の出版物を調査するように依頼していた。イタリア語に翻訳するためである。放送を耳にしたフェルトリネッリはダンジェロに、パステルナークの計画がどこまで進んでいるのか見てくるよう指示する。

放送月の五月が終わる数日前、パステルナークはダンジェロの訪問を受ける。ダンジェロが話す流暢なロシア語もあって、ふたりは心地よい会話を交わすが、最後にジャーナリストは小説の原稿を見せてくれるよう頼む。最初パステルナークは躊躇する。しかし、ダンジェロには説得力がある。時代の風は変わったし、しかもパステルナークは当局から否定的な反応を何も受け取っていない。その本は、間違いなくロシア語でも出版されるだろう。そのうえ、フェルトリネッリは模範的な共産主義者だ…。パステルナークは譲歩し、原稿をジャーナリストに渡して、それを読んでくれるように言う。パステルナークはそうしたなりゆきのすべてを軽く考えていたのかもしれないが、それでも客にこう言っている。「あなたは、私を、私自身の処刑に誘ったのです」[40]。その日の晩のうちに、原稿はイタリアの出版者宛に送られる。ところが、その後数日間、パステルナークは愛人イヴィンスカヤを通じて原稿を取り戻そうとする。もう遅すぎると知ると、原稿を取り戻すのは諦める。六月三〇日、パステルナークは出版者フェルトリネッリが送ってきた契約書に署名するが、このときにもなお、パステルナークは本がまずソヴィエト連邦で出版されるのを期待している。というのも、パステルナークがフェルトリネッリに書き送っているように、「そうならなければ、状況は悲劇的なまでに困難なものになるだろう」からである。しかし実際には、自分の創作者人生の到達点であるこの作品の公刊を確かにするためなら、パステルナークには危険を冒す用意もあった。こうしてパステルナークは、夏のあいだは、落ち着いて他の仕事に時間をあてる。

(39) Olga Ivinskaïa, *Otage de l'éternité*(オリガ・イヴィンスカヤ『永遠の人質』), *op. cit.*, p. 181.
(40) やはりオリガ・イヴィンスカヤの著書に引かれているダンジェロの証言による。同上書 p. 249.

九月初め、パステルナークは『新世界《ノーヴィ・ミール》』の主要な編集者五人からの署名入りの長文の手紙を受け取る。それは詳細な議論を付した出版拒絶の通達書で、この本がソヴィエトの精神とは両立不能であるとする内容だった。パステルナークは出版が拒否されたことを知るが、そのことは塵ほどにも気にかけないことにし、それについては誰にも話さない。一〇月に起きたハンガリーの騒擾〔反ソ動乱〕は、共産党による支配を疑問に付すが、その事態は赤軍の軍事介入を引き起こし、ソヴィエト連邦では体制が再び硬化する。翌一九五七年初め、再びこの著作の単行本化が検討されるが、その計画も中断される。ソヴィエト連邦内での出版の見通しは遠のく。パステルナークは自分の失望をイヴィンスカヤに次のように書き送っている。「マルクス主義を疑問視できるなどという仮定、マルクス主義を批判できるなどという仮定は、まったく受け入れられることはない。われわれが生きている限り、こうした状態が続くだろう」。パステルナークは自分を訪れたひとりの女性の言葉を引いている――「私たちの国はプロレタリア独裁体制のもとで生きているのよ、ボリス〔・パステルナーク〕。そうだってことを聞いていないの？　それとも気が違ってしまったの？」[41]。

八月にパステルナークは党の中央委員会に召喚される。その翌日、作家同盟の怒号の飛び交う会合で（パステルナークはこの会合に参加していない）、パステルナークは祖国の裏切り者と見なされ、彼への罵りの言葉がいくつも発せられる。そして彼に対して、[42]国外での出版を差し止めるよう要求がなされる。パステルナークは党の責任者ディミトリー・ポリカールポフに、自分がしたことについてはいささかの後悔もないと書き送る。「私は自分が考えていることを書いただけであり、今日この日まで、自分が書いたそれらの考えに執着しています。［中略］私が知っている真実が、苦痛によって贖われねばならぬものだとしても、それは何も今に始まった話ではありませんし、それがどんなものであれ、私はその苦痛を引き受ける用意があります」。この手紙を、ある女友達のために書き写しながら、パステルナークはそれに注記を付けている——「私は落ち着いた、内的正義の幸福感、至福感を感じていた。私に見えたのは、自分に向けられた、おぞましさ、そして私に称賛を覚えている数多の視線だった」。その翌々日にもなお、パステルナークは闘志満々である——「ここ数日はとても陽気な日々だった。もっとも、これから数年間、私には新たな脅しや不快なことどもが待ち受けているだろうことは確かだけれどね。だがこんなふうだからこそ生きるのは面白いのだ。自分は芸術家だと思いつつ、喜びを感じつつ、また不死を望みつつ、それでいてどうして大きな賭けもせず、周囲から許されることだけで満足できるのか、私にはさっぱり理解できない(43)」。

とはいえ、このような好戦的な調子はそもそもパステルナークの気質に合わない。パステルナークは結局命令された通りにする。フェルトリネッリに電報を打ち、問題の小説の公刊を止めるよう要求する。二ヵ月後には彼に直接手紙を書き、同じ願いを繰り返す。だが、その手紙の写しのひとつにパステルナークは次のように書きつけている。「殺すという脅しをうけて書いた手紙」。そもそも、パステルナークはあまり心配していない。すでにフェルトリネッリとのあいだでは合意ができているので、今回送り届けた手紙のことなど彼は気にしないと知っていたからである。「私が［それらの偽造の至急便に］署名し

(41) オリガ・イヴィンスカヤ宛、一九五七年四月二二日。
(42) ディミトリー・ポリカールポフ（一九〇五〜六五）はソヴィエトの党官僚・歴史家。
(43) ニーナ・タビッゼ宛、一九五七年八月二三日。

た理由は、世界の誰ひとりとして、それら偽りの、私ではなく国家の手先が書いた文章の内容を、そして私に押し付けられたその手紙の内容を、信じるはずがないと確信していたからだ（そしてその確信は裏切られなかった）」[44]。当局による出版差し止めのためのあらゆる努力は失敗に終わり、『ドクトル・ジヴァゴ』は一九五七年一一月にイタリアで翻訳出版され、翌年春には他の多くの言語による翻訳が出版され、同年の夏にはソヴィエト国外でロシア語の原本が出版される。

『ドクトル・ジヴァゴ』の出版をめぐるドラマの第二幕は一九五八年一〇月末の数日のあいだに開始される。ストックホルムのノーベル賞選考委員会が、その年のノーベル文学賞をパステルナークに授与すると発表したのである。いくつもの翻訳書の公刊は、ソヴィエトの指導者たちにはすでに忌々しいことだったが、ノーベル賞の授与はこの本に世界的反響を与え、この本の存在を第一級の政治的事件にした。しかもパステルナークは落ち着き払って「別荘《ダーチャ》」〔ペレデルキノの別荘村のこと。本書第3章注51参照〕に住み続けている。こうした状況は、ソヴィエト指導部内で許しがたい挑発と見なされ、権力に忠実な者たちを激高させる。翌日、パステルナークに対する攻撃が国内の各紙で繰り広げられる。これに対する返答として、パステルナークは簡単な手紙を書き、そこで『ドクトル・ジヴァゴ』は反ソヴィエト的な作品ではなく、自分は名声も財産も求めておらず、ノーベル賞はソヴィエト文学に名誉を与えるものだと述べ、次のようにその手紙を締めくくる。「何びとといえども、この〔国際的〕賛辞を恥だと見なすよう私に強いることはできない」[45]。だが、このようなはっきりしない態度をいつまでも取り続けることはできないだろう。パステルナークは作家同盟から除名され、悪口雑言の嵐はあらゆる新聞に広がり、彼への脅しはどんどんあからさまになってくる。パステルナークの国外追放さえ語られるようになる。パステルナークは鬱状態になり、イヴィンスカヤに一緒に自殺してくれるよう持ちかける。この申し出を聞いた愛人は妥協を支持するようになる。一〇月二九日、パステルナークはノーベル賞選考委員会に電報を送り、受賞拒否の意を伝える。その二日後の一〇月三一日には何人かの近しい人々が用意したフルシチョフ宛の手紙に署名する。そこで言われているのは、ノーベル賞の受賞を拒否するということであり、国外追放はとても受け入れがたいということであり、自らの「過ちと逸脱」を後悔しているということである。

　パステルナークは自分の周囲の人間たちに対して個人的な責任のある立場にあるのを知っている。彼は三人の女性たちとその家族である子どもたち、義理の両親たちを養っている。最初の妻エヴゲーニアの家族であり、二度目の妻ジナイーダの家族であり、愛人オリガ・イヴィンスカヤの家族である。しかも、パステルナークは他にも多くの人々に金銭的援助をしている。こうした出費に必要な金銭を賄うために、彼はそれを稼ぎ続けなければならないし、そのためには手がけた翻訳書が販売され続けなければならない。というわけで中央委員会のポリカルーポフは、パステルナークに圧力をかけるための強力な手段を手にしている。ポリカルーポフはパステルナーク訳の『ファウスト』〔ゲーテ〕の翻訳が再刊されることを約束し、新たな翻訳の契約もいくつか結ぶ。交換条件としてポリカルーポフは、彼が作成した新たな手紙に署名するようパステルナークに要求する。その手紙では、詩人は「自分の過ち」を認め、「自分の過ち」が祖国に困難をもたらしたことを認めている。詩人は、その手紙で、「祖国の人民、祖国

(44) *EA*（パステルナーク『自伝』）p. 1243；ジャクリーヌ・ド・プロヤール宛、一九五七年一一月三日。ジャクリーヌ・ド・プロヤール（一九二七〜　）はフランスのスラブ学者。
(45) 一九五八年一〇月二七日付。

の過去、栄光に満ちた祖国の現在、そして祖国の未来」に対する自分の愛着を繰り返している。手紙は一九五八年一一月六日の『プラウダ』に掲載され、これによってパステルナークに対する攻撃キャンペーンは下火となる。

パステルナークは譲歩するが、まだ完全に自分が敗れたと認めているわけではない。相変わらず自分の別荘に住み続けているし、慣れ親しんだ森を散歩し続けている。妻ジナイーダ、息子と堂々と生活し続けているし、すぐ近くに住んでいるオリガを愛し、慈しみ続けている。翻訳も続けているし、思考を深め、ものも書き続けている。自身は沈黙を強いられているにせよ、自分の小説がいくつもの国で、勝利の行進を開始したのを見て安心もしている。世界中から祝福と激励の手紙が毎日のように届けられる。自分が愛し、尊敬もしている何人もの人々との文通も続いている。パステルナークはもはや後ずさりしたくはない――「作家同盟に再び加入申請を出すよう要求されているが、そんなことをすれば私の本についてては諦めねばならなくなる。そんなことは決してしない」。パステルナークへの評価は、今や国外からやってくる。「ますます頻繁に聞こえてくる噂だが、この本は、世界中で、聖書に次ぐ第二の地位を占めているようだ」[46]。パステルナークは相変わらず、ジャーナリストや単なる称賛者といった、国外からの訪問者に会い続けている。

厳しい非難

この間、ソルジェニーツィンは、リャザンの町のまったく無名の住人として、おおいなる興味を抱きながら、ことの顚末を追っている。ソルジェニーツィンは『ドクトル・ジヴァゴ』という作品自体は好きではない。それは彼には不自然な言葉で書かれているように思われる。しかし、パステルナークへの迫害を眺めながら、ソルジェニーツィンは、ノーベル賞を受賞したからには提供された世界的な演壇を利用して、詩人が自分の誹謗者たちを一刀両断にするよう期待している――「どんなにすばらしい演説をパステルナークはできることだろう。［中略］むろん、彼は帰国させてもらえなくなるだろうが、その間に、彼は世界を変えられるだろうし、《われわれ》を変えられるだろう」。しかしパステルナークには派手な政治的演説などまったくする気がないと理解したとき、ソルジェニーツィンはどれほど失望したことだろう。それどころではない。パステルナークは祖国から遠く追放されるのを避けるために、自分の過ちと自分の有罪を認め、公に謝罪し、自分の作品を否認して、国の権力者たちの前に跪こうとさえしている。ソルジェニーツィンは言う。「あなたは戦場に呼ばれたのだ。しかも、それはこのような

(46) ニーナ・タビッゼとティツィアン・タビッゼ宛、一九五九年三月一九日。

例外的な状況においてなのだ――行って、ロシアのために戦え。私はパステルナークを容赦するいかなる理由も見出せず、彼を厳しく非難し、断罪した。私は若いころから、人々に対する愛着の念が義務に優先されるのを許しがたいことであり、理解しがたいことと思ってきた(47)」。

しばらく前から、ソルジェニーツィンは自分がノーベル賞受賞者となることを、そしてそうなれば自分の言葉が引き起こす大きな反響によって、その受賞が強力な武器となることを夢見ている。卑怯な責務放棄と彼には映るパステルナークの振る舞いを見て、ソルジェニーツィンのこのような夢はいっそう強固なものとなる。「そうした場合、私なら間違いなくパステルナークと逆の行動を取るだろう。大胆に《ノーベル賞を受賞し》、大胆に授賞式に出発し、絞殺されたあらゆる人々、銃殺されたあらゆる人々、飢え死にさせられたあらゆる人々、寒さで死んだあらゆる人々の名において［中略］このうえなく大胆な演説をするだろう。ノーベル賞受賞者の演壇に立てるところまで登りつめておきながら、燃え尽きるとは！」。イヴィンスカヤはその回想録で、チェリストであるムスティスラフ・ロストロポーヴィッチ(48)とたまたま出会った際にこの点について彼と交わした会話を記している。ロストロポーヴィッチは一九七〇年代の反体制活動家であり、ソルジェニーツィンの友人、称賛者であり、自身その後国外に亡命した人物である。音楽家はパステルナークに対する非難を口にする。パステルナークは党の指導者たちに受け入れてもらうために、恥辱にまみれたというのだ。ソルジェニーツィンとは何と対照的だろう――「ソルジェニーツィンは真実の名において指導者たちに本気で闘いを宣言したし、真実を守る術を知っている。ソルジェニーツィンには本当に、真実の名において死ぬ用意があった」。これに対し、イヴィンスカヤは自分の恋人の態度を弁明しようとする（このとき、パステルナークが死んで一〇年が経過していた)。そこで彼女は、パステルナークの内心の疲労、彼の人生に自分の人生を結びつけていた、おびえた女性たちに彼が感じていた憐憫などをあげていた。ロストロポーヴィッチもこの説明を受け入れる——「もちろん、すべてが女性に発していたのはわかります…［中略］でもソルジェニーツィンなら、女性たちに鼻面を引きずりまわされるようなことはなかったでしょう(49)」。

自身、ノーベル賞を受賞を知らされたばかりのソルジェニーツィンの最初の反応はこうだった。「《すべてにおいて、パステルナークのようにはしないことだ》。私は賞をもらう。そうだ、私はストックホルムに行く(50)」。だが、少しずつ、ソルジェニーツィンは授賞式でおこなわれるはずの自分の演説が、想像していたほどの衝撃は持ちえないことを理解するようになる。スウェーデンアカデミーはあらゆる醜聞を避けたがっており、大きな騒ぎになることを望んでいない。演説は数分に制限されているようだ。とすれば、その大部分は受賞に対する謝辞だけになるし、それで満足せねばならないだろう。じっくり考え、(二人目の)妻と長々と相談を重ねた末に、ソルジェニーツィンはストックホルムに行くのを断念する。ただし、その理由はパステルナークの場合とはかなり違っている。ロシアの自宅に戻れなくなる恐れがあるからではない。祖国に留まったほうが、自分がおこなっている闘いにとって有益だと判断

(47) *Chêne*(『仔牛』) p. 287, 288.
(48) ムスティスラフ・ロストロポーヴィッチ(一九二七〜二〇〇七)はアゼルバイジャン出身のロシアのチェリスト・指揮者。
(49) 同上書 p. 288; Olga Ivinskaïa, *Otage de l'éternité*(オリガ・イヴィンスカヤ『永遠の人質』), *op. cit.*, p. 301-302.
(50) *Chêne*(『仔牛』) p. 296.

するからである。ソルジェニーツィンが実際確認したのは次のことである。体制に反対する者たちが祖国に留まっていれば、彼らに与えられる刑罰は西欧において激しい反応を引き起こす。もし同じ人々が亡命してしまえば、その声は、かの地ではさまざまな意見の合唱のうちに掻き消されてしまう。かの地においては、言っていることが真実であるだけでは十分でない。それに加えて、犠牲者や犠牲的行為が存在しなければならないのだ。

ノーベル賞の受賞をめぐるパステルナークとソルジェニーツィンそれぞれの振る舞いは対照的だったが、そのどちらも、それ自体として尊厳に欠けているわけではない。ソルジェニーツィンは、パステルナークがソルジェニーツィンとして振る舞わなかったのを、すなわち、敵を打倒するためにはあらゆる事態に対処する戦士として振る舞わなかったのを非難している。しかしパステルナークの場合、人生のどのような要素も彼にそうした役割を果たす準備をさせてはこなかった。行動を犠牲にして瞑想を選択し、集団よりはむしろ個人を選択したパステルナークはそもそも戦士ではない。彼はソルジェニーツィンに体現される英雄主義や聖性より、自らに近しい人々を世話し、そうした人々への配慮をするほうを好むし、かなり広範な知り合いを同様に大事にするほうを好む。一方のソルジェニーツィンは祖国を麻痺させている鎖を断ち切りたいと熱望し、他方のパステルナークは個人的完成の道を進む。不正な国家を打倒するより、パステルナークは、苦境にあっても自らの尊厳を守る術を知り、野蛮な力を前にしては身を屈するが、その力が通りすぎた後には身体を再び起こし、人々の人生を内部から照らし出すような美しさを持つ、そうした作品を生み出せる人生の例を同時代人たちに提供しようとする。一方のソルジェニーツィンが望むのは真実であり、他方のパステルナークが望むのは人生である。『ドクトル・ジヴァゴ』を書き終えようとしていたころ、パステルナークは息子エヴゲーニー〔長男〕に言っている。「いつかお前が私について何か書くようなことがあれば、私が極端な立場を取ったことはこれまで一度もないのを思い出してくれ[51]」。真実をそこで語ったと考えている小説が世界を経めぐろうとしており、何百万人もの読者に読まれているのだから、権力者たちに忠誠を誓う二通の手紙に署名することなどパステルナークにとっては何でもない。少なくともパステルナークは事態をそのように捉えている。

パステルナークは闘い続けたいとは思っていないし、自分という人間を祖国の解放のために犠牲にしたいとも思っていない。投獄されもしないし、強制収容所に入れられもしなかったのだから、パステルナークが全面的な恐怖、すべてを失ってしまうのではないかという恐怖を味わったことがないのは確かだ。そのような恐怖は、いったん乗り越えられれば、ひとに無限の勇気を与える〔ジェルメーヌ・ティヨンが示した勇気のように〕。だが、祖国や人類が課す抽象的な義務よりも、個別の人間に関わる愛情のほうを好むのは、パステルナークにとっては、理解できないことだとも、許されざることだとも思われない。パステルナークは、彼に依存し、また彼のことを心配もする人々のあいだで生きている。そしてこの人々が、パステルナークのために、フルシチョフ宛ての詫び状の文面を準備し、それを送るようパステルナークに頼んでいるのだ。政治的かつ歴史的観点からすれば、ソルジェニーツィンは間違いなく、パステルナークより大きな役割を果たした。ソルジェニーツィンが悪を告発する場合、彼はそれぞ

(51) Boris Pasternak, *Correspondance avec Evguénia*（パステルナーク『最初の妻エヴゲーニアとの書簡集』）, *op. cit.*, p. 546.

れの人間の心のなかに、悪が善と併存するさまを観察するだけでは満足せず、打倒すべき体制が悪を行使しているとする。革命の輝かしいとはとても言えない裏面である強制労働収容所の詳細な絵図を示し、この情報を世界中に知らせることによって、適切に選択された戦略もあって、ソルジェニーツィンはソヴィエトという全体主義的帝国の崩壊に、重要な貢献をする。だが、パステルナークによって選択された抵抗の道にも、政治的価値がある。それはおそらく、まさしくパステルナークが、自分の生活すべてを政治的目的の追求に従属させなかったがゆえに生み出された価値である。パステルナークが作品のなかで生命を与える世界は、その全体が敵と味方には分割されてはいないし、パステルナーク自身、共産主義体制の構築者に対する憎しみには衝き動かされていない。数多くの弱さと欠点を持ちながら、人生の根源の泉に水を飲みにいく術を知っているパステルナークは、ソルジェニーツィンより平凡な人間に近い。ソルジェニーツィンがたどった道は、付いていける人間がほとんどいない道であり、そこでは「個人」が、自分が課されていると感じている「使命」と完全に混じり合ってしまっている。

『ドクトル・ジヴァゴ』で、パステルナークはふたつの態度、良き人生についてのふたつの考え方を対峙させて提示している。そのそれぞれは、「永遠のロシア」を象徴する女性ラーラとその最初の夫アンチーポフに体現されている。アンチーポフは行動のひとであり、社会を変化させ、それを自分の理想に合致したものにしたいと望む。これこそ、アンチーポフが活動家に、革命家になる理由である。世界を解釈して満足するのではなく、世界を変えねばならないとするマルクスの方針に、アンチーポフは賛同する。ラーラのほうは、世界と調和するために、自らを変えようとする。小説の最後で、ラーラはジヴァゴの遺体[52]を前にして、このカップル〔ラーラとジヴァゴ〕に自分たちの一体性を見出させてくれたひとつの同じ道について語る。それは、何かをなし遂げようという目論見ではなく、「見えるものすべての美しさに、宇宙の全体に属しているという感情である」（XV, 15）[53]。自然を変えようとするのではなく、人間は自然のなかに自分の場所を探さねばならない。

ソルジェニーツィンとパステルナークはある程度まで、このふたつの生き方の典型に対応する。第一の典型は、学者の、創造者の、活動家の、さらには戦士の種族に属し、世界についての自分の知識を、世界をよりよく変えるために用いる。こうした人間は、瞑想するよりもむしろ行動し、彼らのそうした振る舞いは、それ自体に意味を見出すのではなく、その振る舞いが到達させてくれる目的に意味を見出す。第二の典型は、これとは逆の選択をする。そのような人間は、あるがままの人生を愛する術を学び、自らに指導者的役割を割り振ることなく、人生を理解しようと、また人生を表現しようと望む。この場合、人間を宇宙のなかに位置づけること、歴史をこのように自然と同一視することにはそれなりの不都合がある。そうした見方は、ことのなりゆきを前にしたとき一種の諦念を生み出しがちであり、いかなる意志的な働きかけも不可能であるように考えてしまいがちだからだ。そもそも、この本の主人公ジヴァゴ自身が友人たちに警告している。「鎖につながれた男は、つねに自分の奴隷状態を理想視するものだ」（XV, 7）。もっとも実際には、パステルナークはそうした態度に陥ってはいない。自身の特徴の多くを登場人物たちに分け与えてはいるが、パステルナークは彼らとは混同されえない。この世にこの本

(52) ラーラに愛を抱く誠実な医師ジヴァゴは、久しぶりに戻ったモスクワの町でラーラを見かけ、彼女を追いかけようとしていた際に心臓発作で倒れる。

(53) 『ドクトル・ジヴァゴ』への参照は*EA*（パステルナーク『自伝』）の版の部および章に対応している。

が存在しているという事実のみによって、この本はそれが存在する以前の世界を変える。この本は、ひとつの行為の結果であり、瞑想の結果ではない。

ヴァルラーム・シャラーモフは一九三七年から五一年までの一四年をコルイマの強制収容所で過ごし、[54]この体験から『コルイマ物語』を生み出した人物で〔本章注25参照〕、ソルジェニーツィン、パステルナークのそれぞれと文通を交わし、ふたりに実際に会ってもいるが、ノーベル賞受賞をめぐってのパステルナークの振る舞いについて、より陰影に富んだ判断をしている。パステルナークについての思い出を語った最後にシャラーモフはまずこう書いている。「英雄の、預言者の、神の外套はパステルナークの肩には幅が広過ぎた」。そのことには疑いの余地はないし、パステルナークがそんなものを一度も欲しがらなかったことは周知のことである。シャラーモフがパステルナークにおいて好ましいと思うのは別のことである。「私はいつもそう考えてきたし、今でもそう考えているが、人生には、同時代人として、生きとした人々が存在すること、無限の道徳的権威の持ち主と思える人々が存在することがぜひとも必要だ。こうした人々が、われわれの隣人として存在しなければならないのだ。〔中略〕パステルナークは私にとってこのような人間だった」[55]。

パステルナークはノーベル賞受賞拒否の後なお一年生きる。なお翻訳を続け、寄せられる手紙に返事を書き、劇作品『美しい盲女』を書き始めるがこの作品は未完に終わる。パステルナークは一九六〇年五月に全身に転移した癌によって亡くなる（それが見つかったのは死去の一週間前だった）。亡くなる前月、床に就いていたパステルナークはもはや愛する女性であるオリガに会えない。彼の周囲にいるのは法律上の家族である。こうしたあまり調和に満ちたものとは言えない最期は、しかし、間違うこともある不完全な人々のほうが正義や徳に溢れた人々よりも好きだと言っていたこの人物には似合いだ。パステルナークが書いた最後の恋文は死の一年前のものである。このとき彼は、ジョージアに妻と一緒に、（強いられて）旅をしていた。パステルナークは毎日オリガに手紙を書く。一九五九年二月二一日にはこうある。「人生は何と驚くべきものだろう。人々を愛すること、人々のことを考えることがいかに必要なことか。他には何も考える必要はない」。そして同年三月四日の手紙である。「私の喜び、私の熱愛するあなた、地上であなたを持てるとは何という信じがたい幸福だろう。この地上であなたに出会い、あなたを見ることができるというほとんど想像しがたい可能性を持てるとは、何という幸福だろう…」。

(54) シベリアに置かれたロシアの強制収容所のひとつであり、アウシュヴィッツと並んで人類史上最悪の強制収容所とされている。

(55) Varlan Chalamov, *Correspondance avec Baris Pasternak et Sauvenirs*（ヴァルラーム・シャラーモフ『ボリス・パステルナークとの書簡及び回想』）, *op.cit.*, p. 215-216.

第5章

ネルソン・マンデラとマルコムX

ネルソン・マンデラ

(1918〜2013) テンブー人の首長の子として生まれたが、アパルトヘイト体制を取る南アフリカ共和国で、若くから反アパルトヘイト運動に参加し、1961年には武装闘争を主張する軍事組織「民族の槍」の首領となる。62年に逮捕され、64年には終身刑の判決を受け、27年間に及ぶ獄中生活を送る。この入獄中に南アフリカ白人政府の指導者デクラークと交渉を始め、90年に釈放。93年にデクラークとともにノーベル平和賞受賞。94年には南アフリカ初の全人種参加総選挙を実現し、大統領に就任。民族和解・協調政策の推進によって、平和裏にアパルトヘイト体制からの離陸を実現する。

マルコムX

(1925〜65) 青年期に入獄したが、獄中でブラック・ムスリム (黒いイスラム教徒) 運動に出会い、出獄後はイライジャ・ムハンマドを指導者とする宗教団体ネーション・オブ・イスラムのスポークスマンとして、キング牧師とは対照的な攻撃的な黒人解放指導者として知られた。後にイライジャと不和になり、メッカへの巡礼をきっかけに、それまでと異なる平和的運動の方向を目指すが、ハーレムでの演説中にイライジャの信奉者に殺害される。

出獄（一九九〇年）

ある国民のふたつの部分間の断絶が深くなり、双方が自分たちを他方とは異質だと感じ、同じ国土に住んでいるのに、互いを敵だと見なし始めると、その国は内戦勃発寸前の状態にあると言える。断絶の中身は関係ない。それは宗教的なものでも、民族的なものでも、人種的なものでもありうる。ある瞬間から、権力や支配権を求める闘争は軍事的争いへと転化してしまう。ここ何十年か、われわれは、ユーゴスラヴィアを構成していたいくつかの共和国（セルビア、クロアチア、ボスニア、スロベニア）の出身者間の戦い、イスラム教内部の宗派間（スンニー派とシーア派）の戦い、異なった指導者に忠誠を誓う者同士の戦い、同じ国に住む異なった部族同士の戦い、イスラエル人とパレスチナ人の戦い等、さまざまな戦いを目にしてきた。そうした争いの結果はつねに変わらず破滅的だった。好ましい例がひとつだけ思い浮かぶ。南アフリカ共和国である。あの国ですべてがうまくいっているわけではなかった。それどころか、あの国では、血なまぐさい内戦がいつ起きても不思議ではないあらゆる条件がそろっていた。だがそうした内戦は起きなかった。

少数派の白人による人種隔離政策《アパルトヘイト》が続いた長い歳月は、多数派の黒人のあいだに巨大な恨みを鬱積させていた。武器を使った戦いが不可避かと思われた。だがそうした戦いは起きなかった。その功績は、あの国の諸党派の指導者の賢明さ、あるいは古代ギリシャ人が思慮と呼んでいたもの、すなわち「ひとつの状況を構成する諸要素についての正確な見積もり」に帰されるべきだが、なかでも第一の功績は、議論の余地なく、ネルソン・マンデラのものである。マンデラは、アパルトヘイトの廃棄のために闘っていた運動体、ANC（アフリカ民族会議）の歴史的リーダーである。

マンデラの名は今日世界中で知られ、尊敬を受けている。二〇一三年のマンデラ死去の際には世界各国の国家元首がこぞって賛辞を呈し、マンデラは自分たちの模範であり、自分たちをおおいに感化したと述べた。だが、そのように明言していた政治指導者のあいだに、マンデラの弟子を探してみても徒労でしかないだろう。公の場でマンデラを褒め称えるのは品が良いことである。しかし、いったん自分の国に戻ると、彼らはマンデラの教訓などまったく顧慮に入れることなく、自分がいつも振る舞ってきたように振る舞い続ける。マンデラの葬儀の際におこなったすばらしい演説で、バラク・オバマ[1]は言っていた――あらゆる国家的政治家は、「自分はマンデラの教訓を自身の人生に適用しているだろうかと自問せねばならない」。そして、アメリカでも人種差別思想に対する闘いはいくつかの勝利を収めてきたが、貧困と不平等に立ち向かって社会正義を求める闘いはまだまだ進んでいないと述べていた。だが、オバマは自国が武器を使って、また拷問を用いて今も進めているいくつかの戦いについてはまったく言及しなかった。それらの戦いはマンデラの精神[2]には合致しないものである。歴代のアメリカ政府は、彼らにとっての敵または仮想敵をグエンタナモのような牢獄・強制収容所に閉じ込めている。また、自国

（1）バラク・オバマ（一九六一～　）はアメリカ合衆国の政治家、第四四代アメリカ大統領（在任二〇〇九～一七）。

から遠く離れた場所で、彼らが罪あるとする、あるいは罪ありと疑う国々を無差別に無人爆撃機で攻撃し、たまたま近くにいた罪なき民間人をも殺傷している。さらには、自国の国民、そして同盟国の政治的・経済的に責任ある立場の人々を盗聴している。それでも自分はマンデラの模範に影響を受けているなどと主張するのだろうか。あらゆる人間が属す人類という共同体から敵だけを除外するのを拒否するマンデラの教えに、影響を受けているなどと主張するのだろうか。マンデラの道徳的美徳は、言葉と行動をこのように深く切り離すことなど許しはしない。

では、マンデラの教訓とは正確にはいかなるものだろう。マンデラが自国の黒人住民に犠牲を強いるアパルトヘイトと激しく闘ったことはよく知られている――だが、彼だけがそのような闘いをしていたのではない。またこれもよく知られているが、マンデラは非常に長いあいだ牢獄に閉じこめられていた――だが、他国の政治家にとって模範となるのは、マンデラの経歴のこの部分でないのは言うまでもない。したがって、屈服を拒んだこの類《たぐい》まれな人物の人生をより詳細に観察せねばならない。

一九八〇年代末、南アフリカのアパルトヘイト体制は、世界中で一致した非難の対象となっていた（それは「資本主義的」西側世界と「社会主義的」東側世界が唯一合意できる点だった）。そして、それゆえにこの体制の指導者たちは自国の生き残りそれ自体が危うくなっているのを理解していた。この指導者たちは、重荷を厄介払いするために、自国の法体系を変えねばならないと考える。だが他方で彼らは恐れる。何十年も嫌がらせと不正を被ってきた多数派の黒人が今後力を得たなら、かつて受けた数々の侮辱の償いを求めてくるかもしれないし、これまで堪え忍んできたことを理由に、自分たち少数派白人に罰を与えるかもしれない。指導者たちが恐れるのは、避けがたい恨みが、血なまぐさい復讐へと転化するのではないかということである。

そこで指導者たちは大胆な試みを思いつく。マンデラを牢獄から出してみようというのである。そうすればマンデラを、これから始めなければならない黒人側との交渉で対話の相手にすることができるかもしれない。だが、彼らは結果が思惑通りいくかどうか、確信が持てない。もし、マンデラが自分の黒人同胞をこれほど苦しませてきた者たちに対する迫害の扇動者にでもなったら、どうなってしまうだろう。しかし指導者たちにとって選択の幅は限られている。復讐の波を阻止できるほどの権威を持った人間はマンデラの他には誰もいない。

マンデラは一九九〇年二月一一日に出獄する。このとき彼は七二歳になっている。マンデラが逮捕されたのは一九六二年八月五日なので、二七年六ヵ月と六日間、獄にいたことになる。出獄した日の夕方、マンデラは公衆に向かって非常に一般的な言葉で語りかける。まだ彼の精神状態が本当はどのようなものなのか、誰にもよくわからない。翌一二日の朝、マンデラは初めての記者会見をおこなう。メディアの国際的スターを含むおよそ二〇〇〇人の世界のジャーナリストが、もうひとりの高名な反アパルトヘイト運動家であるデズモンド・ツツ大主教(3)の家の芝生に押しかける。ジャーナリストたちは、世界でもっとも高名な元囚人が発する言葉を一語も聞き逃すまいと構えていた。

(2) グエンタナモはアメリカがキューバ島に置いている軍事基地であり、基地内の収容所に連れてこられた戦時捕虜は正規の司法手続きによらず、拷問を受けているという国際的非難がなされている。
(3) デズモンド・ツツ(一九三一〜)は南アフリカの宗教家・平和活動家。南アフリカ聖公会のケープタウン大主教。一九八四年にノーベル平和賞を受賞。

マンデラはその会見をまったくもって戦略的な言い回しで始めた。古典修辞学で言うカプタティオ・ベネウォランティアエ、すなわち聴衆の好意をまず得んとする言い回しである。マンデラは報道機関の代表者たちにお世辞を使い、牢獄で過ごした長い期間世界が自分を忘れないでくれたのは報道機関のおかげであると確言する。要するに、マンデラが彼らに求めたのは、彼らがずっとそうであったと称している者に彼ら自身がなることである。マンデラがとくに好意をもって接したのは南アフリカの公営メディアのジャーナリストたちである。彼らがそれまでマンデラに対して好意的だったとはとても言えない。そもそも、西欧諸国の一般大衆はマンデラの大義に共鳴を示していたとしても、ヨーロッパ諸国およびアメリカの政府は、長いあいだ、アパルトヘイト体制の忠実な同盟者だった。

マンデラはこうしたことを知らないわけではまったくない。したがって、この瞬間のマンデラは自分の言葉の本当らしさよりも、その言葉のもたらす効果のほうに配慮する巧妙な政治家として振る舞っている。マンデラはこの導入に続いて、ANCの方針の主要な要素に注意を促す。ANCが目標としているのは、アパルトヘイトの廃棄であり、南アフリカの全市民にとっての法の下での平等の確立であり、いかなる人種差別も伴わない普通選挙の実現である。またマンデラはもうひとつ、自分にとっての基本的前提に注意を促す。彼の指導するANCが政府の暴力的弾圧を受け続ける限り、ANCの側も暴力に訴えることを断念しはしない。正統的闘士を思わせるこのような言葉はANCのメンバーや共鳴者を安心させる。彼らはほぼ三〇年ぶりに、(遠くから)自分たちの年老いたリーダーの声を聞いたのだ――その言葉は、南アフリカの少数派である白人の恐れを鎮めるような性質のものではない。

だが、こうした言葉のすぐ後に、いくつか意表をつく主張が待ち受けている。まず、マンデラは、

ANCの方針は同時にふたつの原則を擁護するものだと強調するのを忘れない。ひとつは、黒人の南アフリカ人に平等を与えることである。もうひとつは、白人の南アフリカ人には安全を保証せねばならないことである。国家の新たな形態はすべての人々にとって不都合なきものでなければならない。それは、多数派にとってのみ都合よきものであってはならない。マンデラは、少数派である白人の不安は理解できるものであり、白人であるこのアフリカーナーたち[4]も黒人同様アフリカ人であると主張する。アフリカーナーについて語りながら、マンデラは次のように付け加えさえする。「われわれはアフリカーナーたちがこの国の発展に対してなしてきた寄与の価値を正当に評価する」。このようにして、マンデラはそれまでANCが用いていた、植民地化する側と植民地化される側を対比して語る図式の外側に出て、どちらも等しく正当な要求を持つふたつの市民集団について語る。マンデラは憎しみや恐怖を眼下に見下ろすところに身を置いて、暴力の永遠の繰り返しの外側に自らを立たせる。記者会見での質問に答えるなかで、もはやANCの名においてではなく、自分自身の名において語り始めると、その変化はさらに明瞭になる。牢獄で過ごした歳月でもっとも記憶に残ったできごとを聞かれ、マンデラが語るのは、おそらくは非常に限られたものではあったろうが、牢獄経験のなかで味わった唯一肯定的な側面である。「私は牢獄で、善意の証を見せてくれる人々に出会った［彼は囚人仲間の話をしているのではなく、看守の話をしている］」。どういう意味かと言えば、彼らがわれわれのものの見方を理解してくれたということだ。

（4）アフリカーナーはアフリカ南部に居住する白人のうち、ケープ植民地を形成したオランダ系移民を中心に、フランスのユグノー、ドイツ系プロテスタントなど、宗教的自由を求めてヨーロッパからアフリカに入植した人々が合流して成立した民族集団。

［中略］これが辛い思いを和らげてくれる最良の解毒薬だった(5)」。

数年後に書かれた自伝『自由への長い道』（一九九三年）で、マンデラは記者会見当時の自分の精神状態について次のように語っている。「牢獄で、私の白人に対する怒りは鎮まったが、アパルトヘイト制度に対する憎しみは増大した。私が自分の敵をまで愛していること、同時に互いが衝突する原因となった制度を憎んでいること、それを南アフリカに理解して欲しかった」。つまり、マンデラは牢獄で、政治制度とそれを体現している人間とを、はっきりと分けて考える必要性（そして能力）を発見したらしい。これによって、マンデラはその一方を憎みながら他方を愛せるようになったというのである。おそらくその本でマンデラが用いているキリスト教的語彙〔＝愛〕は、彼が実際考えた以上のことを意味してしまうだろう。《敵もまた自身に劣らず人間なのだと見なすに至った》、そのように言えば十分だったのではないか。マンデラが表明するこの立場は、もうひとつ別の憎むべき政治制度の敵対者だったソヴィエトの作家、ワシーリー・グロスマンのそれを思い出させる。グロスマンは、ソヴィエト体制に対して取るべき適切な態度を示すために「六世紀に生きていたシリアのあるキリスト教徒」の言葉を引いている。「罪を憎め、そしてひとを許せ(6)」。

牢獄で受けた数々の屈辱的な経験や、自分が入獄しているあいだ家族に襲いかかった数々の迫害を、マンデラは忘れたわけではまったくない。マンデラが牢獄生活について肯定的な経験しか語らないのは、ここでも自分に有益と思われることのみを語る政治家として行動しているからである。だが、ここでは彼は、たとえそれが部分的に過ぎないものだとしても、真実を語っている。彼の言葉には確信の力が溢れ、聴衆をただちに納得させる力がある。この確信の力はマンデラが真実を語っているがゆえのものである。マンデラは偽りを語りはしない。彼はこのうえなく誠実である。彼は、体制とその体制を体現している人間とを分離して考え、一方を憎み、他方を愛せることを示す生きた証拠なのである。マンデラが発する言葉は、彼とともに闘い、運命をともにしてきた仲間には驚きであり、衝撃的でさえある。この人々はみなアパルトヘイトの犠牲者なのだ。しかし、マンデラの経歴が、この人々の目から見ても、彼の発する言葉を反論できないものにしている。マンデラは他の誰よりも長期間牢獄に入れられており、他の誰よりも多くの暴力を被ったし、その家族は他のどの家族にもまして苦しんできた。そのマンデラが、かつての敵を受け入れる身振りをするのである。彼が敵に好意的なのはあまり苦しまなかったからだ、などとはマンデラに向かって誰も言えない。この時点でマンデラは、公には初めて、そして彼にとっては新たな、世界のあまたの闘争の歴史においてきわめてまれなひとつの態度を表している。それは、

（5）マンデラの著作、またマンデラ関係の著作への参照は以下の通り。それぞれの著作を略号〔日本語訳では略称〕で示し、ページをその後に記す。

CMM（『対話』）＝Nelson Mandela, *Conversations avec moi-même*（マンデラ『自分自身との対話』）La Martinière, 2010.

LCL（『長い道』）＝Nelson Mandela, *Un long chemin vers la liberté*（マンデラ『自由への長い道』）, Fayard, 1995, Le Livre de Poche, 2013（本書での引用はこの版による）。

PE（『敵』）＝John Carlin, *Playing the Enemy*（ジョン・カーリン『敵を演ずる』）, New York, Penguin, 2008, Londres, Atlantic Books, 2009.

SM（『思い出』）＝John Carlin, *Le Sourire de Mandela*（ジョン・カーリン『マンデラの思い出』）, Seuil, 2013.

ここでは*LCL*（『長い道』）p.685以下および*SM*（『思い出』）p.47による。

（6）*LCL*（『長い道』）p.684; Vassili Grossman, *Vie et Destin*（ワシーリー・グロスマン「人生と運命」『作品集』）, I, 4, dans *Œuvres, op. cit.*, p.12.

憎むことなく抵抗し、かつての敵と友愛に満ちた関係を作り出すという態度である。

事前折衝とその結果（一九八五〜九〇年）

実は、最初の記者会見でマンデラが自分のものとした立場は、南アフリカ政府内のマンデラの交渉相手にとって、まったくの驚きではなかった。もうそれまでに彼らは四年以上もマンデラと交渉を重ねてきていたのだ。彼らの姿勢の変化は、おそらくもうひとつの同時代の事件と密接に関係している。一九八五年三月、ソヴィエト連邦で権力を掌握したミハイル・ゴルバチョフがそれまでのソヴィエトの政策に大きな変更をもたらして以来、もはや共産主義は世界の舞台で第一級の脅威とは見なされにくくなっていた。それまでアパルトヘイト体制の支持者たちは、この政策をアフリカにおける共産主義の伸張に対する防波堤と位置づけていた。ソヴィエト連邦と冷戦状態にあった西側諸国政府が長いこと南アフリカ政府を支えてきたのはこれが理由だった。しかし冷戦が終結し、もはや共産主義が脅威ではなくなったのだから、どうして人種差別主義国家への支援を正当化などできるだろう。こうしてすでに一九八五年には、南アフリカの政治指導者の何人かのあいだで、体制変革の必要があるという考え、そのためにはＡＮＣと交渉せねばならない、より正確に言えば投獄されているＡＮＣのリーダーと交渉せねばならないという考えが芽生えていた。だが、「テロリスト組織」との交渉はしないという姿勢は、南アフリカ政府がそれまで高らかに宣言してきた諸原理の一部をなしている。したがって、ことは極秘のうちに進めねばならない。そこでこの政治指導者たちは、ひとつの機会を利用することにする。マンデラが前立腺の手術を受けねばならなくなる。その年の一一月、退院したマンデラは闘争仲間と一緒に入れられていた房には戻されず、独房に入れられる。こうして、交渉を秘密裏に開始する条件が整えられる。

　すでにはるか以前からマンデラはこのような機会を待っていた。だから、それまでの方針を公にまだ修正できない政府の困惑を即座に理解したマンデラは、自分に課された変化をすすんで受け入れる。そもそも彼の側も同様の心配事を抱えており、それゆえ彼もまた交渉を秘密裏に進める必要があると考えていた。集団は個人よりもつねに過激である。自分に注がれる同房者の視線が、自分の主張をどんどん過激にするよう強いるのである。ひとりにされることで、マンデラはこうした同房者の視線から解放される。ティヨンにとってと同様に〔本書第2章〕、マンデラにとって第一の忠誠の対象は人類全体であり、自分が所属する集団ではない。マンデラは自分が始めようとする交渉の道に仲間がただちに付いてくるかどうか疑っている。彼らが公言していることのなかには、南アフリカ政府が公言していることと同様、妥協的姿勢がまったくない。仲間たちは人種差別主義国家との交渉など決して許さないだろう。マンデラは数年後、次のように言っている。「もし政府と交渉したいなどと私が仲間に言っていたなら、その時点で交渉は不可能になっていただろう。仲間は、政府と議論するといった考えなど問題にもしなかったろう。だから、仲間には話をせずに政府と交渉を始め、交渉が成立した後にその結果を仲間に示すことにしたのだ」[7]。マンデラの同房者たちは、マンデラがひとり別の場所に監禁されることに抗議しようとする。マンデラは、与えられた新しい房のほうが快適だという口実を用いて、彼らの抗議を止めさせる。

こうして、マンデラは秘密裏に司法大臣コビー・コエスティー、情報局長ニール・バーナードと面会し始める。しかし、マンデラの収監状況は改善されるが、交渉は遅々として進まない。交渉を進展させたきっかけはまたもや、病気に関わる事件によってもたらされた。一九八九年一月（接近が始められてから三年が経過していた）、大統領ピーター・ボータ〔一九一六～二〇〇六〕が脳溢血にみまわれる。回復はしたものの、ボータは、自分はまもなく権力の座を去らねばならないと覚悟する。彼は、自国の運命を変えた人間として歴史に残りたいと考える。そこで彼は、公にマンデラと他のＡＮＣの指導者たちの釈放を提案し、釈放の条件として彼らに暴力の使用の放棄を厳かに宣言するよう求めた。だが、やはり公に流された宣言を通じて、マンデラはこの申し出を拒否する。自由の剥奪は牢獄内に限られたものではない。自由の剥奪はアパルトヘイト体制に由来する。この体制が疑問に付されない限り、争っている両者が契約を結ぶのは不可能である。同年三月、マンデラはボータに書簡を送り、そのなかで、交渉の全過程で議論されるべき論点、彼が主張するふたつの基本的点を明瞭に述べている――「第一に、統一された国家においては多数派による政府が形成されること。第二に、〔中略〕多数派による統治においては、多数派の黒人が少数派の白人を支配することのないよう、そのための制度的保障を確立すること[8]」。

一九八九年七月、ボータは大統領官邸にマンデラを招く。マンデラにただちに強い印象を与えたのは、ボータがおこなう政治的演説ではなく、ボータそのひとが示す態度である。ボータは満面に笑みを湛え、大急ぎでマンデラに近寄り握手を求めながら出迎える。それから自らお茶を入れてマンデラを歓待する。「この最初の瞬間から、私は彼に対する警戒の念をすっかり捨て去ってしまった。非常に礼儀正しく、慇懃で、友好的だった[9]」。マンデラもまた相手に思いやりを示した。マンデラがボータに話したのは、もっぱらアフリカーナの文化と歴史についてだった。アフリカーナが自分たちの自由のために闘っていた時代の話をし、この歴史的挿話を自分たちの時代の黒人の闘いと比較する。同年八月にボータは辞任し、その地位に就くのはフレデリック・デクラーク〔一九三六〜〕である。一〇月にはANCに属するマンデラを除くすべての政治犯が釈放される。一一月（このあいだにベルリンの壁が崩壊している）、マンデラはデクラークに会い、この相手とは一緒に仕事ができるという印象を抱く。デクラークとゴルバチョフは似ているという考えがマンデラの頭をよぎる（だが、ソヴィエトの大統領の周囲にはマンデラに相当するような人物はひとりもいない）。こうした機会が訪れるのを信じたからこそ、この長い四年ものあいだに、マンデラはANCにとって仇敵のコエスティー、バーナード、ボータ、デクラークと頻繁に会い、親しくなったのであり、彼らの側でも同様、マンデラに親しんだ。政府側の人々はマンデラを、自分たちと意見を同じくしないが、自分たちを尊重し、復讐の計画など持たず、いくつかの過激な集団がスローガンで言い張るように、自分たちを海に投げ捨てるような考えもないことを、言葉ではなく行動で示す人物であると見なす。こうした長い過程を経て、一九九〇年二月にマンデラは釈放される。

アパルトヘイトが廃棄されるにはさらになお四年を越える歳月が必要である。それはあちこちに落とし穴が潜む長い道であったが、その全期間を通して、マンデラは道徳的・政治的英知を発揮し、「穏和さ」を示す。国民の大多数が求めているのは何より平和であり、安全であるということであり、内戦は

（7）*CMM*（『対話』）p.270.
（8）*LCL*（『長い道』）p.659-660.
（9）同上書 p.664.

破局をもたらすものだから何としても避けねばならぬ。マンデラの信念はこうしたものである。暴力には暴力で応えることを正当化し、際限もない暴力を増幅していこうとする人々の論理を彼は拒否する。マンデラは、ティヨンがアルジェリア戦争について語っていた「相補的な敵」のひとりになることを拒否する。マンデラのこの考えに反対するのは、多数派の黒人であれ、少数派の白人であれ、その双方の側にいる強硬派の人々である。彼らはいかなる妥協も受けつけず、平和よりも自分たちが確信するものの勝利を欲する。こうした人々が引き起こす暴力の爆発は無視しがたい。一九九〇年から九四年の四年間に、それに先立つ一九四〇年から九〇年までの五〇年間を越えるほどの多くの血が流された。ヨハネスブルク(10)の周囲だけで、その四年のあいだに一万人以上の犠牲者が出た。

それゆえマンデラは、まったく正反対の確信に囚われたふたつの集団に対して対処せねばならなくなる。一方で、彼はＡＮＣの活動家たちの、復讐したいという願望を抑えねばならない。彼らは相変わらず暴力的な攻撃の対象とされていたのだ。そうした攻撃は、南アフリカの同じ黒人部族のひとつズールー人の強硬派からもなされた。そのリーダーであるブテレヅィは、マンデラの地位の上昇によって自分の権力が脅かされるのを恐れ、自分の配下にＡＮＣの支持者を痛めつけるよう仕向ける。他方、白人政府の治安機関もまた同様の行為に走る。というのも、治安機関の構成員は誰ひとりとして黒人側との妥協を図るという公式の政策についていけず、異なる部族同士が殺し合う黒人間の争いを喜んで見ているからだ。ＡＮＣは今や、ズールー人の攻撃に反撃するに十分な武力を備えている。だが、それこそが罠であり、マンデラはこの罠に陥るのを避けたいと考える。彼は自分の権威を用いて、力と力の応酬が起きるのを避けようとする。マンデラは敵を説得しようとするのであり、排除しようとはしない。

一九九三年、ANCの活動家たちを怒らせ、彼らを暴力に走らせかねない事件がまた起きる。ANCでもっとも慕われていた指導者のひとり、クリス・ハニが白人の強硬派運動家に殺害された。犯人はポーランド出身の反共主義者である（おそらくこの男は、故国で共産主義権力によって自分に与えられた屈辱に復讐しようとしたのだ）。マンデラは即座にこの事件がはらむ危険を察する。この殺人は挑発である。その目的はまさしく、全般的な暴力の爆発を引き起こすことであり、民主化の進展を阻止することである。マンデラはただちに事件について発言し、活動家たちの怒りを鎮める言葉を見つけ出す。マンデラはまず、自分がハニに抱いていた父親のような愛情と、ハニを失った深い悲しみについて語る。話を続けながら、犯人はたしかに白人だったが、犯人の逮捕を可能にした証人も白人女性だったことをマンデラは思い出させる。結論として、マンデラは仲間にあらゆる復讐を断念するよう呼びかける――「そのような種類の行為に引きずり込まれる人々は、殺害者たちを利するだけだ」[11]。

ANCの活動家たちの行為が断罪に値する場合、マンデラはためらわずに断罪をおこなう。ANCがある数人の集団に白人権力に協力した疑いをかけ、この人々を逮捕する。この人々は自分たちが被った監禁のひどい状況を非難する。マンデラはこうした行為をおこなった責任者たちの言い逃れを遮り、言い放つ――「一九八〇年代の大部分の時期、ANCの陣営では、捕らえた人々への拷問や屈辱的扱いが頻繁におこなわれていた」。マンデラが理解したのは、たとえ高貴な大義であっても、卑しい行為は正

(10) 南アフリカ共和国ハウテン州の州都で、同国最大の都市。
(11) *CMM*（『対話』）p.366.

当化できないということ、そして戦争には戦争の論理があり、ひとたび戦争状態に入れば攻撃には攻撃が応酬し、戦い合う敵同士が似てくるということである。

他方マンデラは、白人強硬派が仕かけてくる陰謀の試みもかわさねばならない。ハニが死んでまもなく、アパルトヘイトを強く支持する人々が結集する。数万人の集団を組織した彼らは、重武装し、十分な訓練を受けており、民主制の到来を阻止するためなら何でもする気になっている。その先頭にいたのが、尊敬を集めている将軍コンスタンド・ヴィルジョエンである。将軍らの計画は南アフリカの国を分割し、ボーア人[12]がボーア人だけでいられる小国家、「アフリカーナのためのイスラエル[13]」を建国することである。マンデラはこの企てがはらむ危険を察知し、行動することにする。だが、マンデラは、将軍の軍勢に優る軍勢を集めようとはしない――彼は将軍にお茶を飲みに自分の家に来るよう求める。会見は一九九三年九月におこなわれる。その時点で、普通選挙が予定されている日まで九ヵ月しか残されていない。マンデラの家のドアをヴィルジョエンと同行した将軍たちがノックする。すると、思ってもみなかったことだが、ドアを開けたのは満面の笑みを浮かべた愛想のよい家の主人自身だった。次いで、主人は自ら客にお茶を出し、ミルクと砂糖をお茶に入れてもてなす。ヴィルジョエンはこの振る舞いに感動するが、強硬姿勢はそのままであり、配下の部隊は武装を整えつつあると主人に告げる。内戦の危機が国を脅かしている。

マンデラは数年後に次のように語っている。「私は衝撃を受けていた。それでも、私は解放運動の勝利に絶対の確信を持っているふりをした[14]」。マンデラが将軍に、反論として提示した論拠はふたつある。まず、戦いが厳しいものとなり、犠牲者が数多く出るとしても、国民中の黒人の数的優位は圧倒的であり、最終的には黒人側が勝利を収めるだろうし、何よりもこの戦争が起きれば、敗北を被るのは誰よりも、南アフリカという国家であるということ。第二に、すでに将軍自身気づいているはずだが、全世界の諸国の一致した支持が示すように、マンデラ側が主張する大義こそが正しいということ。このふたつをマンデラは指摘する。だが、マンデラが彼らに強調したのは、こうした根底的な反論ばかりではない。マンデラはまた家に招いた客たちに、自分がアフリカーナの歴史から引き出した数々の結論、すなわち、アフリカーナの性格が有する数々の美点とそれに対して覚える自身の賛嘆の念についても語る。こうしたことを語っていたマンデラが完全に誠実だったかどうかはわからない（マンデラはむしろ、このとき、フランス国王アンリ四世(15)の格言を採用していたのだろう。この国王にとって、「パリは一度のミサに値する(16)」のだった）。しかし、マンデラが見せる全体的態度は敬意に満ちており、しかも彼は将軍たちにアフリカーナの言葉で語り、それを完璧に話してみせるのだ。こうしたことすべてが、ヴィルジョエン

(12) アフリカーナーはかつてブール人（Boer）と呼ばれたが、これはオランダ語およびアフリカーンス語で農民を意味する。英語圏ではこの語を英語読みし「ボーア人」と呼ばれ、日本語でもこの呼び名が定着している（本章注49も参照）。
(13) *PE*（『敵』）p.124.
(14) *CMM*（『対話』）p.382.
(15) アンリ四世（一五五三～一六一〇、ナバラ国王エンリケ三世として在位一五七二～一六一〇、フランス国王在位一五八九～一六一〇）はブルボン王朝初代のフランス国王。旧教と新教が争う宗教戦争において新教側の指導者だったが、フランス王位に就くと旧教に改宗するとともに、新教徒にも身分保障を与えることにより宗教戦争を収束させた。
(16)「パリは一度のミサに値する」とは、改宗に当たってアンリ四世が述べたと伝えられる言葉で、「パリを平和裏に自分の勢力下に収められるなら、自分が新教徒であることを止め、旧教に改宗するに十分値する」という意味。

将軍を引きつけ、軍事的衝突という考えを捨てさせるに至る。

マンデラは一九九四年五月九日に南アフリカ大統領に選ばれる。ただ一期の任期中（〜一九九九年）、マンデラはそれまで自国内部で対立を続けていた国民の各部分の再統合に努力を集中する。彼が最初に着手した重要項目のひとつは、真実と和解のための委員会の設置である。総裁職はデズモンド・ツツに委ねられた。その目的は、過去に起きたことがらについての不平不満を精算することである。人種差別主義的犯罪に手を染めた罪人に一方的に裁きを与えるのではなく、委員会はその人々にふたつの選択肢を与える。ひとつの選択肢は、公に自らの有罪を認め、その犯罪行為に苦しんだ犠牲者たちに対し、後悔の念を表明するというものである。この場合、刑事罰は免除される。もうひとつの選択肢は、自分への有罪宣告に対し、裁判の場で異議申し立てをおこなうというものである。この場合、懲役刑に処される可能性もある。委員会によるこの作業はすべての人々に満足を与えるわけではない。だが、法律上の厳格さを犠牲にしてでも平和と和解を選択するこのやり方が、復讐と、さらにはそれに対する復讐という悪循環から逃れさせてくれるということは否定できない。こうした復讐の応酬こそ、ある体制が倒れたとき、その体制下では罪とされていなかった行為を有罪とするようなあらゆる政治裁判の決定につきものだったのである。

マンデラがおこなった他の決定も同じ方向を目指す。マンデラは白人政権時代の、ボーア人たちが作った国歌を捨て去りはしない。そこにＡＮＣに関わる歌詞を付け加えるだけで満足する。また、大統領に選ばれても、かつての敵対者たちを押し潰したりはしない。ズールー人の強硬派のリーダーであるブテレヅィは大臣に任命される。最後に、一九九五年六月には、マンデラは積極的にラグビーの擁護を始める。このスポーツは白人男性には絶大な人気があったが、多数派の黒人からは嫌われていた。他のスポーツの試合で人々の情熱が掻き立てられているのを見たマンデラは、そうした情熱を新たな国家の一体性を確固たるものにするために利用しようと心に決める。そして黒人の南アフリカ国民たちに、ラグビーの南アフリカナショナルチーム（全員が白人である）の勝利を誇りとするよう説得するのに成功する。同時にラグビーナショナルチームの白人ファンたちには、マンデラ自身が、ラグビーナショナルチームのもっとも熱狂的なファンであると納得させるのに成功する。マンデラはこうして――非常にまれなことだが――英知と善良さをもって権力を行使する人間の実例となる。

　機会があると、マンデラは、自分が権力を獲得するまでの決定的時期（一九八五〜九四年）、また権力を行使し始めた当初の時期（一九九四〜九九年）に、自分の行動を支えていた一般的諸原理を繰り返し述べる。その最初のものは政治的な前提である。すなわち、自らが奉じる大義に自分がどれほど入れこんでいても、あらゆる善悪二元論《マニケイスム》は放棄せねばならないし、敵対者が完全に悪者で、自分のほうは善良さそのものだということはないと認めねばならない。一九九六年に、アイルランドで相次いだ民族衝突事件について聞かされたマンデラは、手帳に次のように記している。「敵対するふたつの側のどちらも完全に誤っているわけではないし、完全に正しいわけでもないという状況が、たちまちのうちに到来する」。二〇〇〇年にブルンジ[17]における危機を乗り越える手助けをしなければならなくなった際には、マンデラは次のように記す。「ひとつの国を導くには、妥協が欠かせない。ところで妥協は、友人との

（17）ブルンジはアフリカ大陸中部の国で、内部にフツ人とツチ人とのあいだの、激しい民族対立を抱えている。

あいだでおこなわれるものではなく、敵とのあいだでなされるものである。〔中略〕真に平和と安定を望む者にとっては、妥協は唯一残された選択肢である」。彼の行動を支えていた第二の原理は、人間学的な仮説であり、したがって、最初の原理を正当化するものである――「どのような共同体にも善意に溢れた男性、善意に溢れた女性がいる」[18]。そしてどのような人間であれ、どこか善良なところが必ずあると彼は付け加える。こうした考えから、マンデラは実践のための結論を引き出す。それぞれの人間の、他の部分より善良なこの部分に働きかけること、その際には自分がその人物のそうした部分を認めていることを確言すること、たとえそうした部分がその人物にあって当初潜在的なものに過ぎなかったとしても、自分とその人物が関わるあいだに、それが現実のものとなるようにすることである。

そのために、取るべき道筋は、それが言語によるものであれ非言語的なものであれ、敵対者と直接的な接触を図ることである。すなわち、ティヨンが「対話の政策」と呼んだものの実践である。すると奇跡が生じる。マンデラと対話をおこなったかつての敵対者たちは、ついにはマンデラを愛するようになり、マンデラに付き従うようになる。というのも、彼らはマンデラが自分たちをより善良な者にしてくれると感じるからである。（政治的な）友と敵との区別も曖昧になってくる。この点で、ティヨンとマンデラはエイブラハム・リンカーン[19]の弟子として振る舞っている。リンカーンの教えのひとつは次のようなものだった。「敵を取り除く最良の方法は、その敵を友人にすることである」[20]。

マンデラにあっては、道徳的徳と政治的巧妙さは不可分である。ひとからは見えない、特定個人のものである資質（あらゆる人間存在に対する敬意、どんな人間にでもいくぶんかの人間性を認めることのできる能力）を、マンデラは公の行動のための原理とする。マンデラは道徳から政治へ、また政治から道徳へとまったく軽々と移行するので、彼を見ている人間には、彼にとってこの両者の境界がどこにあるのか、まったくわからなくなるほどである。道徳と政治のいずれもが、マンデラにあっては目的であると同時に手段であり、思考であると同時に生き方なのである。

投獄以前（一九四四〜六二年）

政府側との交渉の過程、選挙での勝利の後にマンデラが自分のものとしたこのような考え方は、ずっと以前から彼のものだったわけではない。一方で変化しなかったものといえば、マンデラが当初から抱いていた自分への誓い、制度的な不平等は受け入れまいという決意、権力者とのいさかいを避けるために身を屈することはすまいという彼の決意である。すなわち、不服従を実践し、抵抗をするという彼の決意である。しかしその誓いが現実に取る具体的な形は変化していく。第二次大戦時から投獄されるま

(18) 同上書 p.395, 434-435.
(19) エイブラハム・リンカーン（一八〇九〜六五）は第一六代アメリカ合衆国大統領。南北戦争期の大統領であり、奴隷解放をおこなう。
(20) 以下にフラン・ド・ヴァールによって引用されているエイブラハム・リンカーンの言葉。Frans de Waal, *Le Bonobo, Dieu et nous*, Les Liens qui libèrent, 2013, p.82.

での活動家時代、マンデラの態度は、一九八五年以後のそれ、すなわち政府との交渉時、選挙の勝利の後とは異なっていた。自伝では、マンデラは活動家当時の自分をどちらかと言えば厳しく評価し、何よりも話し相手を威圧したがり、自分の立場に屈従させたがる若者だったと述べている。そして以前は、自分を取り巻く世界を正確な形で描き出して、そこから適切な結論を引き出そうとする姿勢はなかったと振り返っている。当時のマンデラにとっては真実よりも勝利のほうが重要だったのだ。「私はとても強硬で、私の演説は敵意に満ち満ちたものだった。演説で私はあらゆる人間を激しく攻撃していた。〔中略〕若いころ、私は弱さと、田舎出の青年の無分別とを併せ持っていた。〔中略〕私は自分に欠けたものを傲慢さで覆い隠していた(21)」。敵について陰影に富んだ見方をする気などまったくないばかりか、ともに闘う仲間であっても、自分に同意しないならば、すぐに手荒く扱った。

当初、マンデラは好んで人々を扇動した。後に、彼はかつてのこうした態度を、成熟を欠いた、さらには恥ずべき振る舞いだったと判断するようになる。すでに一九七〇年には、（二人目の）妻ウィニーに宛てて牢獄から出した書簡で、彼は活動家としての初期の立ち居振る舞いを懐疑的に記述している。「〔若いころの自分は〕演壇からもっぱら、自分の頭に積み重なっている断片的な情報をきちんと消化しないまま、そうした情報だけで自己満足して、がなりたてていた。〔中略〕。〔初期の演説を見ると〕聴衆に強い印象を与えたい、注目されたいという願望が透けて見える(22)」。マンデラはＡＮＣ内部で自分の地位が急上昇していくのに満足しきっており、自分の行動が政治的に有益かどうかではなく、自分の活動がいかに過激であるかという点のほうを優先していた。

この時期のマンデラは、自分の闘いの目的であるアパルトヘイトの打倒より、その闘いがどのように遂行されるかに気を取られている。当時の彼にとっては目的よりも手段のほうが重要である。マンデラが当時考えていたのは「ＡＮＣは自分が指導する運動以外の運動には加わるべきではない」ということであり、「自分の関心は、なされる活動から誰が利益を得るかということであって、運動が成功するか否かではなかった」。このような理由から、マンデラは、たとえ目指す目的が同じ場合でも、他の団体が自分たちの闘いに加わってくるのを嫌った。他の団体とは、たとえば南アフリカ共産党であり、インド人の団体であり、混血の人々の団体である。当時のマンデラにとっては人種的な同一性のほうが、イデオロギー上の目的に優先している。「私は人種差別主義を憎んでいたのではなく、白人を憎んでいた」(23)。当時のマンデラは人種の違いの重要性を重んじるナショナリストであり、アフリカを（黒人の）アフリカ人だけのものにしたがっており、非黒人がＡＮＣに加わるのを拒否していた。後にＡＮＣはこの方針を打ち捨てるが、ＡＮＣより過激な他のレジスタンス団体は、以前のＡＮＣと同じ方針を採用し続ける。

マンデラと暴力の関係を観察すると、いくつかの段階が見られる。当初、ＡＮＣは原則上非暴力を主張する。マンデラもこの決定を受け入れるが、同時に彼は、その決定は状況によって強いられたものであり、思考の前提条件となる抽象的原理原則に基づいた決定ではないと考えている――「平和的な方法を用いるか、暴力的な方法を用いるか、その選択はまったくそのときそのときの状況により決定される」。自分の確信を説明するために、マンデラは驚くべき前例を持ち出す。福音書によれば、寺院から

(21) *CMM*（『対話』）p.352, 442.
(22) 同上書 p.51.
(23) *LCL*（『長い道』）p.136, 139.

商人を追い出すために「キリストはこれを力尽くでおこなった。なぜならあの状況では、力こそ、キリストが使えた唯一の言語だったからだ」[24]。この当時、マンデラが自分の主張のために引き合いに出す論拠はまったく折衷的なものだった。マンデラはローズヴェルト、チャーチル、スターリン[25]（第二次大戦の勝者）を称賛する一方でガンディーを称賛していた――だが、マンデラ自身の言によれば、彼はガンディーよりネルーのほうが好きだった[26]。マンデラはしばしばガンディーに比較されるが、ふたりがなす選択のいくつかはこのふたりを引き離す。ガンディーは一貫して非暴力を説くだけでなく、禁欲を実践する。そして、この方針に従わない者には厳しく当たるが、こうした態度はマンデラにはまったく見られない。

一九五二年、マンデラは、より暴力的な集団行動に乗り出す時期が到来したと判断する。だが、まだそれはＡＮＣの公式方針とはならない。マンデラは自分の判断が変わった理由として、敵がＡＮＣを抑圧するために用いる方法を取り上げる。こうして、マンデラは自分が取る態度と敵が取る態度の両者の類似を明瞭に認める――「火と闘うためには火を用いるしかない」、「野獣の攻撃を素手ではかわせない」。暴力は多くの場合、以前に自分が受けた暴力を正当化するための理由となる。しかし、自分たちのテロ行為に対する応酬としてなされる抑圧によって、闘いに参加していない一般市民が巻き込まれ死ぬかもしれないという考えも、マンデラを躊躇させない。「住民に対して復讐がなされるという事態もありうる。これを甘受する勇気をわれわれは持たねばならない」。「このような事故［テロ行為の過程での一般市民の死亡］は、武装闘争に乗り出そうという決定が取られた以上、避けがたい」[27]。ここで言っておかねばならないのは、マンデラ自身に関する限り、このように語るずっと以前から、彼は自分の死を覚悟していたということである。

一九五五年、ANCは中国を始めとする外国に使者を送り、武器を調達しようとする。中国の共産主義者はANCの闘いを励ますが、いかなる物質的援助も与えない。このあいだ、マンデラはゲリラ戦についての理論的学習を進め、クラウゼヴィッツ[28]、毛沢東[29]（「中国革命は、傑作中の傑作だ」）、チェ・ゲバラ[30]の著作を読み、アルジェリア、エチオピア、ケニヤ、そしてイスラエルの革命運動を研究する（この研究の過程でマンデラはメナヘム・ベギン[31]の著作を読んでいる）。一九六一年、非暴力が好ましいとする自分たちの規約を保持しつつ、ANCは武力闘争の開始を決定をする。このふたつの方針をともに目指すという矛盾を乗り越えるため、ANCの一種の関連団体である新たな組織「民族の槍」が結成さ

(24) *CMM*（『対話』）p.92.

(25) ローズヴェルト（一八八二〜一九四五）、チャーチル（一八七四〜一九六五）、スターリン（一八七八〜一九五三）はそれぞれアメリカ合衆国大統領、イギリス首相、ソヴィエト連邦共産党中央委員会書記長として第一次大戦を枢軸国側と戦う。

(26) ネルー（一八八九〜一九六四）はインドの政治家、インドの初代首相。

(27) *LGL*（『長い道』）p.203, 327; *CMM*（『対話』）p.113; *LGL*（『長い道』）p.624.

(28) クラウゼヴィッツ（一七八〇〜一八三一）はプロイセン王国の軍人・軍事学者で、その死後一八三二年に出版された『戦争論』は軍事学の古典とされる。

(29) 毛沢東（一八九三〜一九七六）は中国の政治家・思想家・軍事戦略家。一九四五年から中国共産党中央委員会主席と中央軍事委員会主席を務め、その死去まで中華人民共和国の最高指導者。

(30) チェ・ゲバラ（一九二八〜六七）はアルゼンチン生まれの政治家・革命家でキューバのゲリラ指導者。フィデル・カストロ（後注）と協力して一九五九年キューバ革命を成立させる。六七年ボリビアで逮捕され処刑される。

れるが、その首領はマンデラである。「私の演説は、自由を求める南アフリカの活動家には武器を取る以外の選択はないという内容で、この演説で私は人々を説得するのに成功する」[32]。この直後にマンデラは物質的援助を獲得するために、反アパルトヘイトの闘いを支援する友好国を歴訪する。自身もエチオピアで軍事訓練を受けている[33]。帰国すると、彼は好んでキューバのゲリラの制服を身にまとう。フィデル・カストロとチェ・ゲバラという手本がマンデラの念頭を去らない。とはいえ、マンデラにとっては、かつて非暴力が必要だと主張した以上に、今や武装闘争が必要であると考えているというわけではない。単に、闘争のこのときの状況では、武装闘争こそ時宜にかなっていると判断しているというに過ぎない。

南アフリカ警察が一九六二年八月五日に逮捕した時点のマンデラは、まだゲリラ活動に乗り出してはいないが、これからそうするかもしれない人間だった（ただし、その時点では警察はそのことに気づいていない。マンデラが逮捕されたのは不法出国の廉によってである）。マンデラの長い獄中生活が始まる。

だが、これまでわれわれが描き出してきたマンデラの活動家としての経歴、肖像だけではあまりに部分的であり、それだけではその後マンデラが見せる変化を理解することはできないだろう。彼の人生の最初期に関わるいくつかの事実が、彼という人間の別の側面を窺わせてくれる。これまで語ってきた点について、すでにマンデラは逮捕以前の時点で変化の兆候を見せていた。たとえば当初の理想、すなわちアフリカを黒人だけのものとするナショナリストたらんとする理想、人種としての黒人の擁護者たらんとする理想を、マンデラはすでに放棄していた。南アフリカはそれまでのような多人種社会とは異なる、人種を問題としない社会にならねばならない（目指されるのはもはや黒人だけの祖国ではない）。また、アパルトヘイトに反対する闘いへの白人の参加も受け入れるようになっていた。これによってマンデラと南アフリカ共産党のメンバーとの関係は落ち着いたものになっていた。ＡＮＣと共産党は手を携えて人種差別主義的体制と闘う。だが長期的に見れば、両者の目標は異なっている。共産主義者たちはあらゆることを階級闘争との関係で解釈し、「議会」を始めとするあらゆる「ブルジョア的」制度を、口を極めて罵っている。マンデラはと言えば、イギリス議会とアメリカ議会が、彼にとっての民主主義的理想のほとんど完璧な体現である。そのうえ、マンデラは私有財産制の積極的な擁護者である。アパルトヘイトに対抗するためにマンデラが持ち出す価値は普遍的なものである——民主制、平等、正義、文明、平和といったものがそれである。

さて、マンデラが見せる確信の変化を準備するのは、彼のひととなりのまた別の側面である。この側面は政治的と言うより、精神的なものである。思い出していただきたいのは、マンデラが「王族」と呼ばれる伝統ある家系の家庭に生まれたことである。このことは、マンデラが義務の感覚、名誉の感覚を内面化していたことを意味している。自分を汚さないようにしようというある種の感情は、彼が育った

(31) メナヘム・ベギン（一九一三～九二）はロシア領（現ベラルーシ領）ブレスト・リトフスク生まれのイスラエルの政治家で、一九四二年にソ連を脱出した後はユダヤ人の非公然武装組織イルグンに参加し、四七年にはリーダーとなる。七七年から八三年までイスラエルの首相を務め、七八年にはパレスチナとのキャンプデービッド合意を評価されノーベル平和賞を受賞。
(32) *CMM*（『対話』）p.117; *LCL*（『長い道』）p.357.
(33) フィデル・カストロ（一九二六～二〇一六）はキューバの革命家・政治家。一九五九年キューバ革命でアメリカの傀儡政権であったバティスタ軍事政権を転覆する。二〇〇八年に引退して政権を弟のラウル・カストロに譲るまで同国の最高指導者だった。

環境と彼が受けた教育に由来し、このことが自分の周囲にいる人間のためになるよう配慮する気持ちを培わせた。その結果、マンデラは自身に関する問題の解決よりも、自分が属すると感じている集団に関する問題の解決のほうに意を注ぐようになる。幼くして父親を亡くした結果、マンデラの責任感はいっそう強まる。同時にマンデラは、彼という人間そのものが、その内部で複数の集団間の対話が交わされている場所であり、それゆえに、彼自身が他者との対話に適した人間になっているということを発見する。なるほど、マンデラはその出自のゆえに、強い伝統のなかで教育を受けた。マンデラはいずれ「宮廷」に出る人間としての予備教育を施された。「宮廷顧問官」の役を務めることになるかもしれないからだ。同時に、マンデラは西欧人が設置した学校に送られ、すぐにその教育の優れた面に魅了される。だから、彼の保護者である部族の実力者がマンデラのために配偶者を見つけたと彼に告げたとき、彼は逃げ出すことにする。マンデラはすでにこのときから、個人の人生行路は自分で決めねばならないと考えていたのだ。「心では、私は自分をテンブー人[34]だと考えており、自分が王国の継続のために特別の役割を担うよう育てられ、学校に送られたことを知っていた。［中略］だが、頭のなかでは、誰でも未来を自分が欲するように歩む権利があるし、人生を選択する権利があると思っていた[35]」。マンデラは二重の文化的影響の下に成長した。そのことが彼を二重の存在にした。彼は田舎者であると同時に都会人であり、伝統的であると同時に近代的であり、黒人の文化と白人の文化の双方に浸っていた。後にマンデラがしばしば果たすことになる仲介者の役割の起源はここに見られるだろう。事実、彼が好んで信じようとしたのは、意見の相違はいつも誤解から生じるのであるから、誤解は晴らすことが可能であり、したがって、どんな意見の対立も乗り越えられるということである。

マンデラはおそらく、育った環境においても、早い時期から内面化されたひとつの教えを身につけている。「まだ子どもだったころから、私は自分の敵対者に名誉を失わせることなく相手に勝つ術を学んだ[36]」。どの社会でもそうだが、アフリカの部族社会でも、個々人はつねに敗北を被らないようにしたがるだけでなく、おそらく、またとりわけ、面子を失わず、同じ共同体の他のメンバーから敬意を払われ続けたいと気を揉む。自分自身あまたの屈辱を被り、他者のそうした思いに共感を覚えるマンデラは、人々がそのような試練を味わわずに済むようにあらゆることをなそうと心に決める。自伝には、その証拠となる挿話がたくさん見つかる。論争においては、自らが道徳的に優位に立ちたいがために、相手の道徳的優位を奪い取るようなことは止めたほうがいい。論争に勝つために、相手をおとしめる必要はない。話し合いをおこなう際には、つねに譲歩の用意がなくてはならない――相手側もまた、その話し合いで利益が得られるようにせねばならないのだ。もし相手との共同行動が必要であり、そして相手との協力が続かねばならぬなら、相手に服従を強いるよりは、相手の同意を勝ちえるほうが好ましい。第三者の視線が届かないところで個人的な話し合いがおこなわれるなら、それほど屈辱感を覚えることなく、互いに自分の要求の一部について譲歩することができる。つねに相手の自尊心、名誉心を考慮に入れておかねばならない。このような選択、そして要求の総体が政治的行動をより効果的にする。しかも、そうした総体はひとつの道徳的態度に対応する。すなわち、相手にも人間としての条件が完全に備わって

(34) テンブー人は南アフリカの黒人部族のひとつで、イギリスによる南アフリカ征服以前は独立の王国を形成していた。
(35) *LGL*(『長い道』) p.107.
(36) 同上書 p.16.

いることを認め、したがって、互いを結ぶ平等な相互関係が存在していることを認めるのである。私は彼の立場に立つことができねばならないし、彼も私の立場に立てるのでなければならない。他者に対する敬意が、マンデラの姿勢の基底にある。

マンデラはさらに、これらのことに、自分自身に向けられる要求を加える。それは面子を失うという恐れではなく、自分自身の内部にある視線（あるいは偏在している神の視線）に関係する。自らの尊厳を保たねばならない。いかなる場合でも、また誰も見ていないところでも、自らが公の場所で説く規範に合致するよう振る舞わねばならない。マンデラは、戦闘訓練を受けるためにエチオピアに滞在していたおりの、強い印象を受けた挿話について語っている。ある日、軍事学の授業をしていた大佐がマンデラの前で、解放軍の特徴について話した。「軍事行動においては上官の権威と部下の服従が欠かせない。しかし任務に就いていない場合には、互いの振る舞いは完全な平等に基づいたものでなければならない。それはたとえ最下級の兵士が相手であっても変わらない」。以下はマンデラの注釈である。「語られた内容はすべてすばらしかったし、まことにもっともなことだと私には思われた。だが、大佐が私に話している途中、ひとりの軍曹が部屋に入ってきて、ある少佐がどこにいるかを尋ねた。大佐はあからさまに軽蔑的な態度で軍曹を見やり、答えた。『大事な方と話をしているところなのが目に入らないのか。［中略］さっさと出て行け』。それから大佐はそれまでと同じく、教え諭すような口調で、私に話を続けた」(37)。マンデラがこのちょっとした情景を取り上げたという事実だけで、すでにマンデラが言いたいことははっきりしている。理論と実践の一貫性、原理とその適用の一貫性は守られねばならない。それは他者の視線を恐れるから（面子のために）そうするのではなく、言うこととなすことのあいだに乖離がないようにするために、また、そのことによって自らに対する敬意を失わず、自分が愛着を持つ諸原理を汚さないようにするためにそうするのである。

こうした道徳的選択が、マンデラが牢獄で経験する転向を準備する。

転向（一九六二〜八五年）

一九六二年に逮捕されたマンデラは禁固五年の刑に処される。しかし、事態はそれにとどまらなかった。翌年、警察はＡＮＣの軍事組織が会合に使ってきた農場を発見し、軍事組織の指導部のメンバーをすべて検挙し、多数の資料を押収するが、その結果、マンデラが「民族の槍」の首領であったことが確認される。新たな裁判によって、被告たちは無期懲役の刑を言い渡され、ロベン島[38]の牢獄に送られる。拘禁の状況は厳しいもので、看守たちの態度はしばしば苦痛を与えるものである。そもそも厳しいものである牢獄の規則の上に看守たちの振る舞いが加わり、囚人の生活を辛いものにする。マンデラはとくにある看守のことをよく覚えているが、その看守がそこに送られてきたのは、まさしく乱暴だと評判の

(37) 同上書 p.369.

(38) ロベン島はケープタウン沖合一二キロに位置する島で、当時はハンセン病患者隔離施設や政治犯収容所として用いられていた。

男だったからだ――「ある日その男は、われわれが食事を分配しているテーブルの近くにいた。尿意を覚えると、その男はその場で用をたした。まさかテーブルの上でそうしたわけではないが、テーブルの脚に用をたした……」(39)。こうした屈辱は日常茶飯事だった。

だが、こうした屈辱だけが毎日続いたわけではない。というのも、何人かの看守はこれとは逆に囚人に理解を示し、寛容だったからだ。それに、囚人たちを侮辱するのに熱心な例の看守は、もともといた看守が留守のあいだに送り込まれてきたのであり、もともといた看守のほうは、囚人たちから「穏やかな男」と呼ばれていた。それほどにこちらの看守は囚人たちに対して礼儀正しかったのだ。マンデラ自身、こう言っている。「看守たちの大部分はわれわれが抱く願望に敵意を示し、黒人の囚人を人間以下の存在と見なしていた。連中はひどい人種差別主義者で、彼らがわれわれに示す態度は残酷で野卑だった。だが、連中のあいだにも例外をなす人々がいた。〔中略〕当初から、われわれのことを適切な仕方で扱わねばならないと考える看守たちがいたのだ。〔中略〕そして、そのうち何人かは本当に善良な人々だった」。こうした看守のうちには、囚人を困らせないようにする者もいたし、また囚人と会話を始める者もおり、さらには当初囚人に敵意を示していたものの、最後には囚人に好意を示すようになる者もいる。「そんな人間、もっとも冷酷に見える人間でさえ、その底には良心的なところがあるということ、そしてその心に触れてやれば、誰もが変化しうるのだということを想起するのは有益だ」(40)。

人間は変えられるというこの発見が、マンデラ自身の政治的企図自体をめぐる考え方に変化をもたらす。不倶戴天の敵のあいだにさえ、自分たちに対する理解や好意の反応を見出せる。このことがマンデラに、自分がそうと決めた闘いを続ける勇気を与える。「仲間や私自身がもうだめだと思うような、牢獄で過ごした最悪のときでさえ、私は看守のひとりに人間性が輝く瞬間を認めた。それは一瞬のことだったかもしれない。だが、私を安心させ、それまで私がおこなってきたことを私に続けさせるには、それで十分だった」。こうした経験から、マンデラは人類全体について決定的な結論を引き出す。「人間の心のもっとも奥底には憐憫の情、寛大さが潜んでいる。そのことが私にはいつもわかっていた」[41]。

収監がもたらす状況は、マンデラに自分自身への働きかけをおこなうよう促す。孤独、そして日常生活における変化の欠如は、ひとを内省へと導く。「監房は自らを知るには、そして自分の精神や自分のさまざまな感情がどのように機能しているのかを絶えず詳細に研究するには、最適の場所だ」とマンデラは一九七五年に妻ウィニーに書き送っているが、それは当時投獄されたばかりの彼女を慰めるためだった。「拘禁されることには、少なくとも、自らの行動について考え、自分のうちにある悪辣なところを直したり、善良なところを延ばしたりできるという利点がある」。マンデラはウィニーに一日の一部をこうした精神修養に割くよう勧める。「規則的に瞑想をするといいよ。そうだね、毎日寝る前に一五分でいい」。マンデラはこうした実践によって、目に見える成功（ある計画を成功させること、ある目的に到達すること）などというものは長い目で見れば、内的資質、すなわち誠実さ、謙虚さ、寛容さ、献身的姿勢などの涵養ほどには重要でないことを悟った。マンデラは一九七六年のある書簡で、牢獄での自分の精神状態を次のように描き出している。「敬意と愛情が絶えず大きくなっている」。敵を憎んで

(39) *CMM*（『対話』）p.158.
(40) 同上書 p.233, 235; *LCL*（『長い道』）p.558.
(41) *LCL*（『長い道』）p.753.

も、敵を打倒する助けにはならない。敵を憎んでも、あなた自身という人間が壊れていくだけである。マンデラはある日耳にした教訓を自分のものにする。「怨念を抱くということは、自分が毒を飲んでおいて、その毒が敵を殺すようにと期待することである」(この姿勢にはエティを思わせるものがある――「私たちがドイツ人に対して感じる激しい憎しみは、私たちの心に毒を注ぐ[42]」)。このように考えるようになってからのマンデラは、近々釈放される見通しなどまったくないなかで、逆説的なことに、自分がますます自由だと感じるようになる。「精神的な武器は有効かもしれない。[中略]あからさまに言えば、このぶ厚い壁の内側に閉じこめられているのは私の肉と骨でしかない。[中略]私の思考はハヤブサの飛翔と同じくらい自由だ」。こうして、マンデラの力は数倍にもなる。「牢獄の壁の向こうで、黒雲がしだいに遠のき、地平線に青空が見える[43]」。

こうした内的自由の獲得の最初の結果として、マンデラは南アフリカの状況と、ANCの闘いが取るべき戦略を、明晰に眺められるようになる。自分自身に対して仮借なく誠実であるべきだと覚悟したマンデラは、(たとえはっきり言わないまでも)もしANCという組織が同じ道に固執し続けるなら、手痛い失敗に陥る危険があることを認めずにはいられない。あるいは、その組織が成功を収めるにしても、それは相争う両陣営に何十万、何百万人もの犠牲者を出すという代償を払ってのことだと認めずにはいられない。南アフリカはキューバではない。アパルトヘイトを廃棄するには、ひとりの専制的な腐敗した国家元首を追放しただけでは済まない[44]。国民の一部である何百万人もの住民を従わせる必要がある。しかもその先祖たちは何世紀も前からこの土地に住んでいる。ところで、マンデラの考えによれば、政治的行動を成功に導く第一の条件とは、出発点の所与についての現実的な理解である。根も葉もない話を真実と思いこみ、闘争の熱狂に酔って、自分の願望を現実と取り違えてはならない――「軍事的勝利は、はるか彼方の夢でしかないし、おそらくは到達不能のものであるのは明らかだった[15]」。だが、このことを確認しても、マンデラはいささかも絶望しない。というのも、今や彼は別の道があるのを知っているからだ。敵を打倒するのではない。敵が持っている権力を、かつての賤民たちに平和裏に譲るよう説得するのである。

このような確信が鍛えられたのは、看守たちとの接触によってである。当初収監者と対立していた看守たちは、なにゆえに収監者に身を寄せることができたのか。すべてはどんなふうに看守たちと接触するかにかかっている――「あなたたち〔=収監者たち〕が彼ら〔=看守たち〕に、落ち着いて反論し、声を荒げたりしなければ、彼らの尊厳、彼らの誠実さをあなたたちが疑いに付しているようには見えない。彼らがリラックスして、あなたたちの反論を理解できるようにしなければならない」。自分がどうしてそういう選択をしたかについてマンデラが示す理由は実践的なものである――「自分のいた班の看守たちに対して、私はつねに敬意をもって接するよう努めた。憎しみを示せば、彼らとの関係が悪くなるのははっきりしていたからだ」。最終的には自分と仲間の拘禁状況にはっきりとした改善がなされるように、マン

(42) 本書第1章四七頁参照。
(43) *CMM*(『対話』)p.200, 232, 240, 266.
(44) 一九五九年のキューバ革命はアメリカの影響が強かった独裁者フルヘンシオ・バティスタによる軍事政権をカストロらの革命勢力が武力によって打倒することによって成立した。
(45) *LCL*(『長い道』)p.632.

デラはまさしくこのように看守たちと接した。一九七六年、マンデラが牢獄管理委員会に二二ページの報告書を提出し、牢獄の運営のあり方に変更を求めた際にも、彼は同じ考え方で行動している。彼がこの要求をしたのは、自らの闘いの正当性や、自分の「罪状」への不当さを主張するためではなく、牢獄の運営のあり方がともに人間である看守と収監者が守るべき規範に反しているからであり、ただ単に南アフリカで定められている法律に反しているからである。この有名な囚人と、彼を監視する看守長がそれぞれに抱く確信は違っていても、マンデラが願うのは、「戦いが終わったときに、その結果がどうであれ、私が誇りをもってあなたと握手できるようになることである」。「なぜなら、名誉と品位の基本的規範を守った尊敬に値する公正な敵手に出会えたという感情を私は持てるだろうから[46]」である。

一九七〇年、まだ数年の牢獄生活しか経験していない時期にマンデラが予感していた未来についてのこうした展望はいずれ実現を見るのだが、これは自分自身の価値について彼が持っていたある種の内的な確信と、アフリカの黒人、白人がともに属する人類に対して彼が持っていた信頼を証するものである。マンデラはウィニーに宛てた手紙で、自分の新しい見通しについて次のように語っている。「地上のあらゆる国々には、もちろんわが国にさえ、つねに善意の人々がいるだろう。いつか、われわれは、国家の頂点に立つ立派な男から誠実で欠けるところのない支持を得、その男はこの国でおこなわれている思想の闘いにおいて、自分の敵がどれほど強硬であっても、その敵の権利と優先権を守ることを義務とし、その義務を果たさないのは正しくないと判断するだろう[47]」。ユートピアのような夢だと判断されかねない物言いだが、後にこの記述は二〇年後に起きることのかなり正確な記述であることが明らかになるだろう。マンデラは自分が相手にすることになるであろう人々の欠点や弱さについて何も知らないわけではない。だが、マンデラはそうした人々が持つ精神の優れた資質のほうに重きを置こうとする。われわれが敵に敬意を払えば、敵もわれわれに敬意を払うようになるだろう。敵に対して、敵を美しく見せる肖像を差し出せば、敵はその肖像に似ようと努めるだろう。マンデラが選択した賭けとはこのようなものである。

このようにことを運ぶあいだも、マンデラは自分の最終的な目標、すなわち、不正な法律から自国民を解放するという目標を視界から決して見失わない。彼が学んだのは、正面衝突は最良の戦略ではないということだ――「攻撃的な態度を示せば、あなたは人々を打ち捨てることになり、人々にあなたを打倒するよう強いることになる」。逆に、各人のうちに宿している最良の部分に眼差しを向ければより優れた結果が得られる――「相手はみな誠実で立派な人々だという原則から出発するのは良いことだ。なぜなら、あなたがともに仕事をする人々に誠実さと名誉心を求めれば、彼らはそうしたものを備えるようになるからだ」。自分の言いたいことを表すために、マンデラはひとつのたとえ話を語る。太陽と風が、どちらがより強いかで言い争う。決着をつけるために、太陽と風はある競技をおこなうことにする。ある旅人が着ているものをどちらが脱がせられるかを競おうというのである。風は力の限り吹きつけてみるが、旅人は頑張り通し、着衣を放そうとはしない。太陽がするのは、暖かな陽光を注いでやることだけである。旅人は着衣を緩め始め、やがてそれを脱ぎ捨てる。「このたとえ話が意味するのは、穏やか

(46) *CMM*(『対話』)p.239; *LCL*(『長い道』)p.507; *CMM*(『対話』)p.223.
(47) *CMM*(『対話』)p.201-202.

にやればどんな頑固な人間でも、またどんなに暴力をふるいたがっている人間でも、説得できるということだ」[48]。だからマンデラも、太陽のように振る舞おうとする。マンデラはこうした態度のほうがより正義に適っており、より人間的だと考えており、政治的に言ってより実りが多いと確信している。マンデラのうちに生じた道徳的変化は、彼にとっての政治活動の台座となり、彼にとっての最良の武器となった。

マンデラの精神のうちにこの転向が生じた瞬間から、牢獄は彼にとって試験室、あるいは実験室のようになり、彼はその場所で自分の新しい人間観を実践に移し、その操作を完全なものにしようと努力する。無期懲役に処せられてまもなく、マンデラは闘争仲間をびっくりさせる意外な行動に取りかかる。二年のあいだ、彼はアフリカーンス語[49]の通信講座に登録するのだ。友人たちは驚愕する。どうして奴は敵の言葉を学びたがるのか。マンデラの行動はその段階にはとどまらない。続いて彼はボーア人の歴史、ボーア人の文化の学習に打ち込む。彼らの言語で書かれた文学作品も読む。この時期、南アフリカの黒人のあいだで見られた支配的な態度はこれとは真逆のものだった。一九七〇年代の半ば、新たな法がソウェト地区の街頭での抗議行動の引き金となる[50]。その法は、学校の授業を部分的にアフリカーンス語、すなわち支配者の言語でおこなうことを強制するものである。こうした抗議行動は流血のうちに押し潰され、何百人もの死者、何千人もの負傷者、何万人もの逮捕者を出す。牢獄からマンデラは犠牲者への連帯のメッセージを送る。だが、それでも彼はこの文化の学習を止めない。彼の動機はここでもまた二重のものである。もし誰かに敬意を抱くなら、その人物をよりよく理解するための努力をせねばならない。同時に、敵の言語を理解したならば、敵の共感はよりたやすく得られ、最終的には敵のものの見方を変化させられるかもしれない。ここでも道徳的美徳と政治的有用性の両者は手を相携えている。

敵をより効果的に打ち負かすためには敵の言語を操れる必要がある。[51]このことを理解した政治家はマンデラが最初ではない。スペイン人のメキシコ征服者エルナン・コルテスは、この同じ課題にやはり注意を払っていたことで知られている。コルテスは慎重にメキシコ内陸部に進んでいき、途中、以前に難破した船からの生き残りで、現地の住民であるマヤ人の言葉を話せるようになっていたスペイン人男性に遭遇する。コルテスは自分の事業をこの男に手伝わせるのに成功するが、それだけでは満足しない。コルテスは他にもうひとりの人間を雇うことにする。マリンツィンという名で、後にラ・マリンチェと呼ばれる現地の女性である。彼女はマヤ人の言葉に加えて、中央メキシコを支配していたアステカ人の言語も話せる。またスペイン語も話せるようになり、コルテスのメキシコ征服戦略にとって貴重な協力者となる。外国語の知識はこの場合、権力の奪取のために、そして最終的には他者を屈服させるために用いられている。この点、マンデラが自分の母語以外の言語の知識を用いる仕方はこれとはおおいに異なっている。その知識は、彼が敵に近づくことを可能にし、敵と対話を始め、最終的には敵の信頼を得

(48) 同上書 p.259, 287, 260.
(49) オランダ系移民を中心とするアフリカーナーが母語とするオランダ語系言語。
(50) ソウェト地区は南アフリカ共和国ハウテン州ヨハネスブルク市都市圏の郊外地区で、同国最大の都市周辺部アフリカ系住民居住区。一九七六年にアフリカ系住民による大規模な反アパルトヘイト抗議行動が発生する。
(51) エルナン・コルテス（一四八五～一五四七）はスペインの中部アメリカおよび南アメリカ征服者であるコンキスタドールのひとりで、メキシコ高原にあったアステカ帝国を征服した。

ることを可能にするためのものである——そしてマンデラはこうして得られた信頼をいついかなるときにも裏切りはしない。

マンデラは相変わらず自分の看守たちに敬意をもって接しているのだが、それは単にそうすることが自分の役に立つからではない。出獄に先立つ数年間、マンデラにはそれまでよりずっと大きな行動の自由が与えられる。マンデラは日常的に大臣たちと対話を交わす機会もある。だから一介の牢獄の雇員との関係などないがしろになってもおかしくないだろう——だがマンデラはそんな素振りをまったく見せない。看守たちはこうした雅量に無感覚ではいられない。看守のひとりは、幼い子どもとの接触がなくてマンデラが寂しがっているのを知ると、自分の八ヵ月の赤ん坊をマンデラの監房へ連れていく。それからマンデラを自宅に連れていって、家族全員に紹介する。別の看守はマンデラのために炊事と掃除をする役目を与えられたが、この看守が侮辱されたと感じないように、マンデラは自分と看守のふたり分の食器を自分が洗おうと提案する。看守は拒否するが、マンデラは自分の提案に固執し、あくまでふたりで仕事を分担することにした。釈放された後も、また大統領に選ばれた後でさえも、マンデラはかつての自分の看守たちと良好な関係を保ち続ける。マンデラは書いている。「〔こうした人々は〕その時点に先立つ二七年間、たとえ私を鉄格子のなかに閉じ込めた人々でさえも、根底には人間性を備えているはずだという私の信念を、強めてくれた(52)」。

マンデラは自分を英雄だとも、聖人だとも思っていない。自分には数々の弱さがあるのをよく知っている。マンデラは単に、自らに与えた目的に向かって自分にできるあらゆることをするのであり、その目的は、自分を動かす精神に忠実に生き、人々を憎しみから解放することである。

マンデラの運命と並行するもうひとつの運命——マルコムX

これまでマンデラの人生について語ってきたが、その同じ時期、人種差別が支配するもうひとつの大国アメリカでは、もうひとりの男が、一度の変身どころか、数次にわたる変身の果てに、マンデラに近づいている。だが、この男の出発点はマンデラのそれとは非常に違っている。その男とは、自分をマルコムXと呼ばせた黒人の政治活動家である。

幼いころすでに、彼はアメリカ社会にはびこる人種差別的暴力に直面させられている（マルコムは一九二五年、中北部ネブラスカ州の生まれである）。母がマルコムを身ごもっていたときに、クー・クラックス・クラン団[53]の男たちが、マルコムの家族を脅しにやってきて、一家を殺してやると予告する。両親は故郷から東のミシガン州へと逃れ、そこで父親は説教師の仕事を続ける。だが迫害は止まない。ある日彼らの家は放火される。その後まもなく父は殺され、母は子どもたちを育てる権利を奪われ、子ど

(52) *LCL*（『長い道』）p.677.
(53) クー・クラックス・クラン団はアメリカの秘密結社であり白人至上主義団体で一八六五年ごろに誕生するが、一旦は勢力を失う。二〇世紀初頭に伝道師シモンズにより第二期のクー・クラックス・クラン団が誕生し、第一期のそれより過激になり、黒人のみでなく、有色人種全体の排撃を主張するようになる。

もたちはその地方の養家に散り散りにされる。
この時期に、マルコムは最初の変身をする。近くの白人一家に預けられたマルコムは、あらゆる手段を用いてその一家の期待に応えようとする。学校での成績はすばらしく、マルコムは他の生徒たちからも教師たちからもおおいに称賛される。マルコムは白人のように振る舞いたいと思い、自分のものとなった社会に、できる限り溶け込もうと思っている。後には、白人のようになりたいと望んで、激しい痛みに耐えて自分の髪さえも白人のようにしようとした——マルコムは白人こそもっとも優れた人種だと考えていたのだ。

第二次大戦の始まりの時期、マルコムは再び変身する。彼は大都会の黒人居住貧困地区に落ち着く。最初はボストン、次いでニューヨークである。マルコムは詐欺師《ハスラー》になる。少しの期間、違法すれすれの生業を営み、闇の賭博業に従事し、やがて麻薬売買に手を染める。その後は金持ちの家の強盗をもっぱらとする盗賊団の頭《かしら》になる。彼は言っている。「[あの時期には] 男なら、自分が十分巧みにやれること、大胆にやれることは、それがやれるぐらい十分悪党になってすべてやるべきだと考えていたし、女は他の商品と同様の商品でしかないと考えていた」(54)。

こうした生活の当然の報いがまもなくやってくる。彼が率いていた強盗団の犯罪活動が摘発され、マルコムは逮捕、投獄される。彼は続く六年を牢獄で過ごす(一九四六〜五二年)。その後、獄中で付き合いのあった何人かの囚人と自分の家族の影響で、マルコムはまたもや変身する。(55)今度の変身もそれ以前のそれに劣らず極端なものである。マルコムは宗教団体ネーション・オブ・イスラムと出会い、その頭《かしら》イライジャ・ムハンマド(56)の忠実な信奉者となる。数年後のマンデラと同様、マルコムがこの変化を生きたのも牢獄においてだったが、両者でその結果はまるきり反対方向のものだった。イライジャ尊師が説く教えは、完全な善悪二元論《マニケイスム》である。ただ、白人が説いていた善悪二元論とは役割の配分だけが違っている。今や「白人こそが悪魔」なのである。イライジャの教義もまた、人種（この場合その意味は肌の色ということである）が個人の振る舞いに決定的影響を及ぼすと主張する。イライジャによれば、各人種はお互い離れて生活せねばならず、アメリカの黒人はアフリカに戻らねばならない。同時に、ネーション・オブ・イスラムはアメリカに住まうその信者たちに厳しい道徳的戒律を課す。これによって、信者たちは、自分が生きている罪深い世界から自らを救い出せる――「イライジャ・ムハンマドのイスラム教徒の弟子は、ダンスをしてはいけない。金を賭ける賭け事をしてもいけない。異性と外出してもいけない。映画を見にいってもいけない。スポーツイベントを見にいっても、長い休暇を取ってもいけない」(57)。出獄後、マルコムはこの組織の熱心な構成員となり、頭《かしら》に身も心も捧げる。やがてマルコムは頭《かしら》の行動を支える下部組織の長に昇進する。マルコムは今や屈服しないひとであり、政治に携わる人間である。

---

(54) *Autobiography*（『自伝』）= *The Autobiography of Malcolm X*（マルコムX『自伝』）, avec Alex Haley, New York, Penguin Books, 1968, chap. IX, p.225（この箇所の翻訳は筆者自身によるものである）。仏語の短縮訳は以下のものがある。*L'Autobiographie de Malcolm X* (1966), Grasset, 1993.

(55) ネーション・オブ・イスラムは一九三〇年に創始されたアフリカ系アメリカ人のイスラム運動組織で、白人に対する人種としての黒人のアイデンティティを主張し、白人社会への同化の拒否、黒人の優越性を説く。

(56) イライジャ・ムハンマド（一八九七～一九七五）はネイション・オブ・イスラムの指導者。

(57) *Autobiography*（『自伝』）XI, p.278; XIII, p.322.

ふたりのあいだの決裂は一〇年ほど後にやってくる。決裂の理由のひとつは、イライジャがマルコムに対して覚える嫉妬である。マルコムのほうが師より雄弁であり、カリスマ性に富んでいるのだ。マルコムは組織の会員資格を一九六三年一二月に停止される。マルコムが組織を正式に離れるのは数ヵ月後である。だが、彼に向けられる非難は単に個人的なものではない。それは政治的な意見の相違を反映しており、マルコム自身、自分と組織を隔てている意見の相違について意識している。この意見の相違は、マルコムが一九六四年四月に出かけた、そしてマルコムの最後の変身を準備したメッカ巡礼の後に、よりはっきりしたものとなる。この最後の変身によって、マルコムは晩年のマンデラに近づくだろう。

それまでのマルコムは、自分を取り巻く社会に対する態度を、つねに、社会が彼や他のアメリカの黒人に対して示す態度の鏡像として提示していた——「私が社会に対して憐みを覚えず、同情もしないのは、社会が人々を押し潰し、なおかつその重みに耐えられない人々を社会が罰するからだ[58]」。アメリカの白人社会は、アメリカの黒人少数派について善悪二元論的な見方をしている。そこでマルコムは白人に対して、自分も同様に善悪二元論的態度を取る権利があると感じる。白人たちは黒人大衆に対して暴力を振るう。したがって、黒人大衆の側にも武器を使って自衛する権利がある。しかし、メッカへの旅の行路で、マルコムは、自分が人々から、他の人間と変わらない扱いを受けるという体験をする。フランクフルトでマルコムはさまざまな国からやってきた巡礼とすれ違うが、誰もマルコムの肌の色など気にしない。マルコムはこの旅をひとつの啓示として生きる——「ここには肌の色の問題など本当に一切ない」。今日少なからぬヨーロッパ人がテロリズムとは言わないまでも狂信的信仰の同義語と見なしているイスラム教は、マルコムにとっては自分を寛容さへと、穏やかさへと導くものになるだろう。マルコムにとってこの巡礼は、マンデラにとって牢獄が果たした役割と同じ役割を果たす。すなわち、強烈で深い啓示の機会となる。それまで自分が人種という概念によって閉じこめられていた枷《かせ》から突然解放されたマルコムは付け加えている――「この結果、私はまるで牢獄から解放されたばかりであるかのようだった」。イスラム教の普遍的メッセージが人種への所属を掻き消してしまう。この旅行中、首をめぐらしてみると、彼がそこに見るのは「愛、謙虚さ、真の友愛」ばかりである。なおも人種という概念を持ち出すとするなら、その概念の意味をずらし、その語に肌の色を意味させるのではなく、各人が世界のなかで取る姿勢を意味させねばならない――「アメリカでは《白人》とは《黒人に対する、また白人以外のあらゆる人間に対する特殊な態度、特殊な行動》を意味していた。だがイスラム世界で私は、かつて私が見たいかなる人間にもまさって、真正な意味で友愛的な、肌の白い人々を見た」。この体験後、マルコムは人種差別主義の敵となる。ただし彼の場合、よくあるように「白人の黒人に対する人種差別」に反対するというだけでなく、より珍しいことだが、「黒人の白人に対する人種差別」にも反対するようになる。人間がその欠点まで含めて敵を真似るようになるのは理解できるし、許せることである――「こうした問題について、アメリカの黒人が攻撃的であるとしても、彼らを非難することはできないだろう――彼らはアメリカの白人がおこなってきた四世紀にもわたる意識的な人種差別に対して反応しているに過ぎないからだ(59)」。

(58) 同上書 I, p.102.
(59) 同上書 XVII, p.433, 437, 447, 455.

こうした新たな確信を抱くに至ったマルコムは、たとえ組織から求められても、ネーション・オブ・イスラム内にはもはやとどまれない。両者の争いは今や政治的なものである。一方のネーション・オブ・イスラムは、人種間の分離と、それぞれの人種の自律的発展（そもそもそれが「アパルトヘイト」という語の意味するところである）を説く。片やマルコムのほうは、各国の内部のあらゆる人間が同じ人権を享受することに好意的である。ネーション・オブ・イスラムは、黒人と白人の通婚を禁じ、黒人と白人が同じ人種差別反対運動に参加するのを禁じる。マルコムは、そうした選択は個々人に任せるべきだと判断している。ネーション・オブ・イスラムは、組織の構成員だけのために働くが、マルコムのほうは、それぞれの黒人がどんな宗教を奉じていようが、あらゆる黒人のためになることを促進しようと望む。ネーション・オブ・イスラムは、宗教そして道徳として自らを提示するが、マルコムのほうは、自らの闘いを政治の領域で進めようと望む。マルコムが殺害された直後、イライジャはネーション・オブ・イスラムとマルコムの争いを違ったふうに要約している。イライジャは次のように言うことで、敵手マルコムを打ちのめせたと思いこんでいる。「マルコムはメッカから帰ってくると、敵を憎んではいけないと説くようになった(60)」。ネーション・オブ・イスラムの指導者にとって、こうした態度は裏切りに等しい。こうした態度を取るマルコムは、マンデラと同様に、憎しみを示さない抵抗者になったらしい。

マンデラとマルコム、このふたりの屈服しない人物と暴力との関係は、今や互いに似通ったものである。このふたりのいずれも、暴力を無条件に断念しようとは望んでいない(61)（彼らの意見はこの点でガンディー、マーチン・ルーサー・キングのそれとは違っている）。だがふたりのいずれも、暴力を勧めることはしていない。死の数ヵ月前のインタビューでマルコムは断言している。「私が思うに、人種差別主義者から攻撃を受けた場合には、われわれはあらゆる手段で自分を守らねばならないだろう」[62]。したがって、彼が認めている暴力の役割は自己防衛というものである。以前は、マーチン・ルーサー・キングが当時選んでいた路線を激しく批判していたマルコムだが、その『自伝』の最終部では、中立的な態度を示している——「私が選んだ方法とマーチン・ルーサー・キング博士が選んだ方法とは異なっていたが、われわれふたりの目的はいつも同じだった。キング博士の選んだ方法は非暴力的な行進というものので、これにより、白人が、無防備の黒人に対して示している乱暴や悪が浮き彫りにされるのだ」[63]。ふたりの方法は相互補完的なものなのであって、互いに矛盾するものではない。そもそもその晩年、キング自身もより過激な見方を擁護するようになるだろう。キングは一九六八年四月四日に三九歳で亡くなるが、おそらくその死因は白人過激派による暗殺である。

もはやマルコムには、自分の新しい政治プログラムを実行に移す時間も、新たな変身をさらに生きる時間も持てないだろう。キングに先立つ一九六五年二月二一日に、マルコムはキングと同じ年齢で、ネ

(60) 同上書 p.73.
(61) マーチン・ルーサー・キング(一九二九〜六八)はアメリカのプロテスタントバプテスト派の牧師で、アフリカ系アメリカ人公民権運動の指導者。一九六四年にノーベル平和賞を受賞、六八年に暗殺される。
(62) Malcom X, *By Any Means Necessary*(マルコムX『必要ないかなる手段を取っても』), New York, Pathfinder Press, 1970, p.160.
(63) *Autobiography*(『自伝』)XIX, p.496.

ーション・オブ・イスラムの構成員たち、すなわちかつての闘争仲間によって殺される。彼の経歴はいくつかの点で示唆に富む。その経歴からわかるのは、人種による、あるいは社会的・心理的なものによる決定論は乗り越えうるということであり、人間はある理想に愛着を覚えれば、内側から変わりうるということである。より重要なのは、マルコムが自らのうちで、「普遍的諸原理」と「ひとつの共同体の擁護」とを調和させ、また「憎しみの断念」と「闘争の継続」とを調和させることができたということである。

キング、マルコムというふたりの活動家が選択したそれぞれの抵抗の形は、いずれもアフリカ系アメリカ人の自由、平等、そして人間としての尊厳を求める闘いに貢献した。だがそのいずれも完全な成功を収めたとは言いがたい。彼らが死んでから半世紀近い時間が経過したが、そのあいだに、彼らが生きた国の歴史には、なお人種差別主義的事件がいくつも発生し、それは今も続いている。二〇一四年と二〇一五年に、何人かのアフリカ系アメリカ人青年が地方警察によって殺され、彼らを殺した警官が無罪放免されたことは、多くの抗議運動、デモを引き起こした。アフリカ系アメリカ国民の真の平等を求める闘い、自分たちを標的とした暴力に対する闘いは、いまだ過去のものにはなっていない。

再びマンデラについて――公の生活と私生活

マンデラの人生は、道徳的諸要求と政治的諸要求とのあいだの、すなわち他者との関係において個人が必要とする数々の徳と、周囲の人間とともにする闘いに乗り出した活動家の力となる数々の徳とのあいだの、調和に満ちた調整を成功させた瞠目すべき例となっている。しかし、彼の生活を形づくるもうひとつの領域、すなわち私生活の領域では、同様の均衡は達成されなかったようだ。

アパルトヘイトの廃棄と自国民の解放を目指す政治闘争に身を捧げたマンデラは、自分が生活していくうえで何を優先すべきか選択を強いられているのを知っている。人間には無限の時間も無限の力も与えられていない以上、自分がなすさまざまな活動のあいだには優先順位を付けなければならない。一九五五年、母親が老いつつあることを思って、マンデラは自問せずにはいられない――「他人のために闘っているからといって、自分の家族をないがしろにしてもよいのだろうかとしばしば自問したものだ。六〇歳に近づきつつある母親の面倒を見る以上に重要なことなどあるだろうか。［中略］しかし、良心が私を落ち着かせてくれないときにも、わが国民の解放の大義のために全面的に身を捧げることが私の人生に意味や喜びを与えているのだということを私は認めずにはいられない(64)」。マンデラは自分の家族を決して忘れたりしない。不在になりがちであるため、家族が辛い思いをしているのを彼は知っている。

だが、他方でマンデラは、国民が受けた傷のほうがより深く、自分がもっとも役立つのは国民のために闘っているときだとも考えているのである。

同様の緊張が、マンデラが新たに作った家庭においても繰り返される。最初の妻エヴリーンと別れたのは、ふたりの政治的選択の違いにもよるが、家庭から夫を遠く引き離した仕事にもよる――「われわれはこの点についてしょっちゅう喧嘩をした。私が妻に忍耐強く説明したのは、政治は気晴らしなどではなく、私にとって一生の仕事であるということだ。それは私という人間の本質的で根底的な部分だった。妻はこうした説明を受け入れられなかった」。ふたりは結局離婚する。そのころ、マンデラはウィニーと出会う。ウィニーとのあいだに政治的意見の相違はなく、ふたりは結婚する。だが、ふたりのあいだがうまくいかないのは、エヴリーンの場合と同じである――「われわれには新婚気分を楽しむ時間はなかった。［中略］自由のために闘う活動家の妻はどうしてもひとりになる。それは夫が牢獄に入れられていないときも同じなのだ」。マンデラと子どもたちの関係についても事情は変わらない――「私は子どもたちと遊んだり、議論したりするのが大好きだし、彼らを風呂に入れたり、彼らにご飯をやったり、彼らのそばで過ごすのが大好きだ」。だがマンデラにはこうした素朴な楽しみに浸る時間はほとんどない。子どもたちとの関係は、こうしたことの影響を受けずにはいられない。マンデラは家庭の良き父というより、国民の良き父なのだ。マンデラ自身次のように告白している。「国民の父であるのはたいへんな名誉だ。だが一家の父であるのはより大きな喜びだ。ところが、私はそうした喜びをあまりに少ししか知らなかった」(65)。

したがって、マンデラは活動家として自分に課した義務と近親者を愛する人間の抱く自然な愛情とが彼に強いる選択の分裂を、つまりは名誉と喜びの分裂を生きねばならない。「私がいつも信じてきたのは、自由を求める闘士であり続けるためには、個人的感情の大半は押し殺さねばならぬということだった」とマンデラは書き記している。というのも、マンデラは自身について、単に個人的関係しか知らない個人であるよりは、人間集団がおこなう運動の構成員であると感じるほうを好むからだ。マンデラの自伝『自由への長い道』でさえ、牢獄で、闘争仲間たちと一緒になされた共同作業の結果であり、権力獲得を目指すANCの闘いに役立てるためのものであって、個人の告白ではない。マンデラの伝記作家のひとりジョン・カーリンの表現を借りれば、マンデラは自分の人生のこのふたつの側面のあいだに、真の「精神的分離《アパルトヘイト》」を打ち立てている。このような考えを極限まで押し進め、マンデラはあるときには自分の命を失うことさえ、晴朗な気持ちで受け入れようとする――もしそれが、自国民の解放のために支払うべき代価であるならば。同時にマンデラは、自分が感じる感情を押し殺すことはできない。家族との関係を犠牲にしたことは「私にとっていつも最大の後悔の種だったし、私が選んだ人生のもっとも辛い側面だった」とマンデラは記している――「私がもっともよく知っており、もっとも愛していた人々を犠牲にして、私のわが国民への献身はなされた(66)」。ふたつの道ともが望ましいものであり、どちらかの道が他方の道より多くの恵みを与えてくれるわけではない。またこのふたつの道が相互に矛盾するものであるはずもないが、このふたつを両立させられないことははっきりしている。それは単に、

(64) *CMM*(『対話』) p.70-71.
(65) *LCL*(『長い道』) p.250, 263; *CMM*(『対話』) p.73; *LCL*(『長い道』) p.725.
(66) *LCL*(『長い道』) p.277; *SM*(『思い出』) p.75; *LCL*(『長い道』) p.725, 754.

個人の人生も、個人の人格も、また個人のひとを愛する能力も、無限のものではないからだ。これが、集団的活動や創作活動に身を捧げ、世界に向かって語りかけ、ただ自分自身の愛だけのために生きるということができなくなっていくのを見るすべての人々にとっての悲劇である。まるで、一方の生き方を選べば、他方は禁じられてしまい、心はすっかり世界のことだけでいっぱいになってしまうかのようだ。パステルナークはこれとは逆の選択をする――だがパステルナークは社会を変えようなどと願ったりしていない。

マンデラはその後、これまで述べてきたのとは逆の状況も経験する。もはや、愛する人々を放りっぱなしにする側ではなく、自分が愛する人々によって捨てられる側になるという状況である。これが彼とウィニーとの関係の果てに生じたことである。ふたりは四年間生活をともにし、そのあいだに娘をふたり設けた。だが夫婦は長い時間を一緒に過ごすことはなかった。その後に、二七年間に及ぶマンデラの投獄生活がやってくる。そのあいだ、マンデラは妻のことをいつも思い浮かべてそれを支えとし、妻が耐え忍ばねばならない数々の迫害のことを思って苦しんだ。だが、マンデラが出獄すると、ふたりの関係は目眩《めまい》を起こさせるような仕方で破綻する。マンデラがそのとき知ったのは、ウィニーがその振る舞いによって、マンデラの政治的理想を裏切り、黒人の諸集団間の暴力をむしろ奨励していたことである。ウィニーの周囲に集まった若者集団は、周囲に恐怖を撒き散らし、何件かの殺人まで犯したとされていた。また、ウィニーは夫婦間の性的接触を一切拒絶する。ウィニーとの離婚の際にマンデラは言うだろう。「[その二年のあいだ] 私は、男たちのうちでもっとも孤独な者だった(67)」。マンデラの入獄中にウィニーが数人の愛人を持ったというだけではなかった。マンデラが釈放された後もウィニーはある弁護士と愛人関係を持ち続け、愛人は彼女より三〇歳若かった。ウィニー自身はこのとき五五歳を越えている。彼女は生活を楽しみたいと思い、異性に気にいられたいと望み、まだ人生を何年楽しめるかと指折り数えている。消え去ってしまったのは、夫婦間の性的親密さだけではなかった。何より重要なのは、ウィニーの欲望によって、連帯関係、信頼関係、相互の献身の関係が吹き飛ばされてしまったことである。ウィニーが若い愛人に並べ立てる不平不満が人々の口にのぼるようになり、南アフリカの新聞報道がマンデラの大統領選挙運動の障害にもなりかねなかった。そこでマンデラは夫婦間の不和を公表し、数年後に離婚する。この経験はマンデラにとって辛いものだ。しかし、マンデラは真実を偽る必要がなくなる。

マンデラはその三番目の妻グラサとのあいだで、最後に再び女性との親密な関係を経験する。マンデラの八〇歳の誕生日に挙式はおこなわれた。彼女との関係は穏やかなもので、それについてマンデラは次のように記している。「これほど慎ましやかで、これほど優雅でしかも賢い女性に愛されているという私の喜び、私の幸福は言葉にしえない」。恐れを知らぬ活動家、あれほど多くの人々のことを気にかけていた国民の父は、人生の最後にこう言っていた。「私にとって、この世界のなかに、自分が当てにできる人間が誰かひとりいるのを知っていることは、信じられないほどの慰めであり、満足である(68)」。

(67) *SM*(『思い出』)p.74.
(68) *CMM*(『対話』)p.392.

第6章

現代のふたりの屈服しない人物
ダヴィッド・シュルマンとエドワード・スノーデン

©Tzahy Lerner

ダヴィッド・シュルマン

(1949〜　) エルサレムのヘブライ大学の教授でインド学と人間学を講じる。イスラエル人とパレスチナ人からなるボランティア団体タアユシュ (アラビア語で「ともに生きること」を意味する) を主導し、イスラエル側の住民として、イスラエル軍、イスラエル入植者によるパレスチナ人迫害に反対する非暴力の活動を展開している。

エドワード・スノーデン

(1983〜　) CIA (アメリカ情報局)、そしてNSA (アメリカ国家安全保障局) の情報分析官として祖国アメリカの情報収集活動に携わる。NSAに勤務する2013年6月、国家が違法な情報収集活動をおこなっていることを複数の新聞社に暴露し、アメリカ司法当局により国家機密漏洩の廉で逮捕命令が出された。ロシアが期限付きの滞在許可証を同年8月に発給し、その後ロシアに留まり続けている。

ダヴィッド・シュルマンについて

その著作『アパルトヘイトとイスラエル』（二〇〇八年）で、カナダに亡命した南アフリカ人であるデレク・コーエンは、彼が自国で経験した体制とイスラエルへ訪問したおりに観察した体制との数々の類似を――恐怖を示しながら――指摘したうえで、以下のように言っている。「ネルソン・マンデラが南アフリカ共和国の大統領になったとき、［イスラエルの］ユダヤ人エリートはそれに魅了されていると言っていた。［中略］だが、その同じエリートたちをおおいに不安にさせたのは、マンデラが、占領を受けているパレスチナ人と自分は共同戦線を張ると宣言したことである。アラファトが亡くなった際［二〇〇四年］、マンデラはアラファトを、パレスチナ国家の大義のために《並外れた働きをしたゲリラ兵》として表現した」(1)。マンデラがパレスチナを支持するこうした選択をした理由は、彼の祖国の最近の歴史にある。アパルトヘイト体制が居座っていたころ、イスラエルは南アフリカ政府に武器を送り続けて、軍事援助を提供し続けるまれな国のひとつだった。イスラエルとアパルトヘイト体制下にある南アフリカとのこの近しい関係に、さらに互いが類似しているというもうひとつの関係が付け加わる。一九六七年に勃発した第三次中東戦争後、イスラエルは自国に接するパレスチナの領地を管理下に置いたが、その占領地でなされた住民の扱い方は「新たな南アフリカ大統領マンデラに多くのことを思い出させないわけにはいかなかった」[2]。

コーエンの本に付した序文で、イスラエルの女性ジャーナリスト、アミラ・ハスはイスラエルと南アフリカのふたつの国の状況をめぐるコーエンによる対比を分析し、そうした対比ではありがちなことだが、この対比からは類似点だけでなく相違点も浮かび上がってくると指摘している。相違点のひとつは、アパルトヘイトの廃棄を求める白人活動家に起きたのとは異なり、パレスチナ人を擁護するイスラエル人は暴力的に抑圧されることも、拷問されることも、牢獄に入れられることもないことである。イスラエルは法治国家であり、その市民が不法な迫害に遭うことはない。イスラエルによるふたつの集団の分離は人種的な、あるいはイデオロギー的な基準によってではなく、ユダヤ人とアラブ人（パレスチナ人）という民族的な違いを基礎としておこなわれているが、この違いによる分離はあらゆることがらに適用されているわけではない。たとえば、この国の病院はユダヤ人とアラブ人を区別することなく治療する。国内で対峙する集団間の人口比率も、イスラエルと南アフリカとでは相異なっている。しかし、他のいくつかの特徴は両者を似たものにする。たとえば、かつての南アフリカ政府がアパルトヘイト体制下で課していた黒人住民に対する制限と、イスラエル政府が国内あるいは（とくに）占領地でアラブ人住民

（1）アラファト（一九二九～二〇〇四）はパレスチナの軍人・政治家で、ゲリラ指導者、優れた戦術家として知られる。初代のパレスチナ自治政府大統領でPLO（パレスチナ解放機構）執行委員会議長を務める。一九九三年にイスラエルとの歴史的な和平協定を締結してパレスチナ暫定自治政府を設立し、これによって九四年ノーベル平和賞を受賞する。

（2）Derek Cohen, *Apartheid et Israël*（デレク・コーエン『アパルトヘイトとイスラエル』）, Préface d'Amira Hass, Arles, Actes Sud, 2008, p.70-72.

に課しているあらゆる制限である。イスラエルのユダヤ人や国外からやってきたユダヤ人にはパレスチナの領地に入植する権利が与えられているのに、パレスチナ人にはイスラエル領内で同様にする権利がないどころか、自分たちの領地においてさえ財産を保全することができない。パレスチナ領内でユダヤ人入植者は、元からそこに住んでいるパレスチナ住民よりもはるかに良質の水道網、電気網、電話網、さらには道路網を利用することができる。パレスチナ領内の住民はイスラエル政府の選出に参加していないのに、イスラエル政府はそのパレスチナ領であるヨルダン川西岸地区とガザ地区(3)に軍事管制を敷いている。パレスチナ領内で生じている入植者と地元住民との対立においては、イスラエルの占領軍と警察はつねに入植者側の味方である。イスラエル国籍を持つアラブ人でさえ、イスラエル領内でユダヤ人と同じ権利を享受することができない。要するに、「構造的な差別がイスラエルとその占領体制を特徴づけている(4)」。それゆえに、イスラエルは法治国家であり自由主義国家ではあるが、民主主義国家ではない。そこに住む諸民族のうちひとつが他の諸民族より優越した権利を持つという、民族支配がなされている国家なのである。

南アフリカにおけると同様に、こうした状況は争いを引き起こし、それは定期的に暴力沙汰に発展する。一方の側からはテロ行為と手造りミサイルによる攻撃がおこなわれ、他方の側からは空爆と占領がおこなわれる。ジェルメーヌ・ティヨンの言う「相補的な敵」の論理がここでもまた作動する。パレスチナ側からテロ行為がなされると、イスラエル側からの抑圧が強化される。イスラエル国家の側から抑圧的・差別的措置がなされると、パレスチナ人側から反抗の反応が引き起こされる。だが、戦闘の当事者たちが利用できる武力について言えば、両者のあいだにまったく均衡はない。パレスチナ人の戦闘員はときとして、その言辞の暴力性においてイスラエル側を上回りはするが、物理的な暴力の展開となると敵にははるかに及ばない。最近起きた暴力的衝突について見れば、二〇一四年夏にガザ地区で生じた応酬での死者数の割合はイスラエル側の一に対して、パレスチナ側の三〇だった。これはかつてヨーロッパ人が推進した植民地戦争や、第二次大戦中にナチス占領下の国々でなされた人質の処刑を思わせる不吉な数字である。これに、莫大な物質的被害や、ガザ地区の全住民が被った苦難が加わる。この一連の暴力と対抗暴力、復讐と報復は、長期化するにしたがってますます激しさを増しているが、この応酬からの出口は想像できるだろうか。

当面のところ、一方にはネルソン・マンデラのような人物が、他方にはピーター・ボータ、フレデリック・デクラークのような人物〔本書第5章参照〕の出現が待たれる。とはいえ、争いによって引き起こされた暴力を和らげようと実際に努力する多くの人々がいないわけではない。この人々は、力ではなく公正さを促進するために、パレスチナ・イスラエル双方の人々が協力し合うのに好都合な状況を生み出そうと努め、パレスチナ人に対して取られたさまざまの政治的措置に従うのを拒否し、したがって非暴力的な抵抗を実践し、まず、自分の側の勢力に働きかけようとしている。彼らのうちで私が取り上げようとす

（3）ヨルダン川西岸地区はヨルダンとイスラエルのあいだに位置し、一九四八年から六七年まではヨルダン領だったが、六七年の第三次中東戦争でイスラエル軍により占領される。現在はイスラエル軍とパレスチナ自治政府によって統治されている。ガザ地区はイスラエル南部にあり、エジプトと国境を接し、地中海に面する。ヨルダン川西岸地区と並んでパレスチナ自治政府の行政区画を構成する。

（4）Derek Cohen, *op. cit.*（デレク・コーエン『アパルトヘイトとイスラエル』）p.28.

るのは公正さと平等の名において、このような不服従へと乗り出したひとりのイスラエル人、ダヴィッド・シュルマンである。シュルマンは、だから、本書で取り上げられた人物像のギャラリーにおいていささか例外的な位置を占めている。シュルマンは、アルジェリア戦争期のティヨンと同様、個人的には、支配者の陣営に属しており、その陣営を内側から変えようと望んでいるのであり、エティ、第二次大戦期のティヨン、パステルナーク、ソルジェニーツィン、マンデラ、そしてマルコムXのように被支配者の陣営には属していない。シュルマンはまた、私が本書で描き出す人物群のうちで最初の、存命中の人物である（私は彼がまだまだ長生きするようにと望んでいる）。これによって、こうした型の闘いが現代性を失っていないことが示される。

一九四九年生まれのシュルマンはエルサレムのヘブライ大学の教授で、当初インド学を教えていたが、その後「人間学」を教えている。数年前から、シュルマンはパレスチナ人とイスラエル人からなるボランティア団体を主導しているが、彼らは「占領を終わらせ、平和を打ち立てようとする活動をおこない、イスラエル国家内のすべての人間の市民的平等を説いている」(5)。この厳密に非暴力的な運動はアラビア語で「ともに生きること」を意味する「タアユシュ」の名で呼ばれている。この運動の名は、シュルマンがそれについて書いた本のタイトルにもなっている（仏訳、英訳のタイトルは「暗い希望」を意味する*Dark Hope*となっている）。この本は政治的宣伝文書でも理論的論文でもなく、むしろパレスチナ人住民に対するイスラエル側の政策に不支持を表明する人物の活動日誌であり、二〇〇二年から〇五年の四年にわたって書かれた。この運動の構成員が用いる世界への働きかけの方法は爆発物でも差別でも監禁でもない。その人々は、受け入れがたいと判断した行為に立ち合い、そうした行為に賛成できないと意思表明し、そうした行為がなされた事実について証言しようとする。他の構成員とともに、シュルマンは占領地内のパレスチナ人が追放されようとしている場所、パレスチナ人の土地が没収されようとしている場所、パレスチナ人の家が破壊されようとしている場所に赴く。抗議する人々がそこにいるというだけで（入植者側を保護する軍人や警察官の設置する防護線によって、現場への通行はしばしば妨げられるのだが）、ときとして、イスラエル側による反パレスチナ的措置を遅らせたり、さらには中断させたりすることができる。暴力なしに獲得されるわずかな勝利である。

シュルマンは「土地に対して同じような要求を掲げているふたつの民族」、争っているふたつの集団のどちらも、つねに天使たちのみで構成されているわけではないのを知っている。彼らの振る舞いを規定しているのはティヨンの言う「相補的な敵」の論理であり、どちらも自分たちの振る舞いは相手からなされた暴力に対抗しているだけだと思いこんでいる。「明らかに、ここには何の希望もない。ふたつの仮借ないナショナリズムが、争いのなかに閉じこもっているのだ」。ガザでおこなわれた最後の戦闘（二〇一四年）についても、シュルマンは同様のコメントを書いている。シュルマンがそこに見るのは「年に一度おこなわれるばかげた儀式で、そこでは、ふたつの側が互いに陽気に殴り合い、結局はもともとの状況に立ち戻っていく」[6]。つねに繰り返される同じ状況の向こう側に見えるものは、過去の奥底

（5）David Shulman, *Ta'ayush*（ダヴィッド・シュルマン『ともに生きること（タアユシュ）』), Seuil, 2006, p.19.

（6）David Shulman, "Israel in Peril"（「危機にあるイスラエル」), *New York Review of Books*, 7 juin 2012 David Shulman, *op. cit.*（ダヴィッド・シュルマン『ともに生きること』）p.114; "Umm al-Ara'is...", *Ta'ayush*（revue）（雑誌『タアユシュ』）12.07.2014.

からやってくる原始的な物語であるかのような印象を抱かされる。光の息子である「われわれ」は闇の息子である「彼ら」によって脅かされている。連中がわれわれに打撃を加える前に、連中に打撃を加えねばならない。すると次には、復讐が復讐を呼び、それぞれの攻撃に対して、お返しの反応が引き起こされる。「イスラエルの右翼は、自分たちのイスラエル拡張計画を促進するためにパレスチナ側のテロ行為を徹底的に利用した」。実現性を持つパレスチナ国家の展望は遠のいていく一方である。もっとも、双方の衝突の結果は明白に均衡を欠いたものである。「一方の陣営が、他方よりはるかに強いが、他方よりはるかに寛容だというわけではない」とシュルマンは指摘している。(7) イスラエル側の武力とパレスチナ側の武力はまるで比較にならない。

シュルマンは次の点をつねに強調する。世界は一方の側にはあらゆる善が、他方の側にはあらゆる悪がという形で二分されているわけではない。「《自分の側》も《相手の側》も狂気と犯罪の重みでよたよたしている。どちらの側も真実を独占しているわけではないし、また過ちを独占しているわけでもない」。しかし、相争うふたつの側の一方に自分が所属しているので、シュルマンは自分の側にいる人々に働きかけねばならないという道徳的義務を感じる――「この場所で歴史を生み出しつつあるふたつの勢力の半分の側にあるイスラエル、それによっておこなわれる数々の残虐行為について、私は、他のイスラエルの人々と共有する者のゆえに、自分に責任があると感じている」(8)。パレスチナ側の戦闘員に責任がある暴力行為について何も知らないわけではまったくないが、シュルマンは、パレスチナ人を自省に導く仕事はパレスチナ人を代表する人々に任せる――「私の目的は自分の側にある暗闇を明らかにすることである。〔中略〕相手側の人々に関することは、われわれの問題ではない。彼らの内部にいる敵については、友人であるパレスチナ人たちに任せよう」[9]。

他人の欠点を断罪しても、あなた自身の美徳に何も付け加わりはしない。道徳的教訓を他人に与えることは道徳的行為ではない。道徳的行為は一人称においてしか、つまり、個人あるいは集団が自らに対して課す義務への対応としてしか成立しない。他者の悪を理解するには、まず自分のうちにある悪を見通すことができるのでなければならない。そしてシュルマンはまさしくそのようにする――「自分の内側を見てみると、私は自分の奥底に、しかも希望、信仰、ある種の共感の能力の傍らに、植民者たちのなかでももっとも略奪を好む連中の心のうちで働いているのと同じ暗い力を見出せる。私もまたひとを憎むことができるし、依怙贔屓《えこひいき》ができるし、善悪二元論《マニケイスム》に染まるかもしれないのだ」[10]。だが、そうした不吉な力が自分のうちに潜んでいると認めることは、そうした力への屈服を意味しない。シュルマンには同胞であるイスラエル人に対する憎しみの痕跡は微塵もない。シュルマンはむしろ、彼らを道に迷った者と見なし、十全な人間性を彼らが取り戻す手助けをしたいと望んでいるのだ。

シュルマンやタアユシュのメンバーである彼の友人たちの活動に見出せるのはまず道徳的次元である。なぜなら、彼らは、自分たちがそれぞれ所属している集団（イスラエル側とパレスチナ側）の過ちを正そうとしているからである。同時に彼らは、自分たちをとりまく世界を変えようとしており、したがっ

(7) David Shulman, *op. cit.*（『ともに生きること』）p.26, 114.
(8) 同上書 p.26-27.
(9) 同上書 p.262, 266.
(10) 同上書 p.20-21.

て、自分たちの行為が政治的効果を持つようにと願っている。自分がおこなっている行為について自問するシュルマンは、ふたつの動機を見出しているが、それらは互いに補完的なものである。「私は、孫たちが私を誇りにしてくれるよう期待している」。これは自分に対して道徳的働きかけをおこなうということであり、善良な人間であろうとする努力である。しかしシュルマンは付け加えている。「より重要なのは、真の変化を、今でもわれわれが実現できると私が思い、私がそれを固く信じていることだ」。このふたつの動機の補完性は、ひとつの賭け、すなわち、ある人間の内的資質が外界のできごとを変えられるはずだという考えに基づいている。これこそ、まさしくシュルマンの確信である。「善良で非暴力的なひとりの人間の存在以上に占領体制を脅かすものは何もない」(11)。自身に対する働きかけ、自身に対する個人的な道徳的教育はこのようにして政治的役割を獲得するのである。

シュルマンは記憶の義務というものを自らに課している。その意味するところは、たとえ演じる役者が変わったとしても、その芝居が昔から受け継がれたものと同じ芝居であることを見分けられねばならないということである。それが、母からシュルマンが受け取った教えの意味である――「何十年も前に母が教えてくれたのは、われわれはかつてエジプトで奴隷だったのだから、われわれには抑圧された人々になされる悪を理解することも、感じることもできるし、それが何を意味するかも知っており、したがって、そうした悪をわれわれがなしてはならないということだった」。強いられた奴隷状態を覚えている人間は、他者に似たような苦しみを与えようとはしない。同様に、追放に苦しんだ人間ならば、他者に同じようなことをしてはならないだろう。ひどい扱いを受けた人間ならば、命令に従わねばならないという次のような口実で、自分たちの行為を正当化しては決してならないだろう。「決定するのは私ではない。私は命令を受けているだけで、最善を尽くしてその命令を実行するしかない[12]」。報復の論理を逃れられるとすれば、それは、歴史を以上のように解釈することによってである。報復の論理は、悪には悪をもって報いねばならぬとするものである。

シュルマンによる非暴力的な不服従の実践は、彼がイスラエルのある兵士たちの振る舞いについて「選択的拒否」と呼んだものに似ている。この兵士たちは、「生き延びるための防衛戦争を戦う用意はあるが、一民族を占領下に置くことや、その土地の収奪に参加することは望まない」。シュルマンは自身を「穏健な中庸を過激に主張する人間」だと言っている。シュルマンの選択は、嫌悪を覚える行為を黙って見過ごさない、排除され追放される人々の不安に満ちた顔を忘れない、不法行為に対しては自ら現場に立ち会って妨害するというものである。シュルマンはまた看護師の務めも果たそうとする。エティ・ヒレスムと同様、シュルマンは「飢えた人々に食べ物を持っていく[13]」、「傷口に包帯を巻く」、病人を看護するといったごく当たりまえの身振りに再び意味を見出すのである。

シュルマンを動かしている諸原理は、ネルソン・マンデラのそれとほとんど違わない――善悪二元論と憎しみを捨てること、非暴力を選ぶことである。しかしふたりが獲得した結果はかなり違っている。シュルマンの場合、その闘いを始めたのは二〇〇〇年代初頭だが、それ以後もパレスチナの状況は目立って改善していない。だがそのことは、そのような行為がまったく効果を発揮しなかったことを意味し

(11) 同上書 p.21; "Umm al-Ara'is...", *art. cit.* (雑誌『タアユシュ』)。
(12) David Shulman, *op. cit.* (『ともに生きること』) p.106, 163.
(13) 同上書 p.160-161, 20, 157.

ない。状況はもっとひどくなっていたかもしれないのだ。ジェルメーヌ・ティヨンもアルジェリア戦争を止められなかった点では同じだが、ティヨンは闘争に加わっていた多くの人々を拷問、処刑から救い出すことができた。シュルマンは多くの失敗、そしてごくわずかに得られた成功について報告しているが、それでも彼は決して意気阻喪しない。シュルマンは、まるで内側から何かに衝き動かされているかのように、行動している――「私がそうするのは、それがなすべき正しいことだからであり、またそれだけが私にできることだからだ。私がそうするのは、そうすることによって、自分もわずかだがより自由になると感じるからであり、自分を人間だと感じるからである」[14]。シュルマンはただちに得られる政治的結果を求めてそうしているというより、自分の身振りが自分の世界観に直接に由来するからこそそうしているのである。この観点からすれば、シュルマンが実践しているのは政治的行為というより道徳的行為である。シュルマンが気にかけているのは、行為がもたらす結果であるより、むしろ行為へと導く意図である。ある行為が道徳的であるか否かは、その行為がもたらす結果によってではなく、その行為の性質それ自体によって判断される。しかし、本書ですでに見たように、道徳的行為が間接的に政治的影響力を獲得することがある。たとえばそれは、裁判所がこのような屈服しない人々の言い分をときとして認めるという形で、あるいは他の人々がこうした人々に加わるという形で実現する。

この問い（政治的次元で得られる結果はとても貧しいのに、なぜそうした行為をしつこくおこない続けるのか）だけを扱ったあるテキストのなかで、シュルマンはそのような経験の性質をより詳しく述べ、その効果について次のように記している――こうした行為を実践する主体は、それを実践するという事実自体によってすでに報われている。入植者を助けるために駆けつけたイスラエル兵士に捕まり手錠をはめられているときに、シュルマンは自分のうちに「私が知っているいかなる感情、愛よりもなお甘美な内的自由という感情」が立ちのぼってくるのを感じる。それはあなたの身体全体を包み込む感情である――だが、それはおそらく愛の特殊な形、すべての人間を対象とする愛であり、そのような愛は攻撃を加えてくる人々をあなたが憎まないようにさせるものだ。同時に、このような行為は世界に刻印を残すと想像される――そしてその意味で、このような行為は世界を変える。シュルマンは書いている。もし自分が超自然的なものを信じるなら、「隠された小さな日記を付けている神を思い描けるだろう」。「そこに神はこのようなこと〔このような行為〕を、神自身の絶望を癒やす薬として書き付けるのだ(15)」。このような行為を実践する主体は、至高の正義を象徴するあらゆる形象を越えて、次のように実感できる。「尊厳に満ちた行為は〔中略〕世界のうちに、われわれが所有している唯一の世界のうちに残り続ける。そうした行為は世界として、つまり世界の神秘の一部として残り続ける」。こうした行為がなし遂げられた後の世界は、それがなされる以前の世界とは多少とも異なった世界となる。おこなった行為が正義に適い、良きものであるという確信は、主体を孤独から解き放ち、そうした確信自体のうちに報奨を含んでいる。ルソーの言葉を借りれば、こうして「人間は義務ゆえにではなく、歓喜を感じるがゆえに(16)」

(14) "On the Goodness of Despair", *Journal of Human Rights Practice*（「絶望の効能について」『人権を求める実践』誌）, vol. 6, no 3, 2014, p.506.
(15) 同上誌 p.508, 509.
(16) Jean-Jacques Rousseau, "Lettre à Sophie d'Houdetot", le 17 décembre 1757, dans *Œuvres complètes*（ルソー「ソフィー・ドゥドゥトへの書簡、一七五七年一二月一七日付、『全集』」）*op.cit.*, t. IV, p.394.

行動するのである。これが政治的次元でただちに得られる結果がとても貧しくても、宇宙的展望に立ってみれば、そうした行為が空しいものではない理由である。結果として、シュルマンの省察はエドワード・サイードが生前最後に残した、「失われた大義」を主題とするエッセーのひとつで表明したものと同じ考えに達する。[17] サイードは、彼自身アドルノの言い回しに触発されて、政治的に敗北した場合でも、その失敗は完全なものではないと主張している。[18] ある人々の思考、意志のうちに一度存在したものは、そうした思考、そうした意志を示した人々が死んでも消え去りはしない。[19] それゆえに、いかなる大義といえども、決定的に失われることはない。松明のように、それは個人から個人へと受け継がれていく。

インドの歴史と文化の専門家であるシュルマンは、自分の行為が仏教の伝統のうちにも位置づけられうることを知っている。「禅の信徒たちも言っているように、人間はその次元、すなわち政治的行為の次元において、直接的な目先の結果に捉われて行動するのではない。人間は、行動すべきであるから行動するのであり、正しきものの名において行動するのである」[20]。この意味で、正義に適った闘いはいかなるときでも空しいものとはならない。

エドワード・スノーデンについて

情報伝達《コミュニカシオン》の世界では、二〇世紀最後の数十年間に真の革命が起きた。情報の持つ性質がよりよく理解され、電子工学の分野で数々の技術革新がなされたおかげで、われわれの生活はすっかり変わってしまった。パソコンの普及によって、誰でも膨大な量の情報を蓄積できるようになった。携帯電話は通話先の相手と接触する可能性を無限に拡大した。電子郵便あるいはEメールは地球の反対側にいる人々との即時の通信を可能にした。それまでになされていた数々の発見が組み合わされた結果、新たな発明もなされた。何百万ものコンピューターをネットワーク化したインターネットは、情報収集の無限の可能性を開いた。携帯電話は小さなコンピューターを組み込み、「知性を備える」ようになった。電話による通信では、それまでの音声に画像が付け加わった。ソーシャルネットワークは無数の人間との同時通信交換を容易にした。情報伝達の世界では毎日、それまで思ってもみなかった可能性が提示され、その速度は速まり、その規模は何倍にも膨らみ続けている。

こうした新技術を考案した人々は、往々にして既成の道具を改良したいという願望、能率への信仰、完成のための完成を求めるという気持ちのみによって動かされている。しかし、別のときには、そうした人々は、この革命的技術は社会とそれを構成する人々にとって有益な目的を達成できると主張する。

(17) エドワード・サイード（一九三五〜二〇〇三）はエルサレム生まれのパレスチナ系アメリカ人の文学研究者・文学批評家で主著は『オリエンタリズム』。

(18) Edward Said, "Timelines and Lateness", in *On late style*（「時宜を得ていることと遅延していること」『晩年のスタイル』所収）, Pantheon Books, 2006.

(19) アドルノ（一九〇三〜六九）はドイツの哲学者・社会学者・批評家。ホルクハイマー、ハーバーマスなどと並び、フランクフルト学派を代表する思想家。

(20) David Shulman, *op. cit.*（『ともに生きること』）p.210.

そこで言われるのは、おもに、こうした技術は情報への無限のアクセスを可能にして、個人の能力や個人の自由を増進し、情報への個人による無限のアクセスはそれまで情報を独占していた諸機関による管制から個人を解放するということである。情報機器を発明し、その販売促進をおこなっていたアップル社のスティーブ・ジョブズ[21]は、彼自身カウンターカルチャーによって生み出された人物であり、人間にとって愛想のいいアナキズムの擁護者だった。一九八四年にパソコンの新しいモデルであるマッキントッシュを売り出した際、その宣伝フィルムは、《マッキントッシュはジョージ・オーウェル[22]によって『一九八四年』で描き出された悪夢が現実のものとなるのを妨げる道具である》と告げていた。軍事的独裁者であれ、宗教的独裁者であれ、全体主義的独裁者であれ、政府が情報管制を敷きたがるような国では、個人が自由にデータベースにアクセスできれば、政治的状況が覆《くつがえ》る。これについては「アラブの春[23]」が始まった際にも、また中国の反体制派の抗議運動の際にも確認された。

だが、こうした技術的革新に共通する特徴のひとつは、それらの革新が生み出した希望を失わせてしまいかねないものである。現在、そうした情報伝達には電子的な中継点が必要であり、情報がそのような中継点を通過するたびに、そこにはその通過の痕跡が残る。よく知られているように、こうした痕跡は商業目的で利用されうる。メッセージを通過させるサーバーは、それぞれの使用者のプロファイルを作成でき（そしてこの使用者は潜在的な消費者である）、これによってその使用者が必要とするかもしれない商品を提案できる。また携帯電話は情報伝達をとても容易にしたが、同時に、その使用者が空間のなかでどのように移動しているかを特定することを許す。警察はこうした情報を利用して、ある種の犯罪を解明できる。したがって、自由度は増したが、他方でわれわれの行為、発言は管理されるようになり、そうした管理は、情報伝達を司る民間会社によっておこなわれるようになる。

ここから得られる結論は、こうした技術的特徴は、問題の諸企業を運営する特定個人の強力な権力を、さらに強めるだろうということである。この特徴は、新自由主義の時代における近代的民主制の全体的進行の必然的な一環であろう。そこにおいては、諸個人の経済的権力が、国家による、あるいは社会全体による管理から解放される。しかし、経済的な主導権を国家が個人に与えるとはいっても、他方で、国家は、それまで自分のものであったあらゆる権能を放棄したわけではない。今日確認されているのは、国家は情報を握った企業に対して、それらの企業が集めた情報を国家に伝え、それを国家と共有するよう強制できるということである。経済は「市場原理」のみに、すなわち結局のところ個人の意志に従うと言われている。しかし、国家機構はそれを構成する諸機関を通じて、自国の住民の、あるいは多国籍企業がサーヴィスをおこなっている諸外国の住民の社会的・政治的生活に介入し、それをかつてないほど徹底的に監視する体制を、自らのものとして確保できる。経済の領域と社会の領域のあいだには一種の反比例が成立する。経済の領域が国家の手をすり抜けていけばいくほど、国家は社会の領域への管理

(21) スティーヴ・ジョブズ（一九五五～二〇一一）はアメリカの実業家でアップル社の共同設立者のひとり。
(22) ジョージ・オーウェル（一九〇三～五〇）はイギリスの作家・ジャーナリスト。主著『一九八四年』（一九四九）は全体主義政治の恐怖を描いた近未来小説。
(23) アラブの春は二〇一〇年から一二年にかけて起きた、前例のない大規模反政府デモを主とした民衆蜂起の総称。一〇年一二月のチュニジアにおけるジャスミン革命を発端としてアラブ諸国に広がり、エジプトでは長年にわたって政権にあったムバラクを失脚させた。

を強める。事実、こうした力業をなし遂げられるのは、国家のみである。法的決定がなされれば、国家は、企業が持っている情報へ国家が直接アクセスできるよう企業に強制できるのである。こうした理論上の可能性が、現在二一世紀初頭のアメリカおよびイギリスで現実のものとなっていることをわれわれが知ったのは、エドワード・スノーデンによる暴露のおかげである。

このふたつの国では、あらゆる情報を集中化する仕事は、伝統的にスパイ活動をおこなってきた諸機関にではなく、アメリカではＮＳＡ（National Security Agency，国家安全保障局）、イギリスではＧＣＨＱ（Government Communications Headquarters，政府通信本部）と呼ばれる機関に委ねられている。スノーデンによれば、これらの機関は自らは情報収集に当たらず、民間企業に強いて、それらの企業が握っている情報に直接自分たちがアクセスできるようにする。民間企業は愛国心によってなのか、それとも他に選択の余地がないからなのか、進んでその要請に従う。マイクロソフト社は二〇〇七年に、ヤフー社は二〇〇八年に、グーグル社とフェイスブック社は二〇〇九年に、ユーチューブ社は二〇一〇年に、スカイプ社は二〇一一年に、アップル社は二〇一二年に、といった具合である。こうして獲得されたデータは、それらの機関が他の方法、とくに「五つの目」と呼ばれる情報機関（これは英語圏の五ヵ国、アメリカ、イギリス、カナダ、オーストラリア、ニュージーランドの情報機関のことである）との協力によって集められた別の情報とも組み合わされる。それらの情報は、たとえば大西洋を横切る光ファイバーに不法に接続したり、衛星通信が送る通信を途中で捕捉したりといった手段で集められる。この暴露以後、フランスでもＰＮＣＤという略号で呼ばれる類似の機関（plateforme nationale de cryptage et décryptage，暗号化・暗号解読のための国家基盤機関）が同様の役割を演じていること、すなわち、衛星通信を途中で捕捉したり、海底ケーブルに接続したりして何十億もの個人データを収集していることが知れわたるようになった。他の国々でも同様の事態になっていることは十分にありうる。

このようにして集められた情報の量は、伝統的な調査方法によって得られるそれとは比べものにならない。数字を見ているとめまいがしてくる。二〇一三年三月、NSAは世界中のコンピューターから九七〇億のデータを集め所持していると認めていた。GCHQは一日に三九〇億のデータと六億の電話通信を処理できると断言していた。NSAはアメリカと他国のあいだで交わされるすべてのメッセージ、自国内で交わされる無数のメッセージ、さらにはいくつかの外国内で交わされる無数のメッセージを監視している。対象国には仮想敵国であるロシア、中国、イランはもちろんのこと、ドイツ、フランスあるいはブラジル、メキシコといったアメリカの同盟国も含まれている。そうした国々で経済、政治、軍事の責任者たちや広範にわたる住民が監視されている。二〇〇二年から一三年までのあいだ、NSAは三五の国の国家元首を盗聴している。そのなかにはドイツの首相アンゲラ・メルケル[24]も含まれており、彼らのうち何人かがこうした事態に怒りを表明した。二〇〇九年、ロンドンで開かれたG20[25]では、すべての参加者が盗聴された。NSAによってドイツで実行された監視は、ベルリンの壁崩壊以前に東ドイツでおこなわれていた諜報機関「シュタージ」による監視のレベルをすでに越えている――NSAはドイツで、毎日二〇〇〇万の電話通信と一〇〇〇万のインターネット上のメッセージを捕捉している。ま

(24) アンゲラ・メルケル(一九五四~)は第八代ドイツ連邦共和国首相(在任二〇〇五~)。
(25) G20はG8(主要国首脳会議)、EU、新興経済国(一一カ国)の計二〇の国・地域からなるグループ。このグループが定期的に開催する首脳会議の呼称。

たＮＳＡは、フランスでは、一ヵ月間（二〇一三年二月～三月）に一二四八億の電話通信と九七一億のインターネット上のメッセージを集めている[26]。

当初、こうした監視活動の正当化の根拠としてあげられていたのは、アメリカ、イギリスの各所を標的とするテロ活動と戦うためというものだった。だが明らかに、この限定された目的は、たちまちのうちに忘れられ（現在、そうした目的のためになされているのは全監視活動のせいぜい三分の一とされている）、今では、あらゆる人間に関してすべての情報を入手するという途方もない目的に置き換えられてしまっている。ドイツの首相やブラジルの大統領が、どのようなテロ活動をおこなう危険があるというのだろう[27]。こうした監視活動を推し進めようとする暗黙の前提は、あらゆることを知ることが完全な権力を保証するということであり、全知は全能に導くということである。実際には、このふたつの項の関係は相方向的である。すなわち、あらゆることを知るには、まずもって無制限の権力を自分のものにしているのでなければならないのだ。こんなふうに盗聴されている側の国々は、自分たちがまだ主権を有しているという空しい幻想に浸っているかもしれないが、事実上もはや主権を失ってしまっている。また、アメリカの何億という普通の市民も、テロ活動をしているのではないかという疑いとは無関係に、ということはすなわち、憲法に述べられた、「個人の自由を保障する諸原理」とは矛盾する形で監視を受け続けている。伝統に従えば、このようなことをするには、裁判所の決定が必要なはずである[28]。しかし、こうした監視活動を徹底的におこなうよう求める全般的指示がＧ・Ｗ・ブッシュ大統領の時期の行政府により、二〇〇一年九月一一日のテロ攻撃の直後に出された。この瞬間から、科学・技術を駆使したＮＳＡによる調査は前例のない規模に達した。

何人かの観察者は、こうして世界のほぼ全住民を対象とするようになった監視活動と、全体主義体制がおこなっていた活動とのあいだの類似を指摘する。全体主義体制にとっては、その体制下に住む全住民を「監視された人間」へと変容させることが大事だった。この「監視された人間」という表現は、全体主義体制下の人間のひとりであるブルガリアの文学者・映画作家ヴェスコ・ブラネフ(29)が、自身の経験を記述した著作の標題である。この本は全体主義国家における日々の生活を描写した注目すべき物語だが、私は二〇〇九年に出版されたこの本のフランス語版の序文に次のように書いた。「電子・情報技術の発展もあり、西側でも市民への監視は強化されている。しかし［フランスの］総合情報局も［アメリカの］連邦捜査局FBIも、［ブルガリアの］国家安全局の野心、すなわち全住民の生活のすべてを知ろうという野心は持っていない(30)」。これを書いた当時、私はNSAの活動をまったく知らなかった。ところで、

(26) 私が以上の情報を得たのは次の著作からである。Luke Harding, *The Snowden Files*（ルーク・ハーディング『スノーデンファイル』）, Londres, Guardian Books, 2014.
スノーデンについては以下の著作も参照できる。Glenn Greenwald, *Nulle part où se cacher*（グレン・グリーンウッド『隠れる場所はどこにもない』）, JC Lattès, 2014; Franck Leroy, *Surveillance, Le risque totalitaire*（フランク・ルロワ『監視、全体主義的危機』）, Arles, Actes sud, 2014; Antoine Lefébure, *L'Affaire Snowden*（アントワーヌ・ルフェービュル『スノーデン事件』）, La Découverte, 2014.

(27) ドイツ首相やブラジル大統領については、二〇〇六年から一二年までNSAによって盗聴されていたことが最近知られるようになった（二〇一五年六月）。歴代フランス大統領についても同じことが言える。

(28) G・W・ブッシュ（一九四六〜　）は第四六代アメリカ合衆国大統領（在任二〇〇一〜〇九）で、彼の在任中の二〇〇一年九月一一日にニューヨークのツインタワーを始めとする同時多発テロ事件が勃発した。

(29) ヴェスコ・ブラネフ（一九三二〜二〇一四）。

その後二〇一四年にスノーデンについての本『スノーデンファイル』を書いたルーク・ハーディングは、スノーデンが発見した内容を、私が書いたのとほとんど同じ表現で要約している。「ＮＳＡの究極の目的は〔オルダス・ハクスリー(31)やジョージ・オーウェルが彼らのディストピア小説(32)で想像した計画の〕さらに先まで行くことだったと思われる。それはあらゆる人々のすべてについて、至るところで情報を集め、それを無際限に保存することである(33)」。他の人々と同様、ハーディングもまたＮＳＡの企図をより以前の先駆者、イギリス人哲学者ジェレミ・ベンサム(34)のそれと近づけて提示している。ベンサムは一八世紀末に、たったひとりの看守が囚人全員を監視できるような円形の刑務所を構想した。ベンサムはこの未来主義的な建物を「パノプティコン〔全展望監視システム〕」と呼んでいた。

全体主義国家における政治警察はかつて似たような目的を持っていたが、ＮＳＡと同じような手法の使用は考えていなかった。東ドイツの秘密警察シュタージはたしかに「すべてを知ろう」という野心を持っていたが、この目的のために使っていた方法は、あまりに原始的だったので今になってみると、強烈な印象を抱かせるものである。この機関の職員自身が直接的に監視をおこなっていたのである（その人数はベルリンの壁が崩壊した時点で九万一〇〇〇人であり、これに常勤ではない一八万人の協力者がいて、彼らの任務は疑わしいあらゆる振る舞いを告発することだった。計算によれば、東ドイツでは平均して住民の一三人にふたりが、定期的に密告文を提出していた）。同様に、シュタージの職員は毎日最大で九万通の手紙を、これまた原始的だが、手紙を蒸気で蒸して開封していた。こうした措置は住民にも知られていたから、別の目的のためにも役立った。それぞれの人間が身近な人間を密告者かもしれないと疑うので、政治権力から独立したあらゆる社会的絆を壊死させられるのである。現在では、こうした原始的方法は、交換されるメッセージが残す電子的痕跡の監視に置き換わった。そしてその監視自体も今や人間ではなくコンピューターによっておこなわれている。自由の空間であったはずのインターネットは、監視のための道具に変容してしまった。また、アップル社やグーグル社の創業者たちの発明は、初期には国家の統制から個人を守るはずだと見なされていたのに、今や、全般化された統制に、そして全知の国家に奉仕することになってしまった。もし人々がこれまで通り郵便で送られる手紙のやり取りや互いに対面での会話を続けていたなら、こうした結果にはならなかっただろう。ＮＳＡが動員する数々の技術的手段によって、もしＮＳＡがそうしたいと望めば、この組織はビッグ・ブラザー(35)の役割を世界的な規模で演じることができる。そうなった場合、この役割はオーウェルが想像したよりずっと

(30) Vesko Branev, *L'Homme surveillé*（ヴェスコ・ブラネフ『監視された人間』）, Albin Michel, 2009, p.18.
(31) オルダス・ハクスリー（一八九四〜一九六三）はイギリス生まれの著述家で後にアメリカに移住する。彼のディストピア小説として知られているのは一九三二年の『すばらしい新世界』。
(32) ディストピア小説は、空想的な反ユートピアを舞台とする小説のこと。
(33) Luke Harding, *op. cit.*（ルーク・ハーディング『スノーデンファイル』）p.12. 同じことをフランク・ルロワも言っている――「住民の全般的な監視は全体主義的危険を有するものだと認めることを覚悟せねばならないだろう」Franck Leroy, *op. cit.*（フランク・ルロワ『監視、全体主義的危険』）p.277.
(34) ジェレミ・ベンサム（一七四八〜一八三二）はイギリスの哲学者・経済学者・法学者で功利主義の創始者として知られる。
(35) ビッグ・ブラザーはジョージ・オーウェルの小説『一九八四年』に登場する架空の人物で、作中の全体主義国家「オセアニア」ではエリートが国民に対し独裁権力をふるっているが、ビッグ・ブラザーはその頂点にいるとされ、「オセアニア」では彼の肖像のポスターが至るところに貼られている。

効果的なものとなる。

われわれが今日、これらの秘密機関の途方もない野心を知っているのは、数人の個人の誠実さと勇気のおかげである。その人々は、自らの安寧、快適な暮らし、ときには自らの生命を危険にさらしてまで自分が知っていることを公衆に知らせる道を選んだ。たとえば兵士ブラッドリー・マニング[36]がその一例である。マニングは現在〔二〇一五年時〕刑務所に収容されているが、それはイラクでアメリカの軍人や文民がおこなった違法行為を告発したからである（違法行為を犯した当人たちがその罪ゆえに権力から脅かされることはまったくなかった）。あるいはトマス・ドレーク[37]の例もあげられる。ドレークはNSAで働いていたが、不法と判断したNSAの監視システムをアメリカの新聞紙上で告発した。こうした人々のうち、もっとも象徴的なのがエドワード・スノーデンである。NSAに勤務する若い情報分析官だったスノーデンは、二〇一三年六月に、アメリカ史上もっとも重大な国家機密漏洩をおこない、彼から見ると明らかに違法であり、アメリカ憲法の諸原理にも反するNSAによる多くの行為を暴露し始めた。スノーデンは表現の自由を利用して、自国の政府の選択を批判したのである。

そもそも、スノーデンには反抗者らしいところはほとんどない。彼は愛国者であり、自国を敵から守るために戦う気にもなっている。たとえばイラクにおいてスノーデンはそうしようとした（しかしアメリカ軍はスノーデンがそれに向いていないと判断した）。スノーデンが情報科学の領域での自分の能力を情報機関（最初はＣＩＡ、次いでＮＳＡ）のために役立てようとしたのも同じ考えからである。しかし、そこで知った事実は、スノーデンをがっかりさせる。スノーデンが発見したのは、アメリカ政府とその諸機関が、違法を承知のうえで法を犯し、したがって犯罪に手を染めていることだった。そうした犯罪はアメリカ国民の自由の領域を狭め、彼らに害をなす。スノーデンはそこに、行政府がアメリカ憲法に対しておこなっている一種のクーデタを見た。スノーデンが確認したのは、G・W・ブッシュの大統領任期中におこなわれたこの選択が、オバマが率いる行政機関によっても正されなかったことである。スノーデンはこれを見て、彼にとって民主主義の敵と思われる人々に対して孤独な闘いに乗り出す決心をする。

スノーデンには他にいかなる動機もない。彼を題材にしたドキュメンタリー『シチズンフォー』[38]に見られるように、引っ込み思案なスノーデンは有名になるのを嫌い、カメラを避けている。スノーデンがジャーナリストに要求するのは、自分に関心を向けることではなく、自分が暴露した内容に関心を向けることである。スノーデンは自分が持っている資料を金銭に換えようとはしない。スノーデンはまた、冷戦期西欧の何人かの逃亡者のように、自分を受け入れてくれた国、中国やロシアへのイデオロギー上の共感に動かされているわけでもない[39]。スノーデンが行動を起こしたのは、道徳的廉直さ、自らの良心の尊重、そして愛国心によってである。スノーデンは己の義務を果たしているという感情を抱いている。

(36) ブラッドリー・マニング(一九八七〜)はアメリカ陸軍兵士で機密扱いの多くの文書を漏洩させ、二〇一三年にスパイ活動の嫌疑で有罪となる。軍刑務所における三五年の服役を言い渡されたが、二〇一七年に大統領オバマが命じた恩赦によって釈放されている。
(37) トマス・ドレーク(一九五七〜)はNSA元幹部職員。
(38)『シチズンフォー』はローラ・ポイトラス監督のスノーデン事件を扱ったドキュメンタリー映画で二〇一四年制作。
(39) 二〇一三年六月アメリカ司法当局により国家機密漏洩の廉で逮捕命令が出されたスノーデンは、同年八月にロシアが彼に期限付きの滞在許可証を発給して以降、今も(二〇一八年八月現在)ロシアに留まり続けている。

その言によれば、スノーデンは「自分がしているすべてのこと、自分が言っているすべてのことが記録されているような世界には生活したくない[40]」のである。このような闘いを選択した結果、スノーデンは自分の経歴、自分の快適な生活を犠牲にして、追放状態で家族から遠く離れ、もし逮捕されれば長い期間投獄されて生命さえ奪われかねない重圧の下で生きることを受け入れる。

したがって、たったひとりの男が、世界史上もっとも強力な国家であるアメリカ合衆国に挑戦しているのだ。その結果、今や地球は彼にとってあまりに小さなものになった。というのも、スノーデンについて書かれた本の標題が示しているように、スノーデンにはもはや「隠れる場所はどこにもない」からである。この危険を軽く考えてはならない。そのことは、その後起きたあるできごとが示している。アメリカ政府は同盟国であるEUの各国政府に対し、国際法規、国際規範を無視して、ボリビア大統領が乗った飛行機を臨検するよう要求した〔二〇一三年七月〕。その飛行機は、モスクワを発つ際にスノーデンを乗せたのではないかと疑われていたのである。この要求に従うことにより、EU各国政府は自分たちがアメリカに対して主権を譲渡していることを如実に示してしまった。ヨーロッパの世論はスノーデンを支持したが、その支持はあまり熱気あるものではなかった。ヨーロッパの世論は表現の自由を守ることには熱心で、あらゆる機会を捉えてそうしようとするのだが、このアメリカの情報技術者がわれわれ住民全体を脅かす全体主義的脅威を暴露したにもかかわらず、彼を断罪するために取られた国家権力の措置にはあまり反応を示さなかった。

スノーデンの目的は、アメリカの憲法とアメリカの法律に対する侵犯を告発することである。自国を敵の脅威から守らねばならず、したがって、敵と考えられる相手を盗聴したり、そのメッセージを捕捉したりせねばならぬという原則に対し、スノーデンはまったく異議がない。しかしそのための実践がいき過ぎた形で全般化され、住民全体を対象にしておこなわれるようになっている。その結果、量的変化が質的変化を引き起こし、もはや監視されているのは容疑者だけではなく、潜在的には、容疑があろうがなかろうが、全住民となってしまった。こうした望ましからざる事態が可能になったのは技術の進歩によってであり、「[技術は]法律を越えてしまった。あるいは[技術は]起きている事態について明晰な全体的展望を持つことを、誰にとっても不可能にしてしまった(41)」のである。

目的を果たすためにスノーデンが用いた方法は、自分が見極めた大罪を公開することである。スノーデンはそのために、かつて同じ道を進んだ先人たちが想像もしなかった用心を自分に課した。主たる用心は、発見した悪行を自分で暴露するのではなく、能力ある仲介者、すなわち彼が誠実だと考える出版物を出している(そしてインターネットのサイトを運営している)ジャーナリストたちにその仕事を委ねることだった。その出版物とはロンドンの雑誌『ガーディアン』誌である。スノーデンは、その雑誌のジャーナリストたちに資料を見せて説明し、公衆に情報を流すのはもっぱらジャーナリストたちとした。ジャーナリストたちは流すべき情報の内容を入念にチェックしたうえで決定する。ひとつひとつの資料から、彼らは違法行為を示す要素だけを選び出す。逆に、アメリカやイギリスの敵になりうる人々が興味を抱くかもしれない要素、また情報の公開によって安全が脅かされかねない人物の情報を慎重に

(40) Luke Harding, *op. cit.*(ルーク・ハーディング『スノーデンファイル』)p.109-110.
(41) 同上書 p.176.

取り除く。スノーデンが暴露するのは本当の事実だけであり、彼は「真実を言うことは犯罪ではない」[42]と確信している。だが、公開するに適した要素を選ぶ作業は思慮に富むジャーナリストたちに任せる。

今のところ、アメリカの公の機関は、相も変わらず、依然として、機会がありしだいスノーデンを逮捕し、スパイ容疑で裁判にかけると言い続けているから、そうなった場合の結果は容易に予測できる。反対に、スノーデンが暴露した犯罪については、今もってまったく処罰はなされていない。スノーデンは犯罪者と見なされるべきなのか。この問いに対する答えは、法律の問題であるというより、アメリカ政府の政治的選択に関わる。いずれにせよ、はっきりしているのは、スノーデンの振る舞いは道徳の要求に適ったものだということである。スノーデンはたしかにいくつかの規則を破りはした（そもそも警告を発する人間はつねにそのようにするものである）。しかし、スノーデンの行為は「市民的不服従」の範疇に属するものであって、市民的不服従はスノーデンを罰するための法より上位の法を根拠とする。この原則はアメリカの憲法に書き込まれている。スノーデンは現在ロシアに居住しているが、その国が法律を恣意的な仕方で扱っているのを、彼が知らないわけではない。しかし、スノーデンはロシアが自分を歓迎し受け入れてくれたことを評価している。スノーデンがロシア当局やロシアの秘密機関に、自分が祖国から持ち去った資料の何がしかを提供したという事実を示すものは何もない。

監視する人間や密告する人間を介さずに住民の交信記録を集め、もはや警察力ではなく科学技術によって住民を監視するこの新たな全体主義に対して、スノーデンは不服従を実践しながら、共産主義時代にロシアや東欧の反体制派が彼らなりのやり方で選択していた方法をも同時に採用している。彼らと同様、スノーデンもまた、嘘を暴き、真実を伝えるためならどんなことでもする用意がある。スノーデンをソルジェニーツィンと比較してみると、まずいくつかの明白な違いが目につく。このふたりは異なった時代に属している（スノーデンはこのロシアの作家の六五年後、一九八三年の生まれである）。年長のソルジェニーツィンのほうは本の人間であり、年少のスノーデンのほうはコンピューターの人間である。ソルジェニーツィンのほうは、それが可能なら、至るところで自分の声を聞かせるが、スノーデンのほうは、初対面の人間の前で口をきくために、自分の引っ込み思案に打ち克たねばならない。

対照的な気質ではあるが、それでもふたりの行動の結果は彼らを近づける。自分が発見した事実を世間に暴露する以前は、ふたりともが、通常の社会生活から距離を置いた道を歩まねばならなかった。それは、自分がどんな冒険に乗り出しているのかを世間に示すことで冒す危険を避けるためだった。ふたりとも愛国心から、時の国家指導者に反対して行動している。いったんその挑戦がなされるや否や、ふたりとも亡命生活を余儀なくされる。もっともソルジェニーツィンの場合は、それが強いられたものであり、スノーデンの場合は、それは自らの選択によるという違いはある。ふたりとも、自国とは別の大国に逃亡して、自国で表明されている彼らへの恨みから身を守るために、その大国の庇護を受け入れるが、ふたりとも、受け入れてくれた国について、自分が知るすべて、自分の周りで観察されたすべてを肯定しているわけではない。欧州評議会(43)はスノーデン事件がもたらした結果に関する報告書の冒頭に、ソルジェニーツィンの言葉を銘として引いている――「われわれの自由は、他人がわれわれの生活につ

(42) 同上書 p.332.
(43) 欧州評議会は一九四九年に設立されたヨーロッパの統合に取り組む国際機関。

いて知らないということに立脚している」[44]。

スノーデンとソルジェニーツィンに共通するのは、表現の自由を行使し、自分が真実だと知っていることを公の場で言うために高い代償を支払おうとし、正義に対する配慮を、快適で穏やかに暮らしたいという願望よりも優先していることである。

(44) *Le Monde* du 30 janvier 2015(『ル・モンド』紙、二〇一五年一月三〇日)。

本書全体を振り返って

ここまで八人の人物の人生の物語を紹介してきたが、世界に対する彼ら、彼女たちの態度は、いずれも私に賛嘆の念を抱かせる。しばしば激しい試練にみまわれながらも、彼ら、彼女たちは、自分を脅かす敵対者に、そして自らの内側に潜む悪霊《デーモン》に屈服することを拒む。彼ら、彼女たちの振る舞いは、愛のふたつの大きな類型に属している。人間存在に対する愛、そして真実に対する愛である（このふたつはしばしばひとつのものになる）。

この人々が示す対人関係において何よりも強い印象を与えるのは、地球上に住んでいる人々を、相互に完全に分離されたふたつの人間集団に、つまり友人と敵、善人と悪人に分割するのを拒絶していることである。たとえ自分の外部から暴力や侮辱といった攻撃を受けた場合でも、この人々はひとつのものである人類から敵を除け者にしたり、その敵に対して消し去りがたい憎しみを抱いたりしない。したがって、この人々は、復讐や報復といった、古《いにしえ》から繰り返されてきた道に乗り出すことを拒み、ましてや敵を真似て、自分たちが苦しんだ以上の攻撃を自分たちの側から繰り返すことを避けようとする。

古《いにしえ》からのやり方は、「相補的な敵の論理」と呼ばれるものである。国同士の関係においても、ある国の内部においても、攻撃をされたら反撃をするというこの論理は、一見地味な呼び方をされてはいるものの、「目には目を、歯には歯を」という祖先から続いた反坐法を引きずっているだけに、彼ら、彼女たちが示す拒否はなおいっそう困難なものである。司法、警察といった必要不可欠の諸制度も基本的にはこの論理に従っている——自分たちを律するのはこうした論理を越えたさらに上位の諸原理だと言いたがったとしても。何らかの被害を被った人間がいれば加害者が罰せられ、殺人が犯されれば殺人犯に死が与えられる。いくつもの国で死刑は廃止されているものの、犯罪人が逮捕・収監された場合、将来において再びその人間が犯罪を犯さぬようにしようとするだけでなく、その人間が苦しむよう、牢獄を彼にとって辛いものにしようとする。司法のこうしたあり方は、たとえ罰を与えるのが被害者やその代理人でなく非人格的な国家であっても、多かれ少なかれ復讐との類縁性を保ち続けている。

二〇〇一年九月一一日のテロ事件の後、アメリカは敵がいる場所（アフガニスタン）に行って、さらには敵がいなかった場所（イラク）にまで行って、自分たちの敵を罰そうとした。ブッラクウォーター社(1)の傭兵になったかつてのアメリカ軍兵士ニコラス・スラッタンは、現在、多くのイラク市民を殺害した罪でアメリカの連邦裁判所により終身刑に処せられているが、自分の行為を次のように説明している——「九月一一日の復讐をするために、できるだけ多くのイラク人を殺したい」。パリで二〇一五年一月七日に起きたテロの際、犯人たちは「西欧諸国の介入［イラク、アフガニスタン、マリへの介入］による損害の復讐」、また「［預言者ムハンマド〔五七一頃～六三二、イスラム教の開祖〕が被ったらしい侮辱に対して］(2)預言者の復讐をするのだ」と宣言している。二〇一三年のボストンマラソンの際に起きたテロ事件の犯人、ジョハル・ツァルナエフは、自らの行動を次のように説明していた――「アメリカ政府はわれわれの側の無辜の市民を数多く殺した。〔中略〕われわれの側の無辜の市民を殺すのをやめるなら、われわれも殺すのをやめよう」(3)。今日、イスラム嫌い（西欧側のイスラムフォビア）が聖戦《ジハード》思想を膨張させる原因になり、聖戦《ジハード》思想がひるがえって、イスラムフォビアを加速させている。

この本で取り上げた人物たちはみな、犯罪という行為とそれを犯す人間とを分離したいと望み、他の人々を敵と見なす考えから逃れたいと望む。そして同時に、憎しみを持つこと自体からも逃れたいと望む。彼らにとって、「屈服しない」ということは二重の意味を持つ。ジェルメーヌ・ティヨンとネルソン・マンデラの場合、当初は自分を単に「敵と闘う者」と見なしていたが、結局はこうした憎しみなき態度を自分のものとする。ティヨンが第二次大戦のあいだに発見したのは、自らが裏切りに遭い、牢獄に入れられ、全面的な恐怖を経験しながらも、敵に対する憎しみから自分を解き放てるということだった。敵に対する憎しみもまた、一種の囚われの形なのだ。ティヨンは自分を痛めつけた者たちに憐憫の情さえ抱くようになる。アルジェリア戦争のあいだに、ティヨンは蜂起した人々の精神に自らを投影することにも何らの困難を覚えないまでになる。だがその際にも、ティヨンは蜂起した人々がおこなった

(1) ブラックウォーター社はアメリカ海軍特殊部隊を退役したエリック・プリンスが創設した民間軍事会社で、現在は社名を変更してアカデミ社となっている。

(2) 二〇一三年四月一五日ボストンマラソンの競技中に爆弾テロ事件が発生し、三人が死亡、一八三人が負傷した。容疑者はアメリカに移民したチェチェン人の兄弟、タメル・ツァルナエフとジョハル・ツァルナエフであった。

(3) *Le Monde* du 16 avril 2015 et le 10 avril 2015（『ル・モンド』紙、二〇一五年四月一六日および四月一〇日）。

殺人に目をつぶっているわけではない。片や、マンデラは、牢獄に入れられる以前、敵に対する軍事的勝利を夢見ていた。だが、牢獄の孤独のなかでマンデラは、看守たちも自分と同じ人類に属していると意識するようになる。そして、自国の白人指導者たちに戦いを仕かけて多くの人間を殺し合いに巻き込むより、彼らの考え方を理解するよう努めるほうが、彼らから多くを獲得できると認識するようになる。憎しみを持たずに抵抗することが可能になるのだ。エティ・ヒレスムは、こうした選択をより徹底的な仕方で、より自発的におこなう。あらゆる憎しみは追放され、エティが世界に捧げる愛は、彼女の経験のひとつひとつを照らし出す。そうした経験には、エティがいたウェステルボルク強制収容所内部での経験も含まれる。自分の魂を救い出そうというこの原理は、エティにとってとても自然なものであり、ゆえにエティは他の人々に教訓を与えようともしない。エティは単に、その原理を生きた形、静かな形で体現している。

敵への憎悪を拒否するこうした姿勢に、犠牲者に与えられる能動的な援助が加わる。エティは、ウェステルボルクの強制収容所内で、彼女のなさんとしていたことを十全になし遂げ、その場所で「多くの傷に注がれる香油」となる。ティヨンは、強制収容所の収監者仲間の女性たちのために、このむごたらしい機構を分析することによって彼女たちを助け、また分析による抽象的な認識によって、さらにまれなことだがユーモアと喜びによって、自分たちが強いられている経験とのあいだに距離を取るよう女性たちに促す。これによって自分たちの経験を高みから眺めることが可能になる。ティヨンが経験する次の争い、アルジェリア戦争のさなかには、彼女は自分の時間の多くを悲惨な状態に陥ったアルジェリアの農民たちへの援助のために用い、彼らに最低限の教育を提供しようとする。その後ティヨンは、一方では収監された蜂起者たちへの拷問や処刑を中止させるために、他方ではフランス人文民を狙い、殺すことさえあるテロ行為をやめさせるために、できる限りのことをする。ダヴィッド・シュルマンは、毎日、パレスチナ占領地域に赴き、イスラエル側によるパレスチナ人農民への収奪行為を妨害し、彼らの土地、作物、住居を守ろうとする。

彼ら、彼女たち反体制派の行動の動機は真実への愛である。この人々はそのために高い代価の支払いを受け入れる。いったんこの道に踏み込めば、この人々は穏やかな生活、快適さを断念せねばならず、命までとは言わないまでも、自分の自由を危険にさらさねばならない。ティヨンはその長い人生を、その著書の一冊の標題が言うように「真実と正義を求めて(4)」費やした。ボリス・パステルナークは、事実としての真実を問題にしていたわけではない。パステルナークの詩にも小説にも、現実政治に対するいかなる告発も含まれていない。だが、その詩にも小説にも、共産主義が根絶やしにしようと望んだ人間的、普遍的、私的真実が染み通っている。祖国ロシアにおいて、真実の代わりをさせられていた公式の教義を気にすることなく、パステルナークはロシア史について、革命について、内戦について自分独自の見方を示し、それを述べるに当たっては、自分の確信以外のものを考慮に入れない。パステルナークの義務は、彼という人間を、自分自身に結びつけ、また芸術に結びつける。パステルナークは自分を芸術への奉仕者と見なしているのだ。権力の座にある党からの要求にひとつひとつ屈服していたなら、パ

(4) Germaine Tillion, *À la recherché du vrai et ju juste. À propos rompus avec le siècle* (ジェルメーヌ・ティヨン『真実と正義を求めて——世紀との対話』), Le Seuil, 2001.

ステルナークは自分自身に敬意も持てなければ、書き続けられもしなかっただろう。アレクサンドル・ソルジェニーツィンは自らを強制収容所の作家と見なしている。その小説でもノンフィクションでも、彼は祖国を拘束衣のように覆い尽くしている強制収容所組織について、おぞましい決算表を作成している。事実としての真実を尊重し、それをあるがままに言うことこそ、彼が自らに課した義務であり、また世界に対する義務である。彼は人々の良心を揺さぶらねばならず、嘘の仮面を引き剝がさねばならず、真実を隠そうとする現実否認よりも強くあらねばならない――芸術はこれらのことをなし遂げるための欠くべからざる媒体である。ソルジェニーツィンにとって、事実としての真実を言うだけでは十分ではない。彼の著作に接する人々の心の抵抗に打ち勝ち、人々の魂に触れ、その心を変えさせるには、芸術として真実であらねばならない。エドワード・スノーデンは祖国や親しい人々から遠く離れ、もしかしたら人生の最後まで牢獄に閉じ込められるかもしれない危険を冒してまで、逃亡者の生活を受け入れる。彼がそのようにしたのは、祖国の憲法に書き込まれ謳われる諸原則をひとが気づかぬあいだに侵犯している自国政府の政策について、真実を暴露するためである。真実のために闘うこのふたりにとって、支払うべき対価は大きいが、ふたりとも自分の道を行くのをためらわない。

こうした人々の個人的行為はまず、この人々が自分に課す道徳的要求を源泉としている。この道徳的要求という赤い糸が、非常に強固な関係を通して、この人々を世界へと導く。最初、こうした人々はみな、自身の内部で蠢き、自分が受けた打撃に反撃するよう促す諸力には屈服しない態度を取っている。それは攻撃を仕かけてくる人間に自分が似てしまうのを恐れるからである。エティはこうした選択をするのにさほどの困難を覚えたようには見えない。エティが世界に対して抱く愛は、復讐へと向かうあらゆる誘惑から彼女を守ってくれる。パステルナーク、ソルジェニーツィン、そして今日のスノーデンのような反体制派は個人を攻撃するのではなく、政府や思想を攻撃する。彼らが乗り越えねばならない障害は別種のものである。彼らはそれまで自分が送ってきた穏やかな生活を断念せねばならない。それにもかかわらず、彼らは自分の生活に今や新たな意味が生まれるのを発見しさえする。真実への彼らの仮借ない愛が、彼らを守り、安心させてくれる。この光に照らされて、彼らは自分が守られていると感じ、自分は堅固だと感じるのである。ダヴィッド・シュルマンは、インドの歴史とインドの詩を教えることに強い満足感を覚えている。だが、彼はそれだけで完全に満足はできない。彼は機会あるごとに、パレスチナの占領地に赴き、憐憫の気持ちを心から表明し、抗議をし、証言をし、犠牲になった人々とともにいようとする。ティヨンは武装した抵抗運動に加わったものの、自身への忍耐強い働きかけの結果（「［一二〇年のあいだ］私は絶えず自分の曇った眼鏡に磨きをかけてきた」〔本書九三頁参照〕）、敵を憎んだり、敵を不完全な人間と見なしたりすることなく、敵に勝利する術を学ぶ。

マルコムXにとっては、イスラム教についての知識を深めたことが、敵を憎むべきでないことを彼に説かせる契機となった。マンデラの場合、彼の政策の基礎となるこうした啓示をもたらしたのは、自分の看守たちに人間性の輝きを発見したことだった。

さて、こうした人々の行為は公の空間でなされることによって、政治的次元を獲得してもいる。ただし、ここではそれぞれが独自の立場を示している。マルコムXは、彼に「相補的敵の論理」を打ち捨てさせた最後の変身の数ヵ月後に殺害される。イスラム教の影響で、マルコムはそれまで持っていた人種差別的社会観や暴力闘争第一主義を捨て、すべての人々に同じ人権が与えられるべきだとする姿勢を自分のものとした。だが、マルコムにはこの道徳的転向の果実を摘み、その果実で自らの政治的闘いを豊かにする時間はほとんど残されなかった。これとは逆に、政治的行動にほとんどつねにいかなる有用性を認めなかったのがエティである。占領者に対する武装闘争の正当性を彼女が認めるのは、強制収容所に入れられてからである。反体制者はと言えば、おもに真実への愛着に動機づけられた自らのテキストの政治的役割をしっかりと意識している。自由な人間として行動する可能性は、パステルナークによって体現され、祖国ロシアの住民にとって新たな地平を開く。ソルジェニーツィンは力強い言葉で、強制収容所組織について暴露し、その暴露はソヴィエト共産主義体制に加えられたもっとも激しい打撃のひとつとなって、人々の精神の開明に重要な貢献をし、共産主義体制の崩壊の先駆けとなる。スノーデンによる暴露が、彼の祖国アメリカの政策を変更させる助けになるか否かはまだわからない。しかしスノーデンの暴露は真実と正義を求める手助けとなるものであり、人々の意識のなかでその作用はすでに始まっている。国家と単独の個人のあいだの、力の極端な不均衡にもかかわらず、つねに単独の個人に発する真実は、国家がおこなう数々の狂気を失墜させることもありうる。

シュルマンのような平和主義的活動家の行動は、差別されたパレスチナ人たちを援助することを可能にする。そして、たとえそうした活動が決定的な結果に繋がらなくても、活動自体の射程は遠くを見据えている。彼らの活動の痕跡は人々の記憶に残り続ける。ティヨンは強制収容所の収監者仲間や、アルジェリアやフランスで蜂起し投獄された人々の生存に貢献しただけではない。ティヨンが体現した道、すなわち真実と正義への愛着や憐憫の実践は、同時代人たちに敬意と賛嘆の念を抱かせ、二〇一五年、フランス国家が模範的な人物たちを顕彰する場所パンテオンに彼女が祀られる理由となった。マンデラがなし遂げたのは、正真正銘の偉業である。自分が目標としていた政治目的をマンデラは達成した。アパルトヘイトに支配されたそれまでの体制から、すべての人間集団が同じ公民権を有して政治に参加できる国家への移行を、内戦も、大規模な殺戮もなしに平和裏に実現したのである。そのうえ、マンデラは大統領職を一期務めただけで身を引いた。彼は権力を手にしたが、権力の妄者にはならなかった。マンデラの政治的成功は、南アフリカが苦しむあらゆる問題を解決するには十分ではなかっただろう。だがマンデラはそんな野心は持っていなかった。そうした仕事は、マンデラの後継者たちがなすべきものである。マンデラが理解したのは、力によって獲得された勝利は将来にわたって報復の種を撒くことに他ならず、受けた屈辱は世代から世代へと伝えられるということだ。そして、妥協によって対立に終止符を打てば、力による勝利ほど華々しくなくても、より堅固な結果を残すことができるということだ。マンデラ自身が体現するのは、道徳的公明正大さと政治的有能さのみごとな融合である。道徳と政治は背反するどころか互いに手を貸し合うことができるのだ。マンデラの例が示しているのは、敵を侮辱することなく争いに勝てるということであり、リンカーンが夢見たように、敵を友に変えられるということである。

本書に登場した人物たちが引き受けた選択はときとして、数々の偉大な宗教的伝統が擁護してきた諸原理を思わせるところがある。そうした宗教的伝統とは、ユダヤ教、キリスト教、イスラム教といった一神教のものでもある。しかし、本書の登場人物たちの選択と一神教の伝統は、必ずしも完全に一致しているわけではない。これら諸宗教の聖典は、長い時間のあいだに、異なったさまざまな状況に対応しながら成立してきた。宗教的伝統のそれぞれは、そのときそのときに主張された大義を有し、それを守る必要に応じて編み出されたさまざまの掟を含んでいる。それらの掟のいくつかは、本書の登場人物たちが奉じた諸原理に近いものであり、他のいくつかの掟は、そうした原理からは遠いものである。ひるがえって、本書で取り上げた人物たちのあらゆる行為に対応するものが、これらの宗教の教えのうちに見出せされるわけではない。

他方、本書の登場人物たちと仏教の伝統、現代ではとくに、一九三五年生まれの法名テンジン・ギャッツォ、すなわちダライ・ラマ一四世によって代表されるようなチベット仏教とのあいだには、よりはっきりとした近似性が認められる。ダライ・ラマの思考と行動はふたつの原理に立脚している。ひとつはあるものの拒否によって特徴づけられる原理であり、もうひとつは別のものを積極的に促進にすることよって特徴づけられる原理である。「憎しみを減らすことにより、自分の内部から戦闘姿勢をなくすこと。そして憐憫を促進すること」(5)。第一の原理は、怨念や復讐の願望によって養われる報復の論理に対抗するものであり、第二の原理は、われわれに近しい犠牲者にだけでなく、われわれに敵対する人間にも適用されるべきものである。こうした選択は、単に伝統によって押しつけられたものではない。こうした選択が勧められるのは、それとは反対の選択より効果的だからである。力を用いる反応は、暴力を際限なく再開させる萌芽となる。暴力的でない方法、すなわち争いの双方の当事者によって受け入れられた同意ないし妥協は、より持続する解決をもたらす。この観点からすれば、マンデラの南アフリカにおける行動は、チベット仏教の精神のよき例証となっている。

ダライ・ラマはわれわれの同時代人の政治的振る舞いを、自らの実践を物差しとして分析している。たとえば、テロ行為の鎮圧を目指しておこなわれている欧米諸国による空爆について、彼は次のようにコメントしている。「爆弾が破壊できるのは物理的なものだけであり、思考や感情は破壊できない」[6]。しかし、行為の起源にあるのは、思考であり感情である。ダライ・ラマはこうした考えを自身に直接関係する状況にも適用している。彼はチベットの民の宗教的指導者であるだけでなく、地上の生活の指導者でもあるからだ。一九五〇年代、チベットは、中国という国家によって力尽くで併合され、この併合が一九五九年のダライ・ラマの追放（インド亡命）を引き起こした。当初、ダライ・ラマはチベットの解放と独立の回復を願った。しかし、こうした目的が、暴力的な方法を用いずには達成不可能であるのを理解すると、それを放棄し、一九七三年以後は独立ではなく、中国内部での自治を説くようになる。中国がチベットの対外関係と防衛問題を掌握し、チベット人には内治、すなわち教育、環境そして自らの文化的アイデンティティに関わる権利を残すというのがその内容である。この「中間的な道」、したがって敵との妥協の道の選択によって、ダライ・ラマは、非妥協的な解決法を求めるあらゆる人々から糾弾された。中国政府は、力によって獲得した自らの権力をいささかも譲る気はないし、チベットの分離独立主義者たちも、自分たちの要求を何ひとつ断念する気はない。

仏教が説く「憎しみを減らす」というこの要請を例証するために、ダライ・ラマは、やはりチベット仏教の精神を体現する人物の逸話を好んで語る。この人物は、チベットの僧院の助祭だった。一九五九年に中国人によって逮捕されたこの人物は、一八年のあいだ、最初は監獄に、次いで労働収容所に監禁

（5） Dalaï-lama, *Au-delà des dogmes*（ダライ・ラマ『さまざまな教理を越えて』）, Albin Michel, 1994, p.48.
（6） 二〇〇一年一〇月二四日のヨーロッパ議会における記者会見。

されていた。釈放後、この人物はインドに亡命する。[7] 彼の言によれば、その亡命は大きな危険を逃れるためだった。ダライ・ラマが彼に、その危険はどのようなものかと尋ねた。「彼の答えは、『中国人に対して自分が憐憫の心を無くしてしまうことへの恐れだ』というものだった」。ダライ・ラマはコメントしている。「われわれの大部分は、自分たちが抱く深い恨みを他者に語るのを誇りとし、英雄の皮をかぶろうとするかもしれない。危険はまさにそこにあるのだということを、彼は悟ったのだ[8]」。

ジェルメーヌ・ティヨンも、牢獄で似たような経験をし、「罪に対しては仮借ないが、罪人に対しては憐憫の情を持つ正義」を夢見ると言っていた〔本書九〇頁参照〕。ダライ・ラマはこの区別の意味を、パリの風刺紙『シャルリー・エブド』と「イーペル・カシェール」（ユダヤ教の戒律に則って処理された食品〔ハラル食品〕を扱う商店）に対してなされた最近のテロ行為（二〇一五年一月）について語ったおりに再確認している。そこでなされた行為は「恐ろしい悪行」であるが、断罪すべきはそれをなした人間ではなく、それをなさしめた何ごとかである。「それは見通しのなさであり、怒りであり、無知である[9]」。

ダライ・ラマ自身は、行為を導くべきこのふたつの原理、すなわち憎しみへの不服従と憐憫の現実的実践の源泉を、仏教にではなく、宗教全体にでもなく、人類という種の特異性に見ている。すなわち、人間の子どもが成長するには長期にわたる世話が必要とされるという事実である。こうした世話がなされなければ、子ども自体も人類も生き延びてくることはできなかっただろう――「こうして、人生のごく初期に、人間の本性のもっとも奥深くにある優しさと愛情が姿を見せる。このような愛は、宗教者によってわれわれに教えられるものではない。それは法律によってわれわれに押しつけられるものでも、学校で教えられるものでもない。それは誕生時に、身体が生じると同時に、われわれに与えられるものである」[10]。したがって、相異なる宗教的伝統によって同じ掟が主張されているのに驚く必要はない。それらの伝統は、同一の源泉、すなわち、人類というわれわれの種の特徴についての本能的認識に発しているのである。

人生の初期に他者からの世話を受け続けるという、人間にとっての最初のこの経験が、人間が他者に愛情を抱く能力の源泉となりわれわれの愛への適性を条件づけていることは、おそらく間違いないだろう。だがこの最初の観察はふたつ目の観察によって補われる必要がある。大人になってしまうと、人間の大半はこのモデルに従うどころではなくなってしまう。われわれの大半は、こうした愛をごくまれな瞬間にしか、また自分の個人的愛情が及ぶ狭い範囲でしか実践しない。この本で扱った人物たちは一般的規則の例外なのである。彼ら、彼女たちはどのようにしてそうすることができたのだろう。

まず、これは意識的で意志的な選択であったとする考えは取らないでおこう。この問題について考えるとき、彼ら、彼女たちはほぼ全員ジェルメーヌ・ティヨンと同様の答え方をする。「なぜ人間がこれこれの行為をするのかは神秘に包まれたままである。われわれのほとんどすべての行為は《予め選択さ

(7) ここで話題にされているのはロポンラというラサ(チベットの古都、チベット仏教文化圏の中枢都市で歴代ダライ・ラマが居住したポタラ宮の所在地)出身の僧侶である。日本語文献では以下にこの僧の逸話が紹介されている。ビクター・チャン『素顔のダライ・ラマ』牧内玲子訳、春秋社、二〇〇六、四八~四九頁。
(8) Dalaï-lama, *Penser aux autres*(ダライ・ラマ『他者を想う』)(2012), Paris, Seuil, Points Sagesse, 2013, p.108.
(9) 二〇一五年一月一三日、カルカッタ大学での集会における発言。
(10) Dalaï-lama, *op. cit.*(ダライ・ラマ『さまざまな教理を越えて』)p.17.

れている[11]》」。人間は、自分がどのような人間になるかを選択できない。ごくごく小さな部分を除いて、自分がどのようにできあがってきたのかは、われわれにはわからないのだ。

われわれが扱ってきた人物たちの人生において決定的な役割を演じたと思われるのは、絶対的なものとして生きられた悪に出会ったことである。この悪は、エティとティヨンの場合には強制収容所の形を取り、パステルナークとソルジェニーツィンにとっては、そしてスノーデンにとってさえ、全体主義的国家、すなわちあらゆる市民を監視する政府の形を取り、マンデラ、マルコム、シュルマンにとってはふたつの部分に分断された住民間に不平等を打ち立てる体制の形を取った。まるで悪による抑圧が精神の力の発揮を確かなものにさせるかのように、あるいはまた、まるで人間性の徹底的な欠如が人間性の輝くような噴出を呼び起こすかのように、すべてが経過している。さながら、生命の中心に触れるためには生命から追放されねばならないかのようだ。極端な苦痛がそのとき十全な解放を生み出し、全面的な恐怖から全面的な勇気が生まれる。

しかしこの昇華のための代価は大きなものである。個人的経験は当然恨みも愛情も伴うものだが、そうした個人的経験を超えるような人間の状態へ自らを到達させねばならないのである。そうした道に踏み出した人々を称賛しながら、われわれの大半はそうした道に踏み出すのをためらう。

(11) *FDV*（ジェルメーヌ・ティヨン『ジェルメーヌ・ティヨン』）p.127.

謝辞

この著作の完成を助けてくれた友人全員に感謝の念を表明したい。なかでも、ミシェル・オクテュリエ、アントワーヌ・オドゥアール、アンドレ・コント＝スポンヴィル、パリ・ファンジエ、アヌーク・グランベール、シャルル・マルムー、アニーズ・ポステル＝ヴィネ、レイラ・シャイド、ダヴィッド・シュルマン、ヴァルチーヌ・ファン・ウォエルケンスにお礼を言いたい。

訳者あとがき

本書の著者、ツヴェタン・トドロフは昨年二〇一七年二月パリで逝去した。本書はトドロフが生前に出版した最後の著作、*Insoumis*, Robert Laffont / Versilio, 2015の全訳である。ただし、トドロフは亡くなる直前に、ロシア・アヴァンギャルドを主題にしたもう一冊の著作 *Le Triomphe de l'artiste. La révolution et les artistes. Russie : 1917-1941*（『芸術家の勝利――革命と芸術家たち、ロシア一九一七―四一年』), Flammarion, 2016を完成させており、こちらの著作はトドロフの逝去の二週間後に刊行された。さらには、トドロフの未公刊のエッセーを集めた著作 *Lire et Vivre*（『読むことと生きること』), Robert Laffont / Visillio, 2018が二〇一八年二月に刊行されている。

本書で、トドロフは第二次大戦期から現代に至る八人の人物を取り上げている。オランダに住んでいたユダヤ人女性で、アウシュヴィッツに送られて亡くなったエティ・ヒレスム、フランスの民族学者で、レジスタンス活動に参加した後ナチスのラーフェンスブリュック収容所に送られ、そこから生還した後今度は、アルジェリア独立戦争期にフランス軍による拷問・処刑、およびアルジェリア独立派によるテロ行為の双方を止めるべく尽力したジェルメーヌ・ティヨン、共産主義体制下のロシアで、党の教義を無視して、自らの確信に基づいてのみロシア革命の真実を描き出そうとした小説『ドクトル・ジヴァゴ』

を書き、ノーベル文学賞を受賞することになったが、党からの圧力により結局は賞の辞退を余儀なくされたボリス・パステルナーク、ロシアの強制収容所を自ら体験し、この強制収容所の真実を暴くことにより、共産主義体制を崩壊に導く強烈な打撃を与えたアレクサンドル・ソルジェニーツィン、長年にわたって人種差別のアパルトヘイト体制下に置かれ、いつ白人少数派と黒人多数派のあいだで血みどろの内戦が始まってもおかしくなかった南アフリカ共和国において、これに反対する黒人組織ＡＮＣ（アフリカ民族会議）の指導者でありながら、白人政府指導者との対話に入り、内戦を勃発させることなく、両人種共生の新生南アフリカ共和国を作り上げることに成功したネルソン・マンデラ、もともとは過激で白人に対して攻撃的な黒人活動家でありながら、イスラム教との接触により、黒人に対する白人の人種差別思想のみならず、白人に対する黒人の人種差別思想をも否定するに至ったマルコムＸ、イスラエル国籍を持つユダヤ人でありながら、イスラエルによってパレスチナ領地でおこなわれている占領に伴う数々の非道な行為に反対し、自らがその現場に赴き、その証人となることで、イスラエル側のそうした行為に抑制をかけようとする運動に携わっているデヴィッド・シュルマン、そして、アメリカ政府によってなされる、情報科学の新技術を活用した自国民の監視、また他国民の監視を、アメリカ政府自体によるアメリカ憲法に保障された市民の権利の侵害と捉え、この情報を暴露したことによりアメリカ政府から告発を受け、ロシアに滞在しているエドワード・スノーデンの八名の人物である。

本書で取り上げている人物には、トドロフにとってかなり以前から馴染みであった人物もいれば、これまでのトドロフの著作ではほとんど取り上げられてこなかった人物もいる。たとえばエティ・ヒレスムについては、トドロフが一九九一年に刊行し（邦訳、大谷尚文訳、法政大学出版局、一九九四）、共産主義体制下の強制収容所収監者たちの精神生活を主題とした『極限に面して』の主要人物として取り上げられている。またジェルメーヌ・ティヨンは本書で取り上げた人物中、トドロフが個人的にもっとも親密な付き合いのあった人物かと思われる。トドロフが彼女に会ったのは二〇〇〇年であるが、この稀有な人生を生きた女性民族学者の生き方、その人格にトドロフは深い敬意を覚え、二〇〇〇年に刊行した『悪の記憶・善の誘惑』（邦訳、大谷尚文訳、法政大学出版局、二〇〇六）で彼女に一章を割いているだけでなく、二〇〇九年には、ティヨンが残した原稿をトドロフが編纂して、ティヨン自身によってはついに書かれることがなかったティヨンの自伝を再構成した書物『ジェルメーヌ・ティヨン』（原題 *Fragments de vie*〔人生の諸断片〕、邦訳、小野潮訳、法政大学出版局、二〇一二）を刊行している。さらには、ティヨンの業績を紹介する団体「ジェルメーヌ・ティヨン協会 Association de Germaine Tillion」の会長職を務め、フランス国家のために尽くした偉人を顕彰するパンテオンにティヨンを合祀することを求める文章なども発表し、この合祀は二〇一五年に実現された。パステルナーク、ソルジェニーツィンについては、トドロフは中等教育をブルガリアのロシア語高校で受けていたが、その学校ではほとんどの教科の教育がロシア語でおこなわれており、諸外国の文学のなかでトドロフのもっともよく親しんでいた文学がロシア文学であったという点があげられよう。トドロフはロシアの詩人ブロークについて青年期にかなり長い文章を書いたらしいが、この文章は公刊されていない。そのほかにトドロフがこれまで取り上げてきたロシアの作家としては、前記『悪の記憶・善の誘惑』で一章を割いているワシーリー・グロスマンや、その作品抄およびその作家の生涯と作品の紹介を合わせて一書とした『火の中で生きる――告白』の対象人物マリーナ・ツヴェターエワがあげられるが、本書に収録されたパステルナーク、ソルジェニーツインについても、トドロフにとって共産主義ブルガリアで過ごした少年期、青年期の生活が彼の人生の大きな構成要素になっていることや、このふたりの作家がロシアにおいて共産主義支配下のソヴィエト体制と激しく対峙してきた作家であることに鑑みれば、早い時期から彼らに関心を持っていただろうことは容易に想像できる。とくにソルジェニーツィンについては、前記『極限に面して』を準備中に『収容所群島』を読んだことがこの作家の作品を本格的に読み始めたきっかけだと、ジャーナリストであるカトリーヌ・ポルトヴァンをインタビュアーとする自伝的対話『越境者の思想』〔二〇〇二、原題 *Devoirs et Délices*〔義務と悦び〕、邦訳、小野潮訳、法政大学出版局、二〇〇六〕に記している。

これに対し、マンデラ、マルコムX、シュルマン、スノーデンについては、これまでトドロフの著作にはその名前がほとんど現れることのなかった人物たちである。ただ、シュルマンについては、本書末尾に添えられた謝辞に本書の完成を助けてくれた友人のひとりとして名前があげられており、いかなる形においてかは不明だが、生前のトドロフと接触があったように思われる。

トドロフの著作では、前記『悪の記憶・善の誘惑』の時期から人物の列伝という形を取る著作が何冊か出版されている。『悪の記憶・善の誘惑』、『絶対の冒険者たち』〔二〇〇五〔邦訳、大谷尚文訳、法政大学出版局、二〇〇八〕〕、そして本書『屈服しない人々』がそれに当たる。また列伝という形は取らないものの、ある特定の人物が残した書き物をトドロフが編纂し、それにトドロフ自身によるその人物と作品についての文章を組み合わせた形の著作も出ている。前記したツヴェターエワについての『火の中で生きる――告白』、ティヨンについての『ジェルメーヌ・ティヨン』がそれである。なぜトドロフはこのような形の著作を好むのだろうか。

『越境者の思想』のなかで、この著作の企画者であり、インタビュアーのカトリーヌ・ポルトヴァンによる、なぜ彼は「範例的物語」と彼自身が呼ぶこのような形の著作を出すのかという問いにトドロフ自身が次のように答えている。

この形が私にとって都合がいいのには複数の理由があります。物語は、抽象的分析とは異なり、専門家でない読者にも手の届くものです。その上、物語は押し付けをするというより、提案をするものなのです。それは読者により多くの自由を残します。語られた物語は、読者のうちにとどまり、読者はその後でその物語に彼なりの仕方で立ち戻っていくことができます。それは彼の読書の最中の意識に働きかけるだけでなく、記憶の助けによっても働きかけをおこなうのです。自分の経験ではなかった経験を私たちに生きることを許す唯一の方法が物語です。物語のおおいなる力とはそうしたものです。読者は、実在のあるいは虚構の人物たちに自らを投影できます。そしてその経験から、自分自身が変化して出てくることになるのです。

またさらには次のように付け加えている。

私が「範例的」と付け加えているのは、私がただ事件の再構成だけに執着しているのではないことを言わんがためです。私は読者に、過去が現在について何ごとかを教えうるのだということを思い出させようとしているのです。思い出させようとするのであって、教訓を与えようとするのではありません。問いかけを喚起するのであって、答えを押しつけようとするのではありません。

トドロフが紹介する並外れた人生を送った人々の人生は、われわれに過去との対話を始めるようにという誘いであり、また、こうした人々の人生・著作を鏡として内側から変化するようにというわれわれへの促しでもある。そしてトドロフが本書においてわれわれに示すのは、こうした人々の人生であるとともに、トドロフ自身がこうした人々と交わした対話の痕跡であるとも言えるだろう。それでは、本書でトドロフがその人生を物語ることにしたのはどのような人々なのだろう。そのうちのひとり、ジェルメーヌ・ティヨンについて、トドロフは『ジェルメーヌ・ティヨン』で次のように述べている。

彼女の著作『ラーフェンスブリュック』『相補的な敵』『ハーレムと兄弟たち』はたいへんよく書かれた書物であり、今後も読み継がれていくとしても、私はこれらの貴重な作品の傍らに、もうひとつ別の作品、種類は違っているが、それらの書物よりもさらに瞠目すべき作品があるという感情を持った。そうした感情をいだいたのは私ひとりではない。その作品は彼女の人生それ自体である。

トドロフは「聖なるもの」に敏感な著述家である。トドロフは「聖なるもの」を芸術作品に接して感じる。音楽も、絵画もそうした聖なるものをトドロフに感じさせる。その「聖なるもの」の正体を見極めようとする精神が、彼に何冊かの絵画論を書かせた大きな動機となっていると言っていいだろう。そしてそうした聖なるものを感じさせるのは芸術作品に留まらない。ある人々の人生は、それ自体が、その人物が創り上げた作品と並ぶ、ときとしては、それ以上の作品としてトドロフに感得されるのである。
そのような人々との出会いは、ティヨンやシュルマンのようにトドロフが現実の世界で遭遇した人物であっても、またヒレスムやパステルナークのように彼自身は著述を通してしか知らない人物であっても、トドロフに強く訴えかけ、彼のものの考え方を変化させる。ものの考え方を変化させるということは、とりもなおさずトドロフという人間自体を変化させるということである。トドロフは、こうした出会いを通じて変化しうるということに、まさしく人間が人間であるゆえんを見ている。次に引くのはやはり『越境者の思想』におけるトドロフの言葉である。

自分とは違ったひとが、あなたの内側に入れるということ、そしてあなたが持っている世界の解釈図式を破壊してくれ、あなたに新たな解釈図式の練り上げを強いることはよいことです。もし新しいもの、思いがけないものを受け入れる能力を失ってしまえば、そして新しいもの、思いがけないものとの関係で自分自身を変える能力を失ってしまえば、それは精神が石化してしまったのです。さまざまな個人との出会いは、自分が持っている諸範疇の混乱を引き起こします。人間存在こそが優位に立たなければなりません。

それではとくに本書で取り上げられた人物たちにあって、強くトドロフに訴えかけたものとは何だろう。いずれも彼に賛嘆の念を抱かせた八人の人物についてその生涯を語り終えた後、トドロフはこの著作全体を振り返るなかでそれを次のような言葉で要約している。

しばしば激しい試練にみまわれながらも、彼ら、彼女たちは、自分を脅かす敵対者に、そして自らの内側に潜む悪霊《デーモン》に屈服することを拒む。彼ら、彼女たちの振る舞いは、愛のふたつの大きな類型に属している。人間存在に対する愛、そして真実に対する愛である（このふたつはしばしばひとつのものになる）。

この人々が示す対人関係において何よりも強い印象を与えるのは、地球上に住んでいる人々を、相互に完全に分離されたふたつの人間集団に、つまり友人と敵、善人と悪人に分割するのを拒絶していることである。たとえ自分の外部から暴力や侮辱といった攻撃を受けた場合でも、この人々はひとつのものである人類から敵を除け者にしたり、その敵に対して消し去りがたい憎しみを抱いたりしない。したがって、この人々は、復讐や報復といった、古《いにしえ》から繰り返されてきた道に乗り出すことを拒み、ましてや敵を真似て、自分たちが苦しんだ以上の攻撃を自分たちの側から繰り返すことを避けようとする（本書二九三頁）。

トドロフは、彼が称賛せずにはいられないこうした人々の人生を語り、また自分の人生をそれと引き比べ、また読者にもそうした人生との対話によって変わっていくように促すのだが、同時に彼ら、彼女たちのたどった人生が誰にでも付き従うことができるようなたやすい道でないことも十分意識している。それは本書の結語に記した次のような文を読めばただちに了解される。

そうした道に踏み出した人々を称賛しながら、われわれの大半はそうした道に踏み出すのをためらう（本書三〇六頁）。

トドロフは、人間の弱さについても、またおそらくは自分の弱さについても非常に自覚的な人間である。本書で取り上げた人物中、パステルナークは、多少のひ弱さを感じさせる人物であり、ある時期まではソヴィエト政府指導部の方針に従おうと努力しながらも、その生涯の紆余曲折のなかでしだいに自分の姿勢を確立した人物であった。また正面切って、権力と対峙しようとするよりは、自分の周囲にいる個人への配慮を優先した人間でもあった。トドロフがその言葉を引いている、パステルナークの友人であり、ソルジェニーツィンの友人でもあったシャラーモフはパステルナークについて、「英雄の、預言者の、神の外套はパステルナークの肩には幅が広過ぎた」とした後で、さらに次のように述べている。

私はいつもそう考えてきたし、今でもそう考えているが、人生には、同時代人として、生き生きとした人々が存在すること、無限の道徳的権威の持ち主と思える人々が存在することがぜひとも必要だ。こうした人々が、われわれの隣人として存在しなければならないのだ。［中略］パステルナークは私にとってこのような人間だった（本書二〇六頁）。

トドロフのこの著作を読み終えて、われわれの時代にとってのトドロフは、シャラーモフにとってのパステルナークのような人物であったという感慨を強くする。共産主義体制下のブルガリアで少年期、青年期の初期を過ごしたトドロフにとってこの共産主義による全体主義は、それに抵抗する術を個人としてはまったく見出しがたい世界であった。フランスに移住してからも、このブルガリアでの生活で身についた姿勢は、ひそかにトドロフの姿勢を規制し続け、トドロフは自分が本当に語りたいこと、つまりは世界について、意味について、美について語ることを控え続けた。だが、本書で彼が取り上げた人物たち、また以前の著作で彼が取り上げてきた人物たちの助けを借りながら、彼は自分の人生にとって本当に肝要であった全体主義、民主主義、善悪二元論といったさまざまな問題について、ものごとを単純に割りきらない非常にニュアンスに満ちた見方を明晰に追求し続けた。

冒頭に述べたように、残念なことにトドロフは昨年逝去し、彼の逝去後に出版された二冊の本を最後として、われわれはもうトドロフの新著に接することはない。縁あって『われわれと他者』（一九八九〈邦訳、法政大学出版局、二〇〇一〉）を江口修氏と共訳出版して以来、訳者はトドロフの新刊が出版されるたびに、楽しみにそれを紐解き、そのたびごとに、博識でありながらニュアンスに富み、自己をこれ見よがしに押し出すことを控えつつも、しっかり自己の言説に責任を持ち、読者にそのつど己の位置を考え直させるようなその著述に魅了されてきた。トドロフの新刊に接するという喜びは永遠に奪われてしまったが、トドロフが残してくれた著作の数々は、つねに過去との対話を重ねつつ現代の問題について考えるトドロフの姿勢の体現として、われわれの前にとどまっている。彼の著作はそれを開くたびごとに、この魅力に満ちた知識人との対話をわれわれに許し、さらには彼と彼が称賛する著述家たちとの対話の場にわれわれを導いてくれる。トドロフはパステルナークの小説『ドクトル・ジヴァゴ』について本書で次のように述べている。

この世にこの本が存在しているという事実のみによって、この本はそれが存在する以前の世界を変える。この本は、ひとつの行為の結果であり、瞑想の結果ではない（本書二〇六頁）。

トドロフが何人かの人物について言っていたように、われわれにとってもまた、トドロフがいる世界はトドロフがいない世界よりすばらしい。ここ数十年、訳者はトドロフという人間が生きてくれていたおかげで、そうしたすばらしい時間を享受させてもらった。そして今やトドロフはいなくなってしまったが、それでもトドロフの著述を読める世界はトドロフを読めない世界よりすばらしいと思う。

本書は六カ国の国籍を持つ八人の人物の列伝を主要要素とするものであり、訳者の能力を越える部分が多くあることから、今回の翻訳でも多くの方々にさまざまなご教示をいただいた。なかでも、『ドクトル・ジヴァゴ』（邦訳、未知谷、二〇一三）の訳者である北海道大学名誉教授 工藤正廣氏にはパステルナーク、ソルジェニーツィンの章について、ジャック・ラング著『ネルソン・マンデラ』（邦訳、未來社、二〇一〇）の訳者である静岡大学名誉教授 塩谷敬氏にはマンデラの章について、多くの貴重なご助言をいただいた。また北海道大学教授 杉浦秀一氏、東北大学教授 後藤斉氏、新潟大学准教授 逸見龍生氏にも多々お教えをいただいた。厚く御礼を申し上げたい。

二〇一八年八月

小野　潮

タ行

ナ行

人名索引

著者紹介

ツヴェタン・トドロフ（Tzvetan Todorov）

1939年ブルガリア、ソフィア生まれ、2017年パリで死去。当初構造主義的文学理論家として出発したが、1980年代から他者、全体主義体制における人間の精神生活、善悪二元論といった問題に関心を寄せるようになり、作家論、美術論、現代社会論といった幅広い領域で活発な執筆活動をおこなっている。近年の代表的な著作として、『悪の記憶・善の誘惑』(2000)〔大谷尚文訳〕『越境者の思想』(2002)〔小野潮訳〕『ゴヤ――啓蒙の光の影で』(2011)〔小野潮訳／以上、法政大学出版局〕、『民主主義の内なる敵』(2012)〔大谷尚文訳／みすず書房〕等がある。

訳者紹介

小野潮（おの・うしお）

1955年生まれ。中央大学文学部教授。19世紀仏文学専攻。著書に『知っておきたいフランス文学』〔明治書院〕、『対訳　フランス語で読む「赤と黒」』〔白水社〕他、訳書にT・トドロフ『越境者の思想』『文学が脅かされている』『ゴヤ－啓蒙の光の影で』〔以上、法政大学出版局〕、M・フェロー『戦争を指導した七人の男たち』、J・ドリュモー『千年の幸福』〔杉崎泰一郎と共訳／以上、新評論〕他がある。

屈服しない人々　（検印廃止）

2018年9月30日　初版第1刷発行

訳者　小野　潮
発行者　武市一幸

発行所　株式会社 新評論

〒169-0051 東京都新宿区西早稲田3-16-28
http://www.shinhyoron.co.jp
TEL 03（3202）7391
FAX 03（3202）5832
振替 00160-1-113487

定価はカバーに表示してあります
落丁・乱丁本はお取り替えします

装幀　山田英春
印刷　フォレスト
製本　中永製本所

ISBN978-4-7948-1103-5
Printed in Japan